三晋文明十三讲

张焕君◎主编

2019年·北京

图书在版编目(CIP)数据

三晋文明十三讲/张焕君主编.—北京:商务印书馆,2019
ISBN 978-7-100-16907-3

Ⅰ.①三… Ⅱ.①张… Ⅲ.①文化史－山西 Ⅳ.
①K292.5

中国版本图书馆 CIP 数据核字(2018)第 273165 号

权利保留,侵权必究。

三晋文明十三讲
张焕君 主编

商 务 印 书 馆 出 版
(北京王府井大街36号 邮政编码100710)
商 务 印 书 馆 发 行
北京顶佳世纪印刷有限公司印刷
ISBN 978-7-100-16907-3

2019年4月第1版　　开本710×1000 1/16
2019年4月北京第1次印刷　印张 22¼
定价:66.00元

序　言

近年来，随着素质教育的整体推进，大学生思想政治教育工作取得了可喜的成绩，但存在的问题也还不少。如教育方法简单，显性思想政治教育较为突出，文化育人等潜性教育开发严重不足；教育内容与大学生成长成才的需要还存在一定差距，导致一些学生对思想政治教育重视不够；不少高校对思想政治教育存在认识不到位、投入不到位、落实不到位的现象。凡此种种，说明思想政治教育的改革势在必行。

2016年12月全国高校思想政治工作会议上，习近平总书记强调，要坚持把"立德树人"作为中心环节，把思想政治工作贯穿教育教学全过程，实现全程育人、全方位育人，努力开创我国高等教育事业发展新局面。2018年9月，习近平总书记在全国教育大会的讲话中指出，要把立德树人的效果作为衡量学校办学水平的根本标准，并提出了在立德树人方面"六个下功夫"的要求。中共中央、国务院在《关于进一步加强和改进大学生思想政治教育的意见》中，也将大学生思想政治工作提高到科教兴国和人才强国的高度。山西省委、省政府在加强高校思想政治工作推进会上，进一步强调落实协同育人的战略部署，在全省组织建立各类协同育人中心，落实中央的指导精神。

全球化、信息化时代，要求高校必须改变人才培养的封闭局面，突出以文育人、以文化人的新时代育人方向，确立潜性文化教育在人才培养中的重要地位。就此而言，山西具有丰厚的优秀文化资源，尤其是在中国优秀传统文化、三晋文明、革命文化、山西特色文化等方面，具有独特性。只有充分利用这些条件，才能把高校思想政治工作搞活，成为特色，从而形成对山西人文精神和新时代核心价值的深刻体认。

2017年年底，山西师范大学申报的"三晋文明与新时代核心价值"协同育人中心获批，随即组织研究力量，投入建设。作为山西省建立最早的"老八所"高校之一，山西师范大学具有深厚的历史文化研究基础，无论是三晋文明、山西地方文物，还是具体的文化特征研究，如山西革命文化研究、荀子研究、太行精神研究等，都有深厚积累，具有学术研究、师资培训和服务社会等多方面优势。中心成立一年多来，以发掘、传承、弘扬中国优秀传统文化、红色文化和山西特色文化为主要内容，以培养坚定政治信仰、高尚道德情操、深厚文化素养的新时代大学生为目标，在设置相关通识课程、建设校园文化、推广三晋文明、宣传革命文化等方面，取得明显的进展。尤其在文化育人教材编撰和育人课程的设置上，利用师范大学的优势，成绩最为明显。此次委托商务印书馆出版的几种著述，就是这一思路的落实体现。

五千年文明看山西。石器时代，山西芮城西侯度、襄汾丁村等考古遗址，彰显了华夏文明的发展历程。陶寺遗址，包括大量墓葬、观象台、城墙遗址的发现，使得传说的尧舜时代得到考古发掘的证实，意义非凡。山西素称表里河山，地势险要而完整，历来是兵家必争之地，也是古代文化遗存最为丰富的省域。无论是春秋称霸最久的晋国，汉代丝绸之路的开通，明清晋商的崛起，还是魏晋世族的鼎盛，清官廉吏的涌现，移民文化的传播，都展现了三晋文明在华夏文明中的独特地位。20世纪以来，山西是华北抗战的中心，几大抗日根据地都与山西密切相关，为中国抗战的胜利做出巨大贡献。中华人民共和国成立后，又是在这一片热土上，先后产生了吕梁精神、太行精神、右玉精神，鼓舞了一代又一代先进的中国人坚定信仰，奋斗不息。这样深厚的历史积淀，永远不会消逝，但是需要总结提升、灵活运用，才能在新时代发挥更大的作用。这既是对山西优秀文化的研究与宣传，也必将在大学生人格养成和信仰塑造中发挥更大作用。是为序。

卫建国书于山西师范大学寓所
2019年4月

目 录
CONTENTS

前 言 ……………………………………………………………… 1

第一讲
制礼作乐：陶寺文化与最初中国的礼乐传统 …………………… 1

第二讲
九合诸侯：晋国霸业风云 ………………………………………… 25

第三讲
簪缨世家：中古河东大族的家学门风 …………………………… 61

第四讲
清水明镜：山西廉政文化与历代廉吏 …………………………… 89

第五讲
寻根祭祖：大槐树下话桑梓 ……………………………………… 121

第六讲
山右丰饶：古代山西著名的物产和经济行业 …………………… 143

第七讲
通济天下：明清山西的商帮与票号 ……………………………… 167

第八讲

晋学之源：从子夏到荀卿 …………………………………… 189

第九讲

三教会通：王通与河汾道统 ………………………………… 217

第十讲

自得天机：从涑水之学到域外史地 ………………………… 239

第十一讲

神道设教：山西宗教信仰 …………………………………… 263

第十二讲

出将入相：山西古戏台、戏曲与民众日常生活 …………… 287

第十三讲

庭院深深：古村落中的沧桑山西 …………………………… 307

后　记 …………………………………………………………… 340

前　言

　　文明发展，源流自别。山西作为古中国的重要发源地，四千年间，无论是政治、经济、军事、民族，还是思想、学术、文化，皆有出众的表现。三代而下，经春秋战国，直至明清，不同历史阶段，各有优胜，在华夏文明史上也自有地位可彰显。一国一族，凡能绵历长久，蕴含深厚者，无不于政治、经济、思想、文化数大端有所发明演进，并有能力投射于民间社会，使上层精英之提倡，能落实为民间日用之言行。山西之于华夏，之所以地位重要，正在于凡所提倡皆肇端于斯，凡所落实皆有迹可循。

　　自周公制礼作乐，因天命靡常，倡"天视自我民视，天听自我民听"，确立了中国德政传统，再经孔子张大其绪，"为政以德"成为华夏文明的基本特征。后世帝王，无论真心还是假意，都不得不表示服膺。孔子崇敬周公，以传播文武之道为己任，对于尧舜禹三代更为敬仰，"唯天为大，唯尧则之"，以巍巍荡荡，称颂尧的道德文章和制度辉煌。以考古学而论，发掘于晋南地区的陶寺文化，距今4300年到3900年，不仅时间上与三代之夏朝相衔接，而且分布区域也与传说中尧的活动地域至为接近。学界称其为"最初中国"，传统中国的礼乐文明由此奠基。尧舜之世，提倡修身立德，和睦亲族，对内德刑并用，对外柔远能迩，这一思想的产生，与陶寺时代部落联合体的政治模式有关，却开启了后世儒家"修齐治平"、以德治国的传统。陶寺观象台遗址与《尧典》"敬授民时"正好一致，出土的鼍鼓、石磬等多种乐器又可印证文献中乐师夔的记载，虽有迷信卜筮、敬畏鬼神之事，但与红山文化、良渚文化等神权色彩强烈的新石器考古文化相比，仍显得立身正大，作风务实。陶寺遗址的发现，明确了传统中国尧、舜、禹、汤、文、武、周、孔的道统主线，奠定了中国传统礼乐文明的坚实基础，影响深远。

迤逦而入东周，遂有晋国之霸业。文公在外流亡十九年，深知民间疾苦，世道污隆，即位之后，承齐桓遗绪，倡尊王攘夷，城濮之战退避三舍以酬旧恩，胜利在即毅然释围以彰信义。立国以德，治民以礼，开启了晋国一百五十年之霸业。其后虽有三家分晋，魏文侯能礼贤下士，西河遂成学术之渊薮，武侯临河山之险固，叹治国之道在德不在险。春秋之世，楚才晋用，晋国得以成其强盛，降及战国，赵武灵王胡服骑射，捐弃儒法、夷夏之别，为我所用，彰显开阔胸胆。

一国之政，或有清浊之异，天下之势，常见分合之形。清浊分合之际，人心世道固有不同，学术趋势也因此迥异。春秋战国之际，正是礼崩乐坏之时，王纲解纽，权力下移，处士横议，思想活跃，中国进入一个哲学突破的黄金时期。三晋处枢纽之地，控天下形势，自晋国称霸之时，便有卜偃、董狐、叔向、师旷等贤达，于治国安邦、亲民远神，皆有高明之思。至孔门高足子夏到魏国后，受文侯礼遇，绛帐设教，遂成西河之学。因应时事，滥觞而繁衍为儒、墨、法、兵、名、纵横等众多流派，晋学因此成为一时显学。商鞅、吴起、李悝、段干木、慎到、公孙龙，或致力于改变现实，或热衷于立德立言，皆一时人物之选。荀子隆礼重法，力图重建秩序，韩非洞悉人性，提倡法治，与1700年后的意大利政治哲学家马基雅维利遥相呼应，共同成就了晋地辉煌的学术。

绵延而至隋唐，河东又有王通。王通，号文中子，生于隋末乱世，少年仗剑，游宦京洛，厌倦委吏之卑微，讲学龙门之傲岸。其学渊博广大，兼综"六经"，尊崇儒家道统，旁采释老二教，会通三教，正本清源。王通志向远大，以孔子自居，著述名为《续六经》，言论被弟子辑为《中说》，模仿《论语》体例，其抱负可见一斑。其在乡讲学，及门受业者多达千人。其中，薛收、温彦博、杜淹皆出身望族，魏征、陈叔达、王珪则是大唐开国元勋。

交游往来之人，如房玄龄、李靖、李百药、李密、贺若弼、杨玄感、李德林、薛道衡、刘炫、虞世基，论学从政，无不声名赫赫，后世尊为"河汾道统"。

两宋之后，中国立国形势与前朝迥异，南方崛起，人才随之转移。河东学术，较之关洛，规模虽狭，但注重经世致用，不尚空谈，仍能开一时风气之先。两宋以理学著名，为其先导者则有宋初三先生。儒学自中唐而下，墨守汉唐家法，无论是面对佛教、道教的冲击，还是应对现实问题，都缺乏生机，令有识之士为之愤懑。平阳孙复，承庆历学风，倡经学更新，主张摆脱注疏，回归经典，更将解经与时政相结合，断以己意，不迷信古人。孙复在泰山、国子监讲学多年，弟子众多，其学术思想对宋代影响深远，黄宗羲认为："安定胡先生、泰山孙先生、徂徕石先生始以师道明正学，继而濂洛兴矣。故本朝理学虽至伊洛而精，实自三先生而始。"笃实之风，在一代史学巨擘司马光身上也有体现。司马光，字君实，陕州夏县人，为人诚笃持正，诗礼传家，《宋史》称赞他："天下以为真宰相，田夫野老皆号为'司马相公'，妇人孺子亦知为君实也。"家风严整，注重践履之功，所撰《书仪》《家范》，熔铸古今，实用为主，注重建设公序良俗，引导一时风气，更对后来朱熹《家礼》的撰写具有先河后海的启示之功，二程洛学之兴也与司马文正的维护促进密不可分。

此后，明代河津人薛瑄，以伟士大儒为志向，提倡"复性"之说，不仅重视道德修养，更为强调日常生活中的道德实践，被黄宗羲称为"实践之儒"，是明前中期程朱理学在北方最重要的代表人物，与散布南方的阳明学派双峰并峙。薛瑄弟子遍布山、陕、关陇一代，史称"河东之学"，其学贵践履、重力行，对吕柟等创立的关中学派影响很大。明清易代，特然杰出者有太原傅山。傅山，字青主，博学多才，志行高洁，经史诸子、诗文书画，乃至中医武术，无不精通。明亡后，他毅然反清，屡遭失败，于是隐居山林，以遗民自居，不屑于当世名利，人以为传奇。顾炎武晚年周游北方，对他极为佩服，"萧然物外，自得天机，吾不如傅青主"，可谓推崇备至。

清人重考据，江浙尤胜。山西学者得预流者，首推阎若璩、祁韵士。前者被清儒奉为汉学开山之祖，后者开启西北史地学派。降至晚清，西学东渐，五台人徐继畬以《瀛寰志略》跻身中国最先看世界之学者行列，从而使近代先进思想中出现了山西人的声音。

子贡追随孔子多年，有感于世道陵夷，传统破灭，一切放荡决坏之际，却始终有弘毅之士不离不弃，弘扬正道，故而感慨系之："文武之道，未坠于地，在人。贤者识其大者，不贤者识其小者。"山西自古号称表里河山，军事上形势最为完固，但以经济而论，生存却颇为艰难。也正因如此，人民耐苦寒劳作，思想重实用践履。自子夏西河传教，开辟儒家新面向，至荀卿重礼法制度，不奢谈心性，千年而下，以及孙复、司马温公、薛瑄、傅山、徐继畬，无不重视践履力行，此亦可谓晋地晋学之根本特征。在官则多廉吏，在人则多世家，莫非此种思想之体现。虽可讥之曰创新不足、缺乏机变，却也未尝不可说是持身有方、传承有自。

居官思敬，执事以忠，历来是儒家治世良训。奈何言者谆谆，听者藐藐，言谈间豪言阔论，俨然模范，行事时降格以求，私欲毕现。言行不一者，古往今来，比比皆是。反观三晋之地，气象迥异，朴实厚重，洋然成风。汾水荡荡，太行巍峨，山河俱在，形逝神扬。尧舜之人虽渺然往矣，德政之思却未坠于地。用之于建国理政，成就三晋大地一片勃勃生机；施之于修身立行，又使得斯土斯民人物荟萃、德行昭彰。君子爱人以德，临财毋苟得，临难毋苟免，克己奉公，清水明镜。清官廉吏，不绝于书。韩厥无私不党，祁奚不避亲仇，邓攸不受一钱，裴侠爱民如子，狄仁杰刚正廉明，司马光忠清粹德，于成龙更被誉为"天下第一廉吏"。廉政而成文化，一脉相承，既有制度层面的高明设计，选官任官，监察考核，奖惩评定，无不有章可循，更有廉政思想的有效传承，民本德治，勤政任贤，家族荣耀，取之于圣人经典，用之于修身立命。

东汉桓灵之际，政治昏暗，党锢兴起，传统儒家学说遭到质疑，鼓吹顺应自然反抗名教的玄学乘势而起。经曹魏而至两晋，玄学终成一时显学，崇尚任诞放纵，改朝换代之时，朝廷鲜见忠臣。魏文帝曹丕时，曾有"君父先后"之讨论，家与国，孝与忠，竟成取舍之两端。忠孝不能两全时，时人往往舍国为家，先孝后忠，虽皇帝之尊，对此也无如之何。以学术而言，玄学固然时尚流行，但往往流于清谈，难切实务。将西晋之亡归咎于清谈误国，固然是时人愤慨之言，难免偏颇，但用之于家族绵延清名令誉，却适见其短，非其所长。魏晋南北朝四百年间，儒家学说应用最广、影响最大者在于家礼。家礼之用，在于家族。南有王谢顾陆，北有崔卢李郑，皆声势显赫，绵历悠长。山西地处长安、洛阳之间，物产丰饶，交往便利，著名家族如太原王氏、闻喜裴氏、河东柳氏和薛氏，声望"上足以抗衡天子，下足为士流所景仰"。这些簪缨世家，不仅家法谨严，闺门雍穆，子弟循谨，而且或擅长经学，或以文学名世，或为地方豪族，皆有家学传承。"上自贤父兄，下至佳子弟"，家族绵延固然有赖于此，清正廉明之风借此形成，晋人务实之风也因此得以体现。

《管子》云："衣食足而知荣辱，仓廪实而知礼节。"太史公在《史记·货殖列传》中历数天下郡国物产，认为地理、物产直接决定民风、民俗，虽遭到一味强调内在道德者的讥讽，却是千古不易之论。山西地势狭长，南邻长安，北接内蒙古，连接草原与中原两大丝绸之路，贯通农耕文明与游牧文明，位置紧要，汉唐河东乃战略要地，下至魏晋南北朝数百年人才辈出与此相关，明清晋商崛起更得益于这样的地利之便。以物产而言，河东盐池乃中国最古老的池盐生产中心，自黄帝蚩尤的传说时代便开始晒制，唐代中期盐池盐利一度占到政府财赋收入的1/8。明代实行开中制，鼓励商人向边塞输送粮草军需换取盐池盐引，山西商人积极参与，晋商因此得以崛起，先后出现了平阳亢家、洪洞董家、灵石王家、万荣李家、祁县乔家等商业世家，富可敌国，汇通天下。盐业之外，山西最负盛名的物产还有冶铁业，并州剪刀在唐代便闻名遐迩，临汾大云寺的唐代铁佛头、永济蒲州渡的大铁牛，都展现了当时高超的冶铁水平。此外，产于高平的潞丝可与"杭缎"媲美，绛州澄泥砚则从唐代起就与端砚、歙砚、洮河砚并称为"四大名砚"。金元时期平阳府是北方雕版印刷中心，全国最大的主管雕版印刷书籍的机构——书籍所、经籍所就设在平阳。官刻之外，还有家刻、坊刻，书坊萃集，"平水刻"盛极一时，在中国印刷史上具有重要地位。

山西是一个相对独立的地理单元，顾祖禹对此有精辟概括："其东则太行为之屏障，其西则大河为之襟带，于北则大漠、阴山为之外蔽，而勾注、雁门为之内险，于南则首阳、底柱、析城、王屋诸山滨河而错峙，又南则孟津、潼关皆吾门户也。"自北而南，"汾、涑萦流于右，漳、沁包络于左，则原隰可以灌注，漕粟可以转输"，农田灌溉，水利运输，都有很好的条件。也正因如此，长期以来山西就是战乱年代周边省份民众躲避兵燹天灾的避难之地，从而保存了多元的地域文化。和平年代，人口增长较快，人多地少，山西又会有大量人口外流，山西本地文化随之散布四方。远者如晋末"永嘉之乱"，唐宋"安史之乱""靖康之难"自不必说，以影响而论，莫过于明初洪洞大槐树移民和清代民国的"走西口"。元末明初，战乱频仍，邻近山西的河南、河北、山东人口锐减，而晋南的平阳府、晋中的太原府、晋东南的泽潞沁辽四州，人口却十分繁密。明太祖遂以洪洞县为移民集散地，在广胜寺设局驻员，调集周围民众，移居邻近各省，前后历时数十年之久，洪洞因此成为全球华人老家，寻根祭祖，至今不绝。"走西口"始于明末清初，直到20世纪六七十年代才逐渐停息，与"闯关东""下南洋""湖广填四川"并称为中国近代史上四次大移民。移民所到之处，疆域随之扩张，文化得以传播，诸如方言、汾酒、陈醋、建筑样式乃至二人台、道情等"山西元素"，也走出山西，与当地文化共同凝聚成今日的中华文明。

同样因为地理单元上的独立性，山西是目前全国古村落、古戏台、古建筑保存最多最完好的地方。古村落现存3500余个，金元而下的古戏台3000余座，占全国古戏台的五分之四。其中，全国仅存的6座元代戏台，都在山西省晋南一带，成为中国戏台最为珍贵的"活历史"。这些精美绝伦的古建筑，包括存留其中的寺观壁画、彩塑、碑刻，保留了丰富的历史信息、生活方式、人情礼数和艺术创作，成了煤和醋之外山西人的身份识别标志。山西被誉为"中国戏曲的摇篮",元曲四大家,山西有其二,王静安先生云:(元曲作家)"北人之中,大都之外,以平阳为最多。……则元初除大都外,此为文化最盛之地,宜杂剧家之多也。"山西地方剧种多达52个,现存传统剧目4000余本,戏台多在庙宇内,和祭祀仪式相辅相成。更重要的是,与此相关的迎神赛社,往往全民参与,万众狂欢,杨万里《观社》诗云:"虎头豹面时自顾,野讴市舞各争妍。王侯将相饶尊贵,不博渠侬一饷癫。"今人看待历史,往往先入为主,以为传统中国只有三座大山,四大绳索,僵化陈腐,礼教吃人,却不知真实的生活从来并非只有一种面相。孔子和弟子们参观年终狂欢的蜡祭,子贡看到"一国之人皆若狂",不理解乐在何处,孔子告诉他人民辛苦一年,正需要这样的娱乐放松,张而不弛,或者弛而不张,都不是生活的正道,"一张一弛,文武之道也"。人生固然在勤,但到年终岁尾,农事稍停,年景丰稔,家人亲朋接福迎神之余,把酒闲谈,"桑柘影斜春社散,家家扶得醉人归",祥和宁静,即便帝王之乐,又能如何?生活本就如此,日常才是王道。历史从来鲜活,关键是如何面对。

段义孚先生在《恋地情结》一书中使用了一个极为重要的概念:"地方感"(sense of place)。所谓地方感,是一种满足人们基本需要的普遍的情感联系,体现的是人在情感上与地方之间的一种深切联结,是一种经过文化与社会特征改造的特殊的人地关系。从其产生过程看,地方感是人与地方不断互动的产物,是人以地方为媒介产生的一种特殊的情感体验。从人本主义的角度看,地方暗示的是一种"家"的存在,是一种美好的回忆与重大的成就积累与沉淀,而且能够给予人稳定的安全感与归属感。可以说,地方感是借助个人感觉推进地方或区域性研究的最佳途径与方式,它表现的是社会层面上身份的建构与地方认同的形成。

本书之作,用意正在于此。三晋文明,溯源尧舜之道,绵历汉唐元明,其间治乱交替,升降消长,万千变化,何可胜道?区区十三讲,不过管窥蠡测,何能曲尽其妙?然学贵有识,倘能取精用宏,以今人之眼,忖度古人之心,有同情之理解,明活泼之深意,抉发精微,以见今日之所阙,贯通古今，以明既往之可追，历史情境既可一时暂现，家国情怀也能抒发其真。晋地晋人，斯土斯民，身份得以认同，记忆有所保存。一点愚衷所在，故不揣谫陋，草率立言。倘有微末之获，私心得纾，幸何如之！

张焕君谨识于平阳默庐

己亥仲春下澣吉日

第一讲

制礼作乐：
陶寺文化与最初中国的礼乐传统

导　读：

　　礼乐传统对中华文化的覆盖层面之广和社会影响之深，是世人无法否认的事实。中国礼乐文化在西周时期经过周公制礼作乐得以完善并影响至今，但其雏形却是在新石器时代晚期已初具规模。目前所见新石器时代晚期考古发现中，陶寺遗址是展现当时礼乐制度最重要、最完整的资料。根据其考古年代、文化内涵以及文献中"尧都平阳"（"平阳"即今山西临汾）的记载，学术界推测该文化遗存很可能与传说中的尧有关。著名考古学家苏秉琦先生对陶寺文化曾如此评价："它相当于古史上的尧舜时代，亦即先秦史籍中出现得最早的'中国'，奠定了华夏的根基。"结合陶寺文化考古资料与较早文献对尧的记载，我们可以发现陶寺时代或尧时代中国礼乐文明的传统已初见雏形，并为后世承袭，从而最终形成一条尧、舜、禹、汤、文、武、周、孔的道统主线，对传统中国产生了极为深远的影响。

一、陶寺文化的政治文明

《左传·隐公十一年》云:"礼,经国家,定社稷,序民人,利后嗣者也。"礼乐制度在治理国家的过程中可以起到纲领性的作用,所以要介绍陶寺时代的礼乐传统,首先应从"礼"最内核的部分讲起,先谈谈陶寺文化的政治文明。

陶寺文化是新石器时代末期的一支重要考古学文化,主要分布在晋南的临汾盆地和运城盆地北部,距今4300年到3900年。其文化内涵非常丰富,尤其是大型城址和彩绘蟠龙纹陶盘、鼍鼓、特磬等一系列重要遗物的出土,彰显出这支文化达到中国史前时期社会发展的最高水平。恩格斯曾经说过:"国家是文明社会的概括。"是否进入文明时代最核心的标准就是看其社会发展水平是否进入国家阶段。陶寺文化遗址在聚落分化基础上出现了特大型聚落,并且已出现了城壕和城墙等防御设施,显示其社会组织的复杂化程度已经达到了国家的标准。在人类历史的长河中,国家既给很多人带来了苦难和毁灭,也给很多人的生活与富裕提供了保障。但若没有国家,人类历史要有条不紊地发展到今天是不可能的。国家自身的伦理要求与规范,是其战胜黑暗并走向光明的动力,而这些伦理要求在国家一诞生之时就已经出现,这在陶寺考古文化与有关尧的文献记载中都有明确的体现。在中国传统文化中,尧几乎成为完美政治人物的化身,尧所确立的德政传统也泽被后世,成为儒家构建礼乐文明的源头活水。

(一)陶寺时代的国家形式

陶寺文化最主要的考古遗址——陶寺古城遗址位于山西省襄汾县城东北约7.5千米崇山(俗称"塔儿山")西麓。古城遗址东西宽约2000米,南北长约1500米,总面积约300万平方米,由早期小城、中期大城和中期小城三部分组成。其中作为都邑的陶寺遗址主要指的是其早期和中期。陶寺城址在目前发现的黄河流域乃至全国同时期的城址中是最大的一座。

陶寺古城呈现出一个大城套小城且小城内有宫城的格局。宫城城墙由夯土筑成，核心建筑区出现大块装饰戳印纹白灰墙皮、蓝彩白灰墙皮、陶板瓦、大玉石璜等显示居住者的社会等级极高的器物。在城区的区划上，除宫殿区之外，还有贵族居住区、普通居住区、仓储区、手工业作坊区、天文建筑和祭祀区等不同功能区域的区分，墓葬的阶级分化也非常明显。这些都反映出当时社会复杂化程度已经很高。大规模筑城和大型宫殿的修建，说明陶寺古城内的社会权力既具有公众性，也具有某种程度的集中性和强制性，而其显现出的严重的社会不平等，说明陶寺古城是阶级社会的都城。陶寺古城结构布局较为复杂，说明已进入城址发展的较高阶段。陶寺古城还展现出制陶、制玉、铜器冶炼等手工业技术水平和分工，另外，文字的使用以及观象授时的天文历法的发展水平，这都体现了中国早期国家的文明发展水平。

自陶寺城址发现以后，根据其考古年代、文化内涵以及文献中"尧都平阳"的记载，学术界推测该文化遗存很可能与传说中的尧有关，所以人们倾向于把它与传说时代的尧都联系起来，这在文献中也有较为充分的依据。《左传·哀公六年》引《夏书》曰："惟彼陶唐，帅彼天常，有此冀方。"这里的"冀方"就是其他文献中所说的冀州。高诱在给《淮南子·坠形训》做注时就提出了"尧都冀州"的说法。在帝尧陶唐氏所都时的冀州，在今陕西、山西两省之间的黄河以东地区。应劭给《汉书·地理志上》"河东郡平阳"条做注时说："尧都也，在平河之阳。""平河"即在今临汾市一带，而陶寺遗址正位于古陶唐氏所居古冀州尧都平阳的中心地区之内。《庄子·逍遥游》也说："尧治天下之民，平海内之政，往见四子邈姑射之山，汾水之阳。"从时间上说，陶寺遗址作为都邑的年代约为公元前2400～前2100年或公元前2300～前2000年，与夏代之前尧舜时期大致相当。所以，把陶寺城址看作陶唐氏或尧都的文化遗存，与事实不会偏离太远。我们利用陶寺文化的考古材料，结合文献对尧舜政治伦理加以考察，是合适的。

陶寺文化遗存除陶寺古城遗址外，还形成了多层级的聚落群。根据考古学调查，以陶寺都邑为中心，在 1750 平方千米的范围内有五十多个规模大小不等的陶寺文化聚落遗址。这些遗址从空间关系上看，基本上围绕陶寺遗址分布，形成陶寺组聚落。从分布可以看出，陶寺遗址群宏观聚落形态反映出具有五级聚落、四层等级化的社会组织：都城下辖南北两个亚中心——县底和南柴；亚中心邑下辖二至三片区的中型聚落群，部分中型聚落下辖一至三个小型遗址；还有多数微型聚落由大中型聚落直接分出。这显示出陶寺古

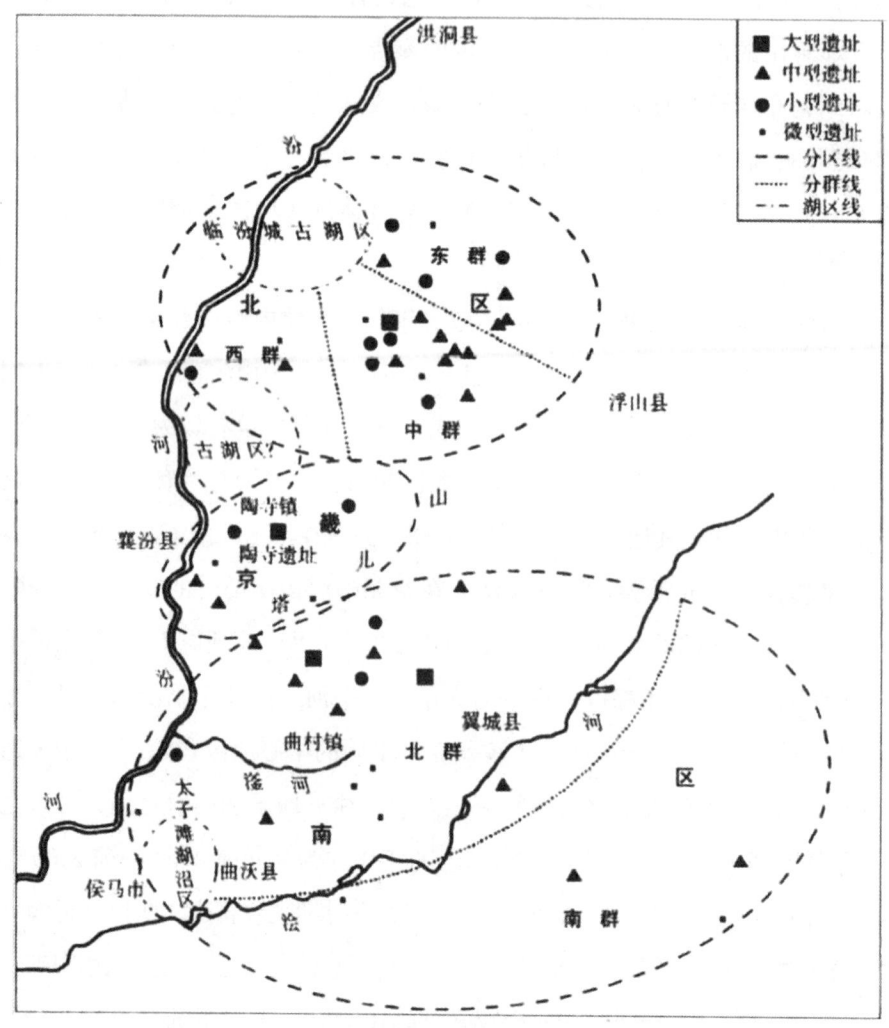

图 1-1 陶寺聚落群的遗址分布（2009～2010 年调查）（摘自何驽《2010 年陶寺遗址群聚落形态考古实践与理论收获》）

城是一个有统治范围的政治实体。放眼黄河、长江流域，目前已发现史前城址六七十座，这其中恐怕就有一大部分类似于陶寺古城，也是早期国家的都城，从而构成了邦国林立的格局。考古发现，距今 5000 年至 4000 年前的龙山时代邦国林立现象与史称尧舜时代为"天下万国"正好可以对应起来，而陶寺都城所达到的早期文明和早期国家高度，也使得陶寺的邦君足以担当族邦联合体的盟主。因此，陶寺国家文明所达到的高度与帝尧文化也是吻合的。在联合体内部，陶唐氏作为宗主国凌驾于众多部落国之上，首领尧作为天下共主主宰着联合体的重大事务，享有支配其他部落国的某些特殊权力。尽管联合体中的宗主国还缺乏稳定性，但一个高高在上的政治权力中心无疑是始终存在的。

（二）陶寺文化的德政传统

在陶寺时代相对成熟的社会组织中，尧的统治方式展现出相当高的政治水平。《尧典》说帝尧"克明俊德，以亲九族。九族既睦，平章百姓。百姓昭明，协和万邦，黎民于变时雍"。意思就是尧的政治作风是先发扬美德，使家族亲密和睦，先保证本部族的团结与稳定，然后又要辨明其他各族的事务，最后还要协调万邦诸侯，使联合体更加巩固，从而建立起一个上下和谐的太平盛世。更重要的是，《尧典》这段关于德治的论述以帝尧为论述的起点，经过九族、百姓、万邦，最终的落脚点却是作为社会主体的"黎民"，并先后宣扬了"允恭克让""以亲九族""协和万邦""于变时雍"等和谐理念，已经超越了单纯对圣君贤王的歌颂，上升成为理想的社会治理模式。

这种政治模式对后世政治思想产生了久远的影响。在中国传统文化中，传说时代的尧是非常重要的文化符号。《礼记·中庸》说："仲尼祖述尧舜，宪章文武。"就是说孔子的思想也是传承自尧舜。在《论语·泰伯》中孔子更是直接说："唯天为大，唯尧则之。"赞美只有尧能够以天为法则。其中某些统治方式虽与当时族邦联合体的特定政治结构有关，但依然深入中华文化的骨髓，比如对家族的重视。尧治所统治的族邦联合体（即所谓"万邦"）模式是先"九族"，后"百姓"，再到万邦。直到战国时期《礼记·大学》中说："古之欲明明德于天下者，先治其国；欲治其国者，先齐其家；欲齐其家者，先修其身。"《孟子·离娄上》中也说："天下之本在国，国之本在家，家之本在身。"这与《尧典》的思想何其相似。这种对家族的重视，使得"孝道"在中国传统文化中一直居于非常重要的地位。20世纪末出土的郭店楚简《唐虞之道》中说："尧舜之行，爱亲尊贤，爱亲故孝。"这也就不难理解尧的继承人舜在千百年来一直是以孝子楷模的形象留在世人的心中。

  尧对民生的关怀也为中国传统政治所继承。《尧典》中所述尧的统治最终达到的效果是"黎民于变时雍"，意即民众也变得和善了。郭店楚简《唐虞之道》说尧的德行是"爱天下之民"。《尹文子》中说："尧德化布于四海，仁惠被于苍生。"这种思想在儒家另一位圣人周公身上得到很好的传承与体现。《尚书》周初诸诰中周公多次提出施政之时要以"保民"为原则。《康诰》中更是说"若保赤子，惟民其康乂"，意即对待民众要像保护婴孩一样，民众就能康乐平安了。对民生的关怀不仅是单纯地解决其温饱问题，还要让民众和善，即所谓的"黎民于变时雍"，这就需要教化。所以到了孔孟的时代，特别强调"教民"。《论语·子路》中孔子说："以不教民战，是谓弃之。"该篇还记载孔子到卫国去，冉有为他驾车。孔子感慨地说："卫国人口真多啊！"冉有问："人多了，下一步该怎么办呢？"孔子说："使他们富裕起来。"冉有又问："富裕之后又该怎么办呢？"孔子说："对他们进行教化。"《孟子》中更是直接说："不教民而用之，谓之殃民。殃民者，不容于尧舜之世。""教民"的最终目的是让"黎民于变时雍"，也就是后世常说的"和民"。西周时期的《尚书·洛诰》中说周人要"和恒四方民"，就是要使四方之民长久，这反映出周初统治者对《尧典》思想的继承。后世歌颂尧的美德并非因为他的武功，而是其以德治国、爱民如子的形象深入人心。

二、陶寺时代的理性曙光

礼制的起源与原始宗教有千丝万缕的关系。王国维曾说:"奉神之事通谓之礼。"在全世界范围看,早期国家的形成过程中神权都扮演着不可或缺的角色。陶寺时代处于刚步入文明的早期国家阶段,文化中难免有迷信卜筮、敬畏鬼神等时代烙印。尽管陶寺国家有些许的神权色彩,但已经闪耀出了理性的曙光。

(一)陶寺文化的朴实作风

如果单纯地看陶寺文化,与其他早期文明一样,也会有一定程度的神权色彩。但与周边时代相近的其他文化对比,就会发现,陶寺文化中宗教神秘色彩已经非常微弱,世俗性的朴实作风却日渐突出。与曾经一度非常辉煌的红山文化与良渚文化相比,这一点尤其显著。

红山文化因最早发现于内蒙古自治区赤峰红山后而得名,主要分布于今内蒙古东南部和辽宁省西部,并波及河北省北部,而以老哈河中上游到大凌河中上游之间最为集中。红山文化的年代跨度在距今6000年到5000年间,比陶寺时代更早。红山文化的文明程度远高于同时代中原地区的考古文化,其中最具特色的文化遗存如积石冢、女神庙、祭坛以及红山玉器,均有强烈的神权色彩。而祭坛、女神庙、积石冢这些宗教祭祀遗迹,即使在今天看来其规模也是令人震惊的。尤其是女神庙地居礼仪中心遗址的最高处,具有君临礼仪中心的气势;积石冢中的男性墓葬,仿佛居于从属地位,也许是具有通灵能力的巫师。红山文化类型玉器中,除管、珠、坠、镯、环等一般装饰品外,研究者普遍认为,像箍形器、勾云形佩、猪龙、龟、鸟、蝉、蚕等一类玉器是通神的工具。如此璀璨的史前文明,在晚期却突然衰落了。在中国的东北地区,红山文化之后是小河沿文化、夏家店下层文化,这些文化都再没有发现像红山文化坛、庙、冢那样令人震惊的宗教祭祀遗迹和遗物,更没有发现能够证明其发展为独立文明国家的证据。事实上,随着时间的推移,它的继承者不断发生分化，有的自行消亡了，有的逐步融入其他文化，或被发展程度更高的文化同化了。

良渚文化主要分布于环太湖流域，所处的年代约为公元前3300年到公元前2300年。晚于红山文化，略早于陶寺文化。良渚文化以祭坛、贵族坟山、大型城址和精美玉器为标志。这些大型宗教型建筑昭示着良渚文化与红山文化一样，具有强烈的神权色彩。良渚文化墓葬随葬玉器，在功能分类上与红山文化相比，有同有异。相同的方面是大部分玉器也与宗教祭祀有关，也属通神的工具。如玉琮内圆外方的造型，学者认为应当是"天圆地方"观念的反映，也就是说贯通天地的一项手段或法器。良渚玉器上常刻有"神人兽面纹"或"兽面纹"，有人直接称之为"神徽"。出土玉钺上也雕有神人兽面纹，说明钺这种代表刑杀和征伐的权力也要听命于神的指挥，或者说执掌良渚文化军权和王权者也正是能交接人神、沟通天地，掌握祭祀大权的巫师本人。良渚文化的发展程度显然高于红山文化，但像红山文化的前途一样，继良渚文化之后的马桥文化等，也再没有发现更重要的遗迹、遗物或可证明其发展为更高层级的独立文明的证据。反倒是有更多的材料可以证明，它是自行萎缩，或者被别的文化取代、融合、同化了。

红山文化与良渚文化的社会中，神的权力高于一切，神的威望高于一切。社会的运转、社会矛盾的调节都靠神来解决，而神的意志和命令则通通要由能与神沟通的巫者来传达、来贯彻。两种文明最终崩溃的因素是多方面的，宗教色彩过于浓重恐怕也是其中的一个重要原因。当整个社会被笼罩在偏激的宗教气氛里，人们自然会为此投入大量非生产性劳动，而这些付出对社会的长期发展并没有太多正面作用，反而使社会趋于消极。如果遇到所处环境发生异常的情况，很容易导致文明的崩溃。

与红山文化和良渚文化相比，陶寺文化的统治者有更多的世俗性。我们看到，在陶寺遗址居住址的东南有面积约4万平方米的墓葬群，其中共有1300余座墓葬。墓地划分为不同的茔域，同一茔域内的墓葬多成排分布，位列较为齐整。墓葬可分为大、中、小三等，大型墓仅6座，不及墓葬总数的 1%，中型墓占总数的近 10%，其余为小型墓。大型墓无疑是高等级统治者甚至是王的墓葬，一般长 3.2 米、宽 2.5 米，有木棺，棺底有朱砂，随葬品多达上百件，最多的达 200 件，丰富而精致，有成套彩绘漆木器和陶器，还有玉石器和整猪等，与多数没有葬具和随葬品的仅可容身的小型墓形成鲜明对比。这几座大墓尽管规格很高，但并不脱离氏族公共墓地单葬一处，而是和其他规模不算很大但可能有血缘关系的死者葬于同一墓地。在这里看到的是王权的突显和神权的渺小，是尊者的朴实无华，是尊者与卑者虽有区隔但仍存在着千丝万缕的联系。大型墓虽然随葬品众多，但很少出土像红山、良渚大墓中随处可见的带有神秘宗教色彩的玉器。为数不多的透露陶寺文化神权色彩的器物中，颇引人注目的便是几座大墓中出土的彩绘蟠龙纹陶盘（有个别大墓因被盗不明）。陶盘质地为泥质褐陶，着褐色陶衣，盘壁斜收成平底，外壁饰隐浅绳纹，内壁磨光，以红彩或白彩绘出蟠龙图案。图案中的龙蜷曲在盘中，龙头靠近盘口边缘，尾部位于盘中央，方头蛇身，身上有鳞甲，张巨口，口中伸出如同麦穗儿的长信子。从它长长而蜷曲的身子以及信子来看，陶寺龙的样子似乎来源于蛇，但从它方头、巨口、裸露的牙齿看，又好像是鳄鱼。考古学家推断，陶寺龙应该是来源于两种以上动物的复合体。这可能暗示龙是部族的保护神或族徽，不仅意味着君权中含有神权，而且意味着君权中含有族权。也就是说，陶寺文化统治者虽不能完全与神权切割，但神权中也还是带有较强的世俗性。

图 1-2　陶寺遗址出土的彩绘蟠龙纹陶盘

（二）陶寺宗教性设施的实用性

陶寺古城内也有大型宗教性建筑——观象台。但这个建筑除了承担部分宗教功能外，更主要承担的是实用功能——观象授时。史前时期，天文学、历法是被王权垄断的，掌握了农时就掌握了全社会生产生活的命脉。

陶寺观象台不仅有祭祀功能，还有缜密的地平历观测制定系统。陶寺观象台有明确标识的观测点，与夯土柱构成地平历观测仪器系统。观象台基址的结构主要由大半圆形的三层夯土台基、第三层台基上的半环形夯土列柱和柱缝、作为观测点的夯土基础等组成。台座顶部有一半圆形观测台，以观测台为圆心，由西向东，呈扇状辐射着13根夯土柱，从而形成12道缝隙。经研究和实地模拟观测实验，观测者直立于观测点核心圆上，透过石柱间缝，观测早上日切于崇峰山巅时是否在缝的正中，如果日切在某缝正中，则是陶寺历法中某一特定的日子。这12道缝中，1号缝没有观测日出功能；7号缝居中，为春分、秋分观测缝；2号缝为冬至观测缝；12号缝为夏至观测缝。除2号缝、12号缝各用一次之外，其余9道缝皆于上半年和下半年各用一次。也就是说，这个系统可以通过观测太阳地平日出，即塔儿山山脊线上日出，将一个太阳年365天或366天分为20个节令，除了包括春分、夏至、秋分、冬至外，还有粟、黍、稻、豆的农时，当地四季冷暖气候变化节点及宗教节日。在陶寺遗址，除了观象台，在一个墓室内还出土了一件"漆木圭尺"。此漆木圭尺残长171.8厘米，复原长180厘米。圭尺通身漆彩绘绿黑相间的色段刻度，第1～11号色段总长39.9厘米，发掘者认为此长度乃《周髀算经》记载的"地中"夏至影长。圭尺"中"与立杆（表）组合使用，正午时分测日影，以判定节令，制定历法。

陶寺遗址中观象台和圭尺的发现，表明都邑内天文历法已有两套不同测定方法，具有较高水平。根据推测，当时的天文观察者既可能站在观象台的观测点上，透过观测逢中线观测对面塔儿山山脊日出来判定节令，制定太阳历；还可能通过圭表测定日影，以判定节令，或者是将二者相互验证，配合使用。

陶寺遗址作为都邑的年代大致与夏代之前的尧舜时期相当。因此陶寺都邑观象台和圭尺的发现，正好与《尚书·尧典》中有关尧时"历象日月星辰，敬授人时"的记载相印证。《尧典》记载，帝尧命令天文官员羲和"以殷仲春""以正仲夏""以殷仲秋""以正仲冬"，即确定春分、夏至、秋分、冬至。《尧典》还记载："期三百有六旬有六日，以闰月定四时成岁。"即规定了一周年是三百六十六日，用闰月的办法确定了四季而成就了年岁。陶寺发现的漆木圭尺出土于陶寺中期的一座大型墓葬，属于统治阶级上层甚至是邦国君主的墓葬，这说明对历法的颁布，如周代的"告朔"，在陶寺都邑应该是掌握在最高统治者手中的，这也是当时邦国中君权的一部分。历法涉及农业经济基础，君王指派天文官观测天文、制定历法，这样，他就掌握了天象、时令的规律，仿佛得到了与天对话的权利，告诉人们何时耕种、何时祭祀，人们就会臣服于他。

图 1-3　陶寺遗址观象台复原图（摘自中国社会科学院考古研究所《考古中华》）

显然，陶寺文化在这样的统治之下，一般来说会较少造成社会财富的极大浪费，从而保证了社会的正常运转和持续发展的可能。另外掌握军权、王权的陶寺文化统治者，虽对自然神也心存敬畏，也有祭祀，但主要是崇敬先祖，通过祭祀祖先求得庇佑和治世良策，因而不会像红山、良渚古国掌握神权的巫师那样"随心所欲"，靠神的意志实行对国家的治理。而且陶寺古城的统治者比较接近民间社会，因而能够提出比较符合民众和社会需要的措施，顺应社会发展的要求。

陶寺文化与红山文化、良渚文化等神权色彩强烈的新石器考古文化相比，作风更加务实。这种作风一方面使自己的文明得以延续，不至于像后二者一样突然崩溃，这与典籍中所描述的尧舜以德治理天下也很契合；另一方面这种宗教色彩较为薄弱的思维方式也奠定了后来中国文化中的务实传统。这一传统影响了往后中国政治的走向。后世中国虽没有马上完全剔除"君权神授"的神权政治思想，但理性色彩越来越浓厚。到了西周时期，西周统治者虽然还以"天命"作为政权合法性的理由之一，但已经意识到"皇天无亲，惟德是辅"，有"德"才是取得所谓"天命"的决定性因素。《诗·大雅·文王》中也提出了"天命靡常"的说法。到了孔子的时代，这种观念也得到了延续与发展。《论语·雍也》中记载孔子的弟子樊迟向孔子请教什么是智慧，孔子说："务民之义，敬鬼神而远之，可谓知矣。"孔子虽然"敬鬼神"，没有完全否认鬼神的存在，但实际上已不相信鬼神人事能有多大影响。《论语·述而》中说"子不语怪、力、乱、神"，表明孔子尽量回避谈论鬼神。《论语·先进》中记载孔子的弟子子路向孔子问怎么祭祀鬼神，孔子当头就来了句："未能事人，焉能事鬼？"拒绝回答。到了荀子，已经发展为彻底的无神论思想。他在《天论》中提出了"天行有常，不为尧存，不为桀亡"，天被视为一种无意志的自然性存在，日月、星辰、阴阳、风雨等万事万物的生成变化并没有任何神秘的主宰，完全是自然运化的结果。这些观念无疑与尧时代奠定的务实作风密不可分。

三、陶寺时代的音乐礼制

《礼记·乐记》中说："乐者，通伦理者也。"在中国传统文化中，音乐承担着非常重要的社会功能，故而向来礼乐并称。事实上，古代对音乐的规范也是礼制的一部分。目前考古发现史前最早的乐器有：新石器时代中期河南舞阳贾湖遗址的骨笛，以及同时期在中原地区发现的陶埙等。这些发现在中国音乐史上都具有重要的意义，但这些遗址中发现的乐器多为单独出现，或者类别单一,唯独陶寺遗址中出土了成套的乐器,无论是数量还是种类,都是中国新石器时代遗址中发现乐器实例最丰富、规模和规格最高的。

文献中也有尧舜时期已有音乐礼制的说法。《吕氏春秋·古乐》中说尧被立为帝,便令名叫质的乐官制作音乐。质于是模仿山林溪谷的声音而作歌,又把麋鹿的皮蒙在瓦器上敲打它,并敲打石片。以模仿天帝玉磬的声音,用以引来百兽舞蹈。尧时代的瞽叟,也就是舜的父亲,在五弦瑟的基础上制成十五弦瑟,演奏的乐曲命名为《大章》,用它祭祀天帝。这显示尧时代礼乐制度比较原始,而且与祭祀关系密切。文献中提到的"典乐""作乐""行乐",显然并非单指创作音乐,而是指制礼作乐以治天下。从陶寺遗址中可以看出,当时的音乐礼制虽然比较简单,但却是后世礼乐制度的滥觞。陶寺遗址中出土的乐器有:陶鼓六件、鼍鼓八件、石磬四件、陶铃六件、铜铃一件、陶埙一件,合计二十六件。从某些乐器组合中已经看出了礼制的雏形,以下分别介绍。

(一)陶鼓和鼍鼓

从世界范围看,鼓是人类最早发明的打击乐器之一。所谓"陶鼓",就是用陶土烧制成土框,再蒙上动物的皮做成的鼓,也被称为"土鼓"。《礼记·礼运》记载:"夫礼之初……蒉桴而土鼓。"《礼记·明堂位》记载:"土鼓……伊耆氏之乐也。"按照郑玄的解释,伊耆氏有可能就是帝尧的别号。虽然目前所见最早的陶鼓并非出自陶寺遗址,比陶寺文化早千年的马家窑文化和大汶口文化就已经发现陶鼓,但典籍中将陶鼓和伊耆氏联系在一起,一定程度上反映了尧的陶鼓特色鲜明,给人留下深刻印象。

陶寺遗址出土陶鼓共六件,完整者四件。陶质多为泥质褐陶或灰陶。其中有一件形似葫芦,圆鼓腹,底凸起外撇,颈、腹之间置双耳,口沿下有一周革丁,底腹部有圆形小孔,通体以绳纹间泥条构成不甚规则的图案。还有一件形似长颈葫芦,筒状高颈,圆鼓腹,底凸起外撇,颈、腹之间置双耳,口沿下有十二个向下弯曲的革丁,下腹部出三个管状小孔,腹壁饰绳纹间泥条构成的连续三角形和菱形图案。这种葫芦形的陶鼓是具有陶寺文化特色的器物，而陶鼓出土于大墓，说明其已成为少数人所拥有的特殊用器。

陶寺遗址中除了出土陶鼓外，还出土了鼍鼓，这应当是陶寺文化中最引人注目的乐器了。遗址内共出土鼍鼓八件，出自陶寺文化早期的五座大墓。各鼓形制大体相似，鼓腔呈竖立筒状，高约1米，直径0.5米～0.9米，由天然树干掏空内腔，刮去树皮，烘干而成，外壁再通体施以彩绘。出土时，在鼓腔内部或周围发现有扬子鳄骨，证明当时鼓面应蒙以鳄鱼皮。另外，还发现有当时用于黏合的黑褐色小圆锥体共存。据推测，这些鼍鼓原本应是一面冒革的单面鼓。

《尚书·尧典》中记载，尧舜时期就有夔担任专门管理音乐的官职——"典乐"。在上古文献中，夔经常与音乐联系在一起。《山海经·大荒东经》："东海中有流波山，入海七千里。其上有兽，状如牛，苍身而无角，一足，出入水则必风雨，其光如日月，其声如雷，其名曰夔。黄帝得之，以其皮为鼓，橛以雷兽之骨，声闻五百里，以威天下。"这里所言之"夔"，可以自由出入于水陆之间，学界多认为其原型即为两栖动物"鳄"。这则颇有神话色彩的记载给我们提供了一些历史信息。最初取夔皮做鼓，后来就把"夔"当作乐官的名字。而这个乐官最重要的乐器无疑也是夔皮之鼓，即鼍鼓。透过《山海经》颇具神话色彩的描述，我们可以看到鼍鼓最初的功能可能是因为鼓声洪亮，传播极远，所以在战场上作为战鼓，鼓舞士气。而上古时期战鼓经常为统帅所控制，直到春秋时期，两军交战时，依然经常能看见国君亲自擂鼓的场面。所以鼓便成为象征身份的礼器。到了后世，鼓和钟变成了典礼时最重要的乐器。《诗·大雅·灵台》中记载："鼍鼓逢逢，蒙瞍奏公。"描述了周王时，乐师击鼓作乐的场面。我们经常可以看到文献中"钟鼓"并称，如《论语·阳货》中孔子说："乐云乐云，钟鼓云乎哉？"孔子之言虽然是反对没有精神内涵的礼乐形式，但反过来，我们也可以看到，鼓在礼乐仪式中扮演着重要的角色。

第一讲 制礼作乐：陶寺文化与最初中国的礼乐传统 | 15

图 1-4 陶寺遗址出土的陶鼓

图 1-5 陶寺遗址出土的鼍鼓

（二）石磬

有关石磬的起源，文献中有不同说法，其中较有影响的一种说法是"毋句氏做磬"。《说文解字·石部》："磬，乐石也。从石，殳象悬虡之形。殳，击之也。古者毋句氏做磬。"《世本》引宋衷注："毋句，尧臣也。"（王谟本）典籍所记载的传说说明磬在帝尧之时扮演很重要的角色。甲骨文中"磬"字的写法像手持槌以击悬石，可以看出，磬是一种起源于石器时代的打击乐器。陶寺遗址出土的四件石磬均为特磬。所谓"特磬"，就是单枚使用的大型石质打击乐器。

陶寺出土的四件特磬由火山角砾岩制成，长达 0.8 米～0.9 米，未经琢磨雕刻，略显粗陋。制作手法均以打制手法为主，兼有磨制，悬孔为两面对钻的圆孔，有绳索磨痕，磬体表面有明显的敲击麻点，表明都是实际使用过的器物。有两件悬孔位置的设计都可使整个磬体悬挂稳定，有利于敲击。还有一件特磬的前鼓部较长并向前伸展，后鼓部短阔，已有了后世石磬形制比例的雏形，说明当时已有了探索最佳敲击点的实践。人类在采用磨制工具之始便开始制作用来娱乐或者愉悦精神的可以发声的节奏响器。这四件特磬音高也较多样，无明显规律可循。由此推测，这一时期石磬当为节奏乐器，对于音乐性能尚无明确追求。

陶寺出土特磬的四座甲种大型墓随葬品多达一两百件，与众多随葬品贫乏的中小型墓形成鲜明对比。这表明，在陶寺早期，贫富分化和阶级对立已经出现。拥有特磬的墓主当是部落显贵或首领级的人物，而特磬则成为权力与地位的象征，具有礼器的性质。

《吕氏春秋·古乐》中说尧任命的乐官质"乃拊石击石，以象上帝玉磬之音"。"拊石击石"是上古击打磬的标准动作，就是轻击和重击交错进行。所谓"象上帝玉磬之音"，即模仿天帝的玉磬声音，显然是为了增加磬的神秘性。《尧典》中说舜的乐官夔"予击石拊石，百兽率舞"也是同样的原因。到了后世，磬也是礼乐场合非常重要的乐器。《诗·商颂·那》中说："鼗鼓渊渊，嘒嘒管声，既和且平，依我磬声。"在音乐的演奏过程中，鼓和管需要磬音相配，可见磬在礼乐制度中的作用。

（三）陶铃和铜铃

目前可见中国最早的陶铃出现在仰韶时代早期，地域上分布在甘肃、河南以及山东地区。有人认为，陶铃可能起源于小型的平底容器，或者脱胎于摇响器。也就是说，陶铃很可能是从日常生活器具中脱胎而来的。

陶寺陶铃共计六件，器形各异，有的横截面为合瓦形，有的呈菱形，有的为椭圆形，还有的为马蹄形，基本涵盖了龙山时代陶铃的全部形制，这在目前所见的陶铃中是前所未有的。

陶寺出土铜铃仅一件，它是目前中国发现时代最早的铜铃，由接近98%的纯铜铸成。纯铜呈红色，也就是我们一般所说的红铜。和铜、锡合金的青铜相比，质软性脆，比较原始。这件铜铃器形也很小，长五六厘米，宽两厘米多。器表素面，器体横截面近似菱形，口部较大，另两角呈圆弧形，顶部略小，顶部中间有一圆形小孔，位置略偏一侧。整个器物做工也比较原始，表面有铸造的缺陷和气孔。看似不起眼，却是迄今所知年代最早的完整的复合范铜器。

这件铜铃出土时在男性墓主人骨架左侧股骨与耻骨联合之间，外面有很清晰的布纹痕迹，可能在埋葬时包裹有丝麻织物，证明这件铜铃生前极有可能是戴在墓主人腰间的，死后作为随葬品一同被埋入。出土的位置位于陶寺遗址的东南隅，是陶寺遗址四个等级墓葬中最低的等级墓葬，并没有显赫的地位。所以有学者推测，陶寺出土的铜铃很有可能与社会的分工有关，墓主人可能属于专门制造这种器物的一个阶层。

这件铜铃有着非常重要的划时代性，首先，它是迄今发现的新石器时代最早的铜制乐器，与之前陶制、石制、骨制、木制等器材相比，材质的改变使得其地位日益突出，也使得铃进入到一个新的时代。其次，经过观察，要铸造成铃腔中空形，至少需要三块范，这也与以往齐家文化采用锻造或者单范铸造有着明显的区别，反映出了这一时期青铜冶铸技术的进步，为其他青铜礼器的铸造奠定了技术条件，无疑这件青铜铃开启了一个时代，在青铜乐器史上具有划时代的意义。

通过对比，可以发现这件铜铃与陶铃形制基本上是一致的，不同的仅仅是材质的变化，于是我们就可以得出这样的结论：铃的发展是一脉相承的。

图1-6 陶寺遗址出土的陶铃

图1-7 陶寺遗址出土的铜铃

钟类乐器更原始的形态很可能出于远古的陶铃，所以，把远古的铃看作是钟类乐器的先祖，应该是可信的。现存古钟亦不乏以"铃"自铭的例子，如河南淅川下寺楚墓出土的钮钟即铭有"自作咏铃"的铭文；更多的钟则把

"铃"与"钟"结合起来，自铭"铃钟"。《广雅·释器》谓："镯、铎、钮、铙、钟，铃也。"这一系列钟类乐器都脱胎于铃。在礼制中，钟、鼓并称为最重要的乐器，但钟在鼓前，显示其更加重要。所有礼器中又以钟、鼎为尊，钟在礼乐文化中的地位是毋庸置疑的，而铃和钟的承袭关系，也可以让我们看到陶寺陶铃和铜铃在礼制史中的地位。

（四）陶埙

文献记载中关于埙的起源有两种说法，一种说法是两千多年前战国史官所撰的《世本》云："埙，暴辛公所造。"据说，暴辛为殷商时期人。吕思勉先生认为，因传说暴辛公善埙而衍生出暴辛公造埙的说法。另一种说法是《拾遗记》记载："庖牺氏易土为埙。"考古发现最早的埙可以追溯到河姆渡文化时期。到目前为止，陶寺遗址中仅发现一件陶埙，为陶寺居住址内的采集品。

陶寺陶埙为两音孔埙，泥质陶，器表呈深褐色。埙体近卵形，小平底，中腰的横截面呈不规则圆形。陶埙的顶部开有一个吹孔，在埙体一侧中部偏上位置开有两个按音孔，理论上可以吹奏出四个乐音，即音孔全开、音孔全闭、仅开左音孔、仅开右音孔。最大腹径3.1厘米、通高4.4厘米。

到了后世，埙的结构趋于简单，能吹出的音节也更少，加上人头、鬼脸和各种动物的造型特征，更多地被当作儿童的玩具。但在先秦时期，埙是非常重要的一件乐器，在礼制中承担很重要的作用。《周礼·小师》中介绍国家乐官小师所执掌的乐器就有埙。《吕氏春秋·仲夏纪》描述仲夏之月，即夏历五月国家乐师要调试竽、笙、埙、篪四种乐器。《诗·小雅·何人斯》中描述过这样的场面："伯氏吹埙，仲氏吹篪。"哥哥吹着埙，弟弟吹着篪，以相和应。篪为一种竹制管乐。埙在礼乐文化中虽然没有钟、鼓、磬重要，但亦属于上古礼乐文化的一个组成部分。

陶寺遗址不仅出土了数量可观的乐器，而且从中可以看出音乐礼制的雏形。鼍鼓有成双出土的现象，且有与特磬组合演奏的可能。陶寺鼍鼓的出土，三墓各两件，出土时鼍鼓均并排置于墓底，其侧还有特磬一件。另外陶寺遗址有鼍鼓出土的几座墓葬，均出土陶鼓一件。由此观察，其原始的组合情况可能为鼍鼓二、特磬一、陶鼓一。陶寺文化时期部分乐器，比如鼍鼓和特磬，作为最早的宫廷庙堂乐器和王权的象征，已开始具有礼制意义。从以上分析可以看出，在陶寺遗址已存在某种严格按照等级次序使用礼器的规制，中华礼制在这里应该已经初步形成。

四、陶寺时代的文字萌芽

中华礼乐文明能绵延至今，文字所起的作用功不可没，甚至在礼乐文化中，文字本身就是其中的组成部分——礼的载体。甲骨文中相当多的内容就是祭礼档案。金文是铸刻在礼器——青铜器上的文字，内容也多与礼制相关。

在学术界有一种观点认为，文字也是文明起源的重要标志之一。目前汉字真正有据可查的历史，只能上溯到距今3000多年前殷商时期的甲骨文。但是从甲骨文字体的数量和结构方式来看，它已经是一种成熟的文字，所以，在甲骨文之前文字应该有一段漫长的发展过程。但汉字究竟起源于何时，是中国古文字学的一道难题。战国时代有不少仓颉作书的传说，在汉代"仓颉造字"最流行，《说文解字·叙》《淮南子》《吕氏春秋》都载有这个传说。文字不可能是一个人创造的，异体字的大量存在一定程度上反映了这一点。另外，文字是社会约定俗成的符号系统，是人们在生产生活中不断创造积累的。所以《荀子·解蔽篇》说："故好书者众矣，而仓颉独传者，一也。"在荀子看来，仓颉只是众多专一于文字且做出了很大成绩的一个代表，并非汉字的唯一创造者。此外还有汉字起源于八卦、汉字起源于结绳等说法，也都是臆测的成分大。

汉字最有可能的两个来源是契刻和图画。汉字起源于二者的先后次序目前学术界还有争议。中国新石器中晚期遗址中普遍发现了陶器刻画符号，比如已发现的仰韶文化半坡类型符号，绝大部分都刻在同一种陶器的同一个部位上,规律性很强。有的符号不但重复出现在很多器物上,而且还出现在不同的遗址里。这种符号,至少是其中的一部分,很可能已经比较固定地用来表示某些意义了。陶器上刻画着的大量符号,成为我们探索汉字起源的重要资料。就世界范围来看,很多文明是在新石器时代晚期出现文字萌芽的,这是因为此时社会组织日益复杂,使社会交际更加频繁,文字已成为社会的必需品,便应运而生。

陶寺遗址出土的最有名的疑似文字是一件陶寺文化晚期陶扁壶上面的两个字。其中一个是"文"字,学者没有异议。对第二字的识读有着不同的看法,有人释为"易",也有人释为"尧",或释为"唐""邑""命"等。陶寺遗址发现的这两个字的字形与结构,比大汶口文化中的图像文字更加进了一步,所以很多学者都推测这是中国最早的汉字。陶扁壶朱书"文"字所指与《尚书·尧典》"昔在帝尧,聪明文思,光宅天下"不谋而合。除这两个字之外,另一件朱书扁壶残片上也有文字,说明陶寺遗址使用朱书文字,绝非孤例。

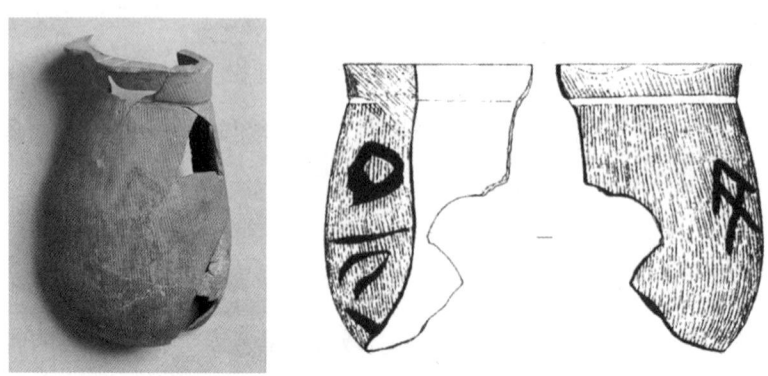

图 1-8　陶寺遗址出土扁壶上的朱书文字(摘自中国社会科学院考古研究所《考古中华》)

到目前为止,考古工作者对陶寺遗址的发掘工作还没有结束,但已发现的考古成果已足以令人震撼。史前城址与宫殿以及大量的珍贵史前文物,都彰显着中国从最初阶段已然具有礼乐之邦的雏形,而后世"有服章之美是为华,有礼乐之大是为夏"成为中华文明的特色,正是以这里为源头,绵绵不绝。

知识链接

1. 新石器时代——19世纪的英国学者 J. 卢伯克把石器时代分为旧石器时代和新石器时代。新石器时代开始于八九千年以前,人类已经实现了从被动地适应自然到主动地利用与改造自然环境的飞跃,发明了农作物的栽培,逐步开始饲养家畜,生活资料有较可靠的来源,开始定居生活,广泛使用磨制石器与陶器,发明了纺织。中国各地已发现六七十种新石器时代文化,如裴李岗文化、兴隆洼文化、仰韶文化、马家窑文化、红山文化、大汶口文化、龙山文化、良渚文化等。到了新石器时代末期,由于人口的增长、技术的进步和对自然资源的进一步开发利用,社会生产力大大提高,其中晋南的陶寺文化就属于新石器时代末期的考古文化。

2. 早期国家——所谓"早期国家",是近些年来国内外学术界普遍使用于历史学、人类学和考古学学科中的一个概念。它虽已具有国家的若干形态,但尚未发展到纯以地域组织为基础,亦即恩格斯所说的"不依亲属集团而依共同居住地区为了公共目的来划分人民"那样的发展阶段的、具有早期特征的国家。在这种早期国家里,由于生产力水平等条件的限制,地域组织还没有建立或仅仅处于初始阶段,人们仍然生活在血缘组织之中,其生活与生产劳动的基本单位是家长制大家族。家长制大家族之上是宗族。这种宗族或比宗族更大的血缘组织,在中国古代的文献中被称为"邦"或"方"。这样的血缘组织是直接从氏族部落发展而来的,所以每一个邦又称"某某氏",比如尧所在的陶唐氏。这种以血缘组织为基础的邦国在管理、公共权力、财产分配及占有乃至意识形态等方面均已具有鲜明的国家性质,既区别于氏族部落,又区别于成熟形态的国家。

3. 中国传统历法——它既重视月相盈亏的变化,又照顾寒暑气节,年、月长度都依据天象而定。它以朔望的周期即月球绕行地球一周为一月,把回归年即地球绕太阳转一圈的时间定为一年,又将回归年划分为若干节气。但是它又采用加闰月的办法,使每年的平均天数和阳历全年的天数十分接近,并以此来调整四季。它兼有阴历月和阳历年的特点,实质上是阴阳合历,所以也称"阴阳历"。中国在1912年前一直使用这种历法,为了区别于现行历法,把它称作"旧历"。因阴历方便农民耕作生产,所以被惯称为"农历"。

📖 延伸阅读

1. 徐旭生,《中国古史的传说时代》,广西师范大学出版社,2003年。

本书主要从古代文献和考古发掘两方面入手,并结合相关民间传说,力图考证有文字记载历史之前的中国社会状况,着重对学界聚讼纷纷的中国古族三集团、太古洪水、三皇五帝等问题进行独到的剖析,梳理了中国传说时代的古史系统,包括有关尧的诸多问题。书后附录所收《论以岁差定〈尚书·尧典〉四仲中星之年代》对《尧典》所记历法也进行了考证。

2. 彭林,《儒家礼乐文明讲演录》,广西师范大学出版社,2008年。

本书是作者依据在清华大学开设的全校性选修课"中国古代礼仪文明"所作,是历经五轮讲课所汇聚的精华。全书系统地介绍了儒家礼乐文明的来龙去脉及中华礼学的学理,主要典籍,人生礼仪(冠、婚、射、丧等),可以帮助读者加深对中华礼乐传统的认识。

3. 许宏,《何以中国:公元前2000年的中原图景》,生活·读书·新知三联书店,2016年。

本书作者以考古人的视野与方法梳理了公元前2000年中原及其邻近地区的文明演进面貌,依稀勾勒出了当时文明的分布格局及其演变趋势,对于脱离文献来理解商代以前的文明脉络与发展实态颇有助益。另外,本书从陶寺文化写起,关于陶寺文化的介绍与分析有颇多见解。

参考资料

1. 中国社会科学院考古研究所编著,《中国考古学:新石器时代卷》,中国社会科学出版社,2010年。
2. 张焕君,《尧舜传说与中国礼乐文明的人文精神》,《山西大学学报》(哲学社会科学版)2014年第5期。
3. 王震中,《陶寺与尧都:中国早期国家的典型》,《南方文物》2015年第3期。

思考题

1. 陶寺文化已具有礼乐文明的哪些特征?还有哪些不足?
2. 陶寺文化在新石器时代晚期异军突起,与晋南盆地的地理环境有何关系?
3. 尧对中国文化有哪些影响?

第二讲

九合诸侯：
晋国霸业风云

导　读：

　　晋国在西周时期，是拱卫周王室的重要屏障，降及春秋，更是主导了整个时代的旋律。一部晋国史，半部春秋史。叔虞初封于唐，地在河、汾之东，其子燮父迁于晋，继续拱卫着周王室。霸业，是春秋时代的主题。晋文公继齐桓公之后，成为诸侯之伯，开启了晋国霸业时代。邲之战晋国的失败，导致其霸业出现危机。楚国趁机北上，中原诸侯国或明或暗结交于楚，离心于晋。晋景公、晋厉公为了维护霸业，做出了诸多努力。鄢陵之战晋国的胜利，遏止了中原诸侯国的叛晋行为，晋悼公继位后，更是在八年之中，九合诸侯，重现晋国霸业雄风。晋国自文公称霸后，霸业维持了近一个半世纪，晋国霸业衰落之际，已是春秋结束之时，预示着一个新的时代又将到来。

山西，简称"晋"，源于西周春秋时期，这里是晋国的主要统治区域；山西，或称"三晋"，源于战国初期，韩、赵、魏三家分晋。两周时期是中国文化定型时代，后世中国文化的发展，皆由其规范、受其影响。晋文化性格的形成，奠定于晋国时期，晋国在山西历史上占有极其重要的地位。

一、"晋"的由来

武王克商，建立了周人的政治，从此昭示着天下共主由周人担任。周人立国，步履维艰，困难重重，牧野一役，虽克商都，但商人的势力并未因此役而消亡殆尽。如何巩固新生的统治，是周人面临的第一个紧要问题。周人采取了"封建亲戚，以蕃屏周"的策略，广建据点，全面推进周人的势力。在今山西省南部的翼城、曲沃、绛县之间，有一个古老的小国，历史上叫作唐国，周初被周人灭掉。武王的儿子叔虞被封于唐地，称唐伯。叔虞的儿子燮父即位后，遵王命由唐迁晋，称晋侯，国名随之改称"晋"。

（一）叔虞封唐

晋国初名为唐。《史记·晋世家》载："武王崩，成王立，唐有乱，周公诛灭唐……唐在河、汾之东，方百里。"古唐国是夏商时期较著名的方国，传世文献中对其有较为连贯的记载。甲骨文中有唐国、昜国。叔虞封唐之唐，在甲骨文中应该是"昜国"。朱凤瀚先生公布的觊公簋，其铭文中"唐"字写作"昜"。北赵晋侯墓地Ⅰ11M31号墓葬出土了一件玉环，灰白色，质地较软，素面，一面刻有文字一行12字，李学勤先生称之为"文王玉环"，并释为："文王卜曰：我眔唐人弘戕贾人。"从铭文来看，唐字作"䘍"，也可以证明叔虞封唐之唐，在甲骨、金文中作"昜"。

因此知叔虞封唐之唐，在甲骨文中是"昜"，而非甲骨、金文中的"唐"。甲骨文中对昜国多有记载，如《合集》3383/1："贞王叀昜伯簋肯。"《合集》3380/1："辛巳卜，殷，贞王从昜伯簋。"卜辞内容显示，昜伯为商王

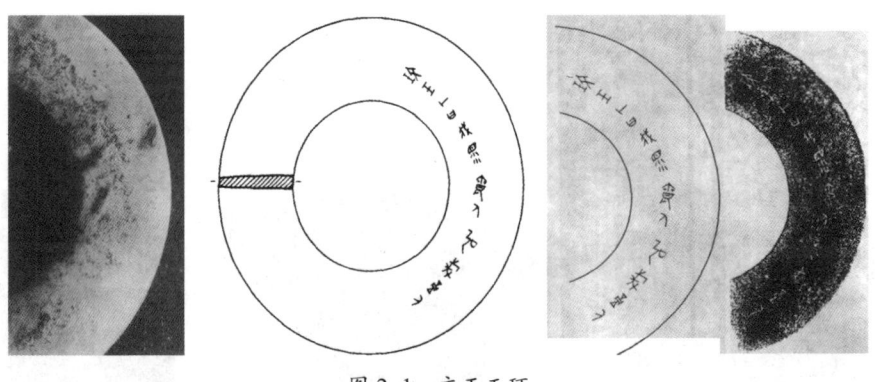

图 2-1　文王玉环

打仗，说明其关系密切。《丙》6："易入廿。"记录易国向商王入贡龟甲二十枚，说明易国与商王朝应有臣属关系。《合集》8591/1："己酉卜，宾，贞鬼方、易亡祸。五月。"《珠》758/1："甲戌卜，宾，贞在易牧获羌。"商王朝对易国的安危非常关注，而且在易国境内派驻管理畜牧的官员，并虏获易国周边的羌人。《合集》6063 反 /1："……自长友唐，舌方征……戈鬯、示、易，戊申亦有来自西，告牛家。"易受到舌方侵扰，舌方在商都之西，易亦在商都之西。易即文献中叔虞封唐之古唐国。

武王克商后，出于政治上的妥协与拉拢，周人封帝辛儿子武庚于商人故都——安阳，并分封管叔、蔡叔等监视商人的动向。这一切都表明，周人对天下的统治并不牢固，潜存着严重的政治危机。武王去世不久，武庚便发动了叛乱，古唐国也参与了叛乱。周公东征，灭唐国，封叔虞于唐地，重新建立了周人的据点。

文献所见关于唐地的记载，较早的是《左传·昭公元年》中的"迁实沈于大夏，主参，唐人是因"和《左传·定公四年》记载的"分唐叔……命以《唐诰》，而封于夏虚"。这样的记载，透露出唐和大夏有着千丝万缕的关系。从《左传》《史记》中的记载来看，唐地的确认，应同时满足下列条件：第一，属于夏墟的范围；第二，应有商代（至少是商代晚期）延续到西周早期的考古遗存；第三，在汾河以东。随着陶寺遗址、曲村—天马遗址的发掘，以及一些有重要铭文的青铜器、玉器的发现，唐地寻找范围被不断缩小，现

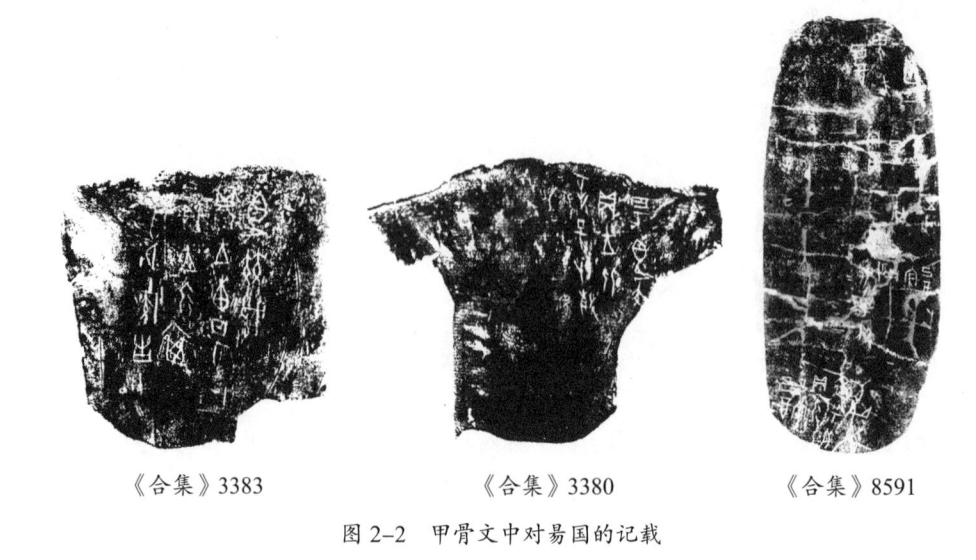

《合集》3383　　　　《合集》3380　　　　《合集》8591

图 2-2　甲骨文中对易国的记载

代学者对唐地的寻找与确定，目光聚焦于临汾地区以塔儿山为中心的范围之内。

叔虞因何受封于唐地？历来有不同的说法，影响比较大的有天命说、桐叶封弟说、射咒说、封建屏周说。

1. 天命说

《史记·晋世家》载："晋唐叔虞者，周武王子而成王弟。初，武王与叔虞母会时，梦天谓武王曰：'余命女生子，名虞，余与之唐。'及生子，文在其手曰'虞'，故遂因命之曰虞。"认为叔虞母亲受孕时，武王梦到上天对自己的指示，便依天命命名、分封。

2. 桐叶封弟说

《史记·晋世家》载，成王与叔虞做游戏，削桐封弟，史官以"天子无戏言"，促使游戏成真。周初分封，是周人为了巩固统治采取的极为重要的措施，如何能以儿戏待之？恐与史实不符。

3. 射咒说

《国语·晋语八》载，叔向给晋平公讲述了唐叔虞射咒于徒林的往事，

"昔吾先君唐叔射兕于徒林，殪，以为大甲，以封于晋"。言语中透露出，叔虞得封，因其武功。叔虞武功卓著，应是晋人的共识。青铜器《晋公盠》铭文："晋公曰：我皇祖唐公，[膺]受大命，左右武王，敬□百蛮，广司四方，至于大廷，莫不史事公。[王]命唐公，定宅京师，□□晋邦……"从铭文可以看出，叔虞武功颇有建树，因此，后人认为叔虞受封与此有关。

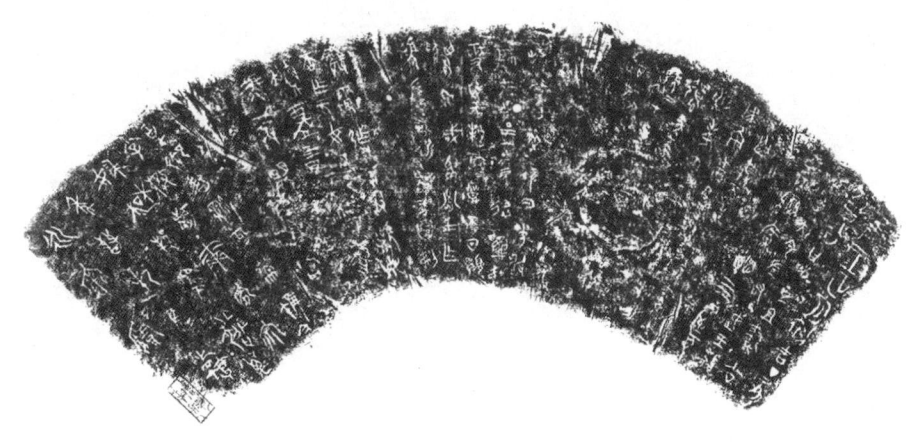

图 2-3　晋公盠拓本

4. 封建屏周说

周人灭商后，多建据点、广植势力，是周人的基本国策。叔虞受封，也是在此大背景下进行的。同时叔虞本人有武功，是其被受封的重要原因。唐地战略地位重要，在此建立周人的据点，就可以和鲁、卫等国一样，形成拱卫王室的重要力量，使周人的统治更加牢固。

叔虞身份尊贵、武功又高，唐地又极具战略地位，这是叔虞封唐最主要的原因。叔虞封唐时，举行了隆重的授土授民仪式。周天子赐叔虞"怀姓九宗、职官五正"，帮助叔虞建立新的政权，并赐以"大路、密须之鼓，阙巩之甲，沽洗之钟"等重器大宝，以示分封隆重。2000年底至2001年初，曲村—天马遗址北赵晋侯墓地 M114：217 出土了叔虞方鼎，为西周早期晋国器物。叔虞方鼎铭文记录了周成王在成周举行大型祭典，礼毕后会见诸侯贵族，赏赐叔虞车马、衣服、财货等情况，叔虞为了感恩天子，颂扬美德，铸造了宝鼎。叔虞方鼎的出土，结合传世文献中叔虞受封的情况，可以看到唐国在周王朝的天下体系中，占据着极其重要的地位，叔虞也受到周天子的隆重礼遇。

图 2-4　叔虞方鼎　　　　　　图 2-5　叔虞方鼎铭文

唐地身处夏墟，又有戎狄之族环伺四周，这样的现实情况，使周王室封叔虞治唐时，选择了因地制宜的原则，周成王命叔虞"启以夏政、疆以戎索"，这成为晋国的治国根本大法，并直接奠定了晋文化的性格。

（二）燮父迁晋

叔虞去世后，其子燮父继位，改唐为晋，称晋侯。燮父为何改晋？历来有不同的说法。

1. 晋水说

这种说法认为燮父改国号为晋，是因唐国有一条河叫"晋水"。此说见于《汉书·地理志下》。班固所说的晋水，在今山西太原西南晋源一带，不在古唐国境内，因而这一说法不能令人信服。也有学者认为，晋南地区绛水古名可能叫晋水，故燮父改唐为晋。

2. 善射说

甲骨文"晋"字作🗻，像上面插有箭的箭袋子，与射箭有关。文献曾记载唐叔虞善射有武功，因此有学者认为，燮父可能是为了纪念他父亲的英勇善射而改国号为晋。

3. 嘉禾说

有学者认为燮父继位后，为了纪念父亲进献嘉禾之事，将国号改为晋。叔虞进献嘉禾，不仅对周人的统治意义重大，对唐（晋）国的意义更为重大，并被晋人认为是他们无上的荣耀，且会激励子孙。这样的事，很有可能铸之于钟鼎、录之于简帛，以谢天恩、对扬王休，以传子孙，但是否会因此更改国号，可能性仍非常小（出土材料表明确非因此而改），因为国号的更改，更是大事中的大事。

4. 王命说

朱凤瀚先生《觑公簋与唐伯侯于晋》一文介绍了香港私人所藏的觑公簋，并在考释铭文的基础上分析了相关的西周王年、唐伯侯于晋等历史问题。觑公簋上有铭文22个字："觑公作妻姚簋，遘于王命易（唐）伯侯于晋，唯王廿又八祀。⊠"觑公给他的姚姓夫人制作了一个青铜簋作为祭祀的器物，正好赶上周王命唐伯到晋地称侯。由新发现的铭文可知，"晋"是一个地名，原来就存在，所以，周王命唐伯到晋地称侯。结合史书的记载来看，这个唐伯就是燮父，"伯"是爵号。燮父继位后，遵王命由唐迁晋，称晋侯。今本《竹书纪年》言公元前1074年，燮父自"唐迁于晋，作宫而美，王使人让之"。文献记载与青铜器铭文反映的情况一致。

图 2-6　觑公簋　　　　　　图 2-7　觑公簋铭文

"覞公簋"的发现，使燮父为何改唐为晋的问题得到了解决。至于晋地何以名"晋"？则是另外一个问题，与由唐改晋已无关涉。晋国都城究竟有过几次变迁？文献中，晋国都城涉及五个地名，唐、翼、曲沃、绛、新田。由于文献来源的不同以及记载的简略，便有了三都两迁、五都四迁，甚至七都六迁等不同说法，现在唯一可以确定的晋国都城，也是晋国最后一个都城，是公元前585年晋景公迁都的新田，即在今天的侯马市。

新田之前的晋国都城到底在哪里？到底有几个？虽然目前还不能确定，但1962年曲村—天马遗址的发现，为我们寻找早期晋国都城，提供了丰富的考古资料与思考空间。遗址位于山西省南部临汾市曲沃县东部和翼城县西部的交界处。遗址内现已发现9组19座晋侯及其夫人墓，并有陪葬墓、祭祀坑、车马坑，而且还出土了大量精美的青铜器和玉器等随葬品。

图 2-8　曲村—天马遗址鸟瞰图

曲村—天马晋侯墓地的发现，说明这里是西周时期晋国的政治中心区，但在遗址中还未发现宫殿城址遗存，因此晋国早期国都的具体位置，仍有待于考古的新发现。西周时期都城与墓地相距应不远。晋文公在城濮之战前，战略性地攻打曹国，因曹人将晋国将士尸体悬诸城上，导致晋国军心动荡，丧失斗志。晋文公后来让人传出晋军将在曹国祖先墓地安营扎寨的流言,来恐吓曹人。曹人害怕,将晋人尸体装棺送出,晋人趁机攻入曹国。由此例可以看到,都城与国君墓地距离并不远,考古发现也证实了西周时期的虢国都城与墓地相距很近。三门峡虢国墓地的发现,意义重大。由于墓地规模大、等级高、保存好、出土器物多且精美,使其成为中国考古史上的重大发现之一。虢国墓地位于今三门峡市上村岭,墓地东南2千米的李家窑遗址,便是虢国都城上阳城,在遗址中发现有城垣、宫城、手工业作坊、居住遗址等。考虑到都城与墓地的关系,晋国都城应在距晋侯墓地不远的范围之内。

从种种迹象看,晋国早期的都城,并未像文献记载那样频繁迁徙,燮父由唐迁晋后,所居都城,即文献所言的"绛"或"翼"。之后的迁都,只有晋景公的迁都新田。考虑到西周早期的社会状况,以及西周时期都城与墓地的关系,叔虞受封的唐与燮父迁都的晋距离不会太远,且均应在距曲村—天马遗址不远的范围之内。

二、晋文公的霸业

霸业,是春秋时代的主题;霸主,是每个诸侯的梦想。春秋初年,晋国由于内乱,导致其无力关注当时天下格局的动向,齐桓公成为春秋首霸,领导了当时的诸侯会盟,对当时中原诸侯国应对戎狄、荆楚等势力的侵扰,起到了有效的抵抗和防范。齐桓公去世后,中原诸侯国失去了霸主,当时虽有一心求霸者,如宋襄公、秦穆公等,但终因种种原因,未能如愿。晋文公借城濮之战,一跃成为新的诸侯霸主,开启了晋国的霸业时代。晋文公虽然在位时间不长,但其对晋国乃至整个春秋的贡献巨大,被后世一再称道。

(一)重耳流亡

晋文公回国后,能在短期内积极改革,使晋国在对楚国的战争中取胜,开创晋国霸业，这与其之前的流亡经历不无关系。流亡经历为晋文公积累了宝贵的经验和人生财富。

骊姬之乱，迫使公子重耳出奔狄国。公子夷吾回国继位为晋惠公后，一直提防着在外流亡的重耳。重耳的存在，让他感到不安；重耳的贤能，让他感受到威胁；重耳有一批贤能之士忠诚追随，让他感到害怕。于是，他就派寺人披再次率人前去刺杀公子重耳，重耳一行便去齐国寻找机会和帮助。

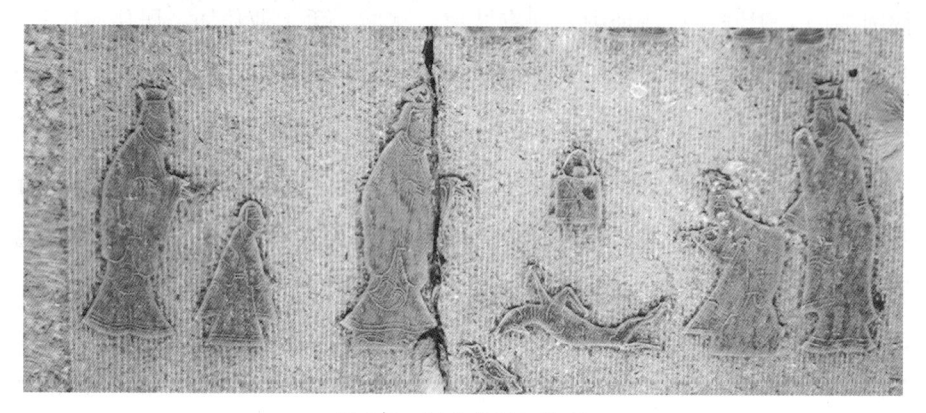

图 2-9　汉画像骊姬故事

由狄去齐，途经卫国。重耳一行路过卫国，没有得到卫文公的礼遇。重耳一行到达齐国，却受到齐桓公的礼遇，并以宗室之女嫁给重耳，赏赐给他马车二十乘。重耳入齐后两年，齐桓公去世，此后齐国发生了严重的为争夺国君之位的内乱，战争频发，但重耳未有离意。重耳的安逸让狐偃等人感到不安，几个人便来到桑树下谋划着该如何应对。由于狐偃他们专注地商讨，竟然没有注意到，此时的桑树上还有一个采桑女。采桑女正是重耳夫人齐姜的侍女，她把狐偃等人全部的密谋听得清清楚楚，回去后便报告了齐姜。齐姜听了侍女的话，没有说什么，而是立即把侍女杀掉。齐姜这样做，是害怕消息传出去对重耳等人不利。齐姜的做法，在当时来看，体现出一位政治女性的决断、敏感，以及胆识过人、不贪恋于个人幸福，让人佩服其大局观念。齐姜与狐偃谋划，灌醉了重耳，狐偃等人载着重耳偷偷离开了齐国。

重耳要想入主晋国，必须有大国支持，但现在的齐国今非昔比。重耳一行离开齐国，准备前往楚国。前往楚国的第一站是曹国，曹共公听说重耳的胁骨是紧密相连在一起的，便想看个究竟。重耳沐浴时，曹共公偷窥，并被重耳发现。重耳一行感觉受到了奇耻大辱，便离开曹国。

重耳一行来到宋国。宋襄公刚在泓之战中失败且受伤，但他听闻重耳贤能，就以国礼接待重耳，赐予车马二十乘。宋国的公孙固与狐偃私人关系好，便对狐偃道出了实情，宋国现在的情况自顾且有不暇，无法帮助重耳入主晋国，应该寻求大国的帮助，才是上策。狐偃认为公孙固说的有道理，重耳一行便离开了宋国，谋求寻找楚国的帮助。离开宋国后，重耳一行途经郑国，郑文公对重耳一行亦不礼遇。

重耳一行来到楚国，楚成王热情地接待了他们。重耳面对楚成王的询问，以假如晋楚两国发生战争，晋国将退兵三舍，以报今日之恩来作答。重耳非常巧妙地回答了楚成王的询问，既表达了感谢之情，又不失人君风范，楚成王听了非常满意。楚国的子玉认为，重耳及其随从非常优秀，如果回国后，将来肯定会成为楚国最大的敌人，因此请求楚成王杀掉重耳，或者不要放重耳一行离开楚国，让其为楚国服务。楚成王认为，重耳入主晋国是上天的安排，天意不可违，并没有为难重耳一行。楚国离晋国较远，无法直接助其回国，楚成王便派人把重耳一行送到了秦国。

重耳一行来到秦国，受到了秦穆公的热情接待。秦穆公派军队护送重耳回晋国，晋君听说秦军来了，也派出军队抵拒，但民众都知道是公子重耳要回来，皆盼望重耳入主晋国。国人杀怀公，重耳在外流亡十九年最终返回晋国，此时已62岁，晋人大多归附。

（二）文公改革

晋文公入主晋国后，马上进行了一系列的改革。十九年的流亡生涯，不仅让晋文公了解了百姓的诉求，也让他深入了解了各诸侯国的真实状况。文公有意成为诸侯之伯，继齐桓公成为新的霸主，但留给文公的时间不多了，所以他回国后马上着手改革。

1. 弃怨任贤，修晋之政

晋文公回国后，选拔贤能之士，弃怨安众，让晋国上下精诚团结。晋文公通过以下几件事情，让惶恐不安的晋国上下了解了他的态度和为人，民心得以团结。

曾两次奉命追杀过晋文公的寺人披求见，文公不计前嫌接见，最终平息了吕甥、郤芮之乱。吕甥、郤芮一直支持晋惠公，当晋文公回国后，他们心里不安，害怕文公因记恨他们的过去而对他们不利，便想趁机弑杀文公。两人寻找同盟，最后锁定了寺人披。他们认为，寺人披两次奉命追杀过晋文公，肯定害怕文公报复，会和他们站在一条战线上，于是便将计划告诉了寺人披，邀其入伙。吕甥、郤芮完全不了解寺人披，寺人披虽然奉命追杀过晋文公，但他有自己的立场，奉君命，不谋害。寺人披知道吕甥、郤芮的阴谋后，便去求见晋文公，把即将发生的叛乱报告了文公。晋文公暗中与秦穆公在秦国的王城会晤，商量应对之策。等到吕甥、郤芮放火烧晋文公的宫室时，却没有发现晋文公，两人见事情败露，便逃跑到黄河边上，秦穆公诱使两人过河而杀之。晋文公迎夫人文嬴归晋，秦穆公派三千秦军护卫。

晋文公流亡时期，竖头须是其随从之一，负责保管财物。当年重耳一行被迫离狄奔齐，竖头须卷着财物中途潜逃。事实上这些财物都被他用于帮助晋文公回国，但没有成功。可是当时，重耳一行并不知晓这个实情。晋文公回国后，竖头须被接见，让晋国百姓明白晋文公是个不念旧恶的人，国人皆安。

郤芮与吕甥谋害文公未果而被诱杀，郤氏被贬为庶人。文公却起用郤芮之子郤缺（郤成子）。胥臣出使时，遇到郤缺在田野薅草，其妻送饭，二人相敬如宾。胥臣认为，能在被贬之后，还以礼相待，没有自暴自弃，更不怨天尤人，这是国家需要的人才，回来之后，便向文公举荐郤缺。晋文公听了胥臣的陈述，不计其父有罪，任命郤缺为下军大夫。

晋文公赏赐流亡之臣时，确实忘掉了一个人——介子推（也称"介之推"）。介子推认为，文公入主晋国，那是上天的安排，不是这些大臣的功劳，他不贪天之功。相反，他看不惯其他人的邀功行为，其言行得到母亲的赞同，遂与母亲一起隐居于绵上。晋文公想起之后，遍访不得，便以绵上之田封介子推，以表旌善人，昭示己过。在对介子推赏赐的问题上，不管出于何种原因，从其后来"求之不得"来看，介子推无疑在受赏之列，但为何"三行赏"却未及其身？唯一合理的解释是：介子推在追随重耳流亡时，在谋略、谏言、武力等方面贡献较小。这不仅从"三行赏"未及可以看出，而且在重耳流亡期间，每次出谋划策，未见介子推的言论，每次身临险境，未见介子推的身影，可知其在这些方面的贡献确实不应被夸大。在晋文公赏赐流亡追随之臣时，未有人为介之推言功，造成晋文公遗忘介子推的事实，也反映出介子推性格孤傲，同其他追随晋文公流亡之人的关系并非特别亲近。

绵山，因介子推的故事而成为世人熟知的一座名山，然而当年介子推携母隐居的绵山到底在何处？历来众说不一，最主要的说法有三种：介休绵山说、翼城绵山说、万荣绵山（孤山）说。应该注意的是，"绵上"与"绵山"的范围不应等同。介子推隐居的"绵上"，结合文献与地貌考察，应在现今的翼城县境内。

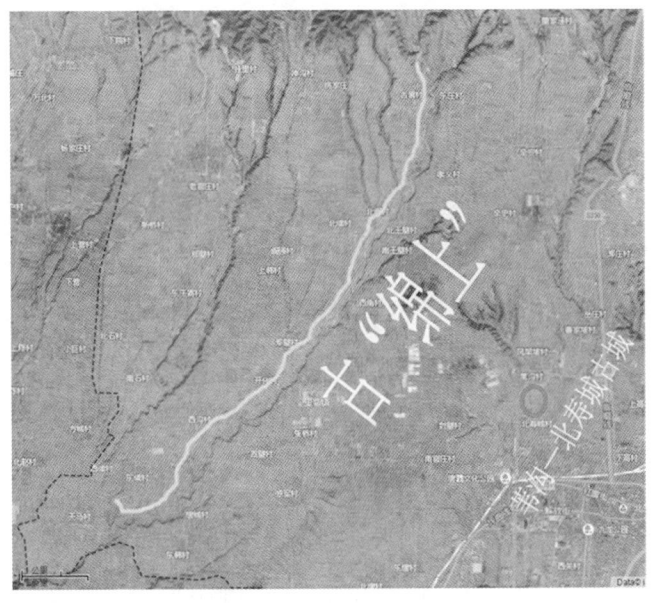

图2-10　翼城"绵上"地形图

晋文公不计前嫌，能接见、任用当年有负于他，甚至追杀他的人，也能起任罪人之子，让晋国臣民看到了他心胸广阔，不计私仇，更让晋国臣民消除了心中的不安与惶恐，团结了国内力量，使政治秩序稳定，各级官员振奋，民众心有所依，为霸业到来奠定了基础。

2. 改革兵制

曲沃代翼后，周天子命晋武公以一军列为诸侯。公元前661年，扩建为二军。晋文公于公元前633年冬，始作三军。楚国攻打宋国，宋国求救于晋国，晋国大臣多认为这是取威定霸的一次机会，所以准备行动，晋作三军。三军是大国的规制，晋国军队从晋武公到晋文公，由一军到三军，力量发展得非常快。

图 2-11　曲沃晋国博物馆"晋魂"雕像

晋献公时，除扩建"二军"外，还设有左、右"二行"。行，步兵建制，主要用于山地作战。晋文公在城濮大捷的同年，在"二行"的基础上，扩建为"三行"，以抵御北方戎、狄的侵袭。公元前629年，清原之蒐，晋国将"三行"的步兵改建为上、下新军。晋国成了五军编制：中军帅先轸，中军佐郤溱；上军将先且居，上军佐狐偃；下军将栾枝，下军佐胥臣。新上军将赵衰，新上军佐箕郑；新下军将胥婴，新下军佐先都。

晋国五军的编制，对于礼制而言，已然是僭越，但这也确实反映出晋国在平息了长期的国内斗争后，以极快的速度走向强盛。

（三）城濮之战

城濮之战是晋楚两国间的第一次大规模正面交锋，这一次战役揭开了晋楚之间八十余年争霸战争的序幕。

春秋争霸，主要表现在南北势力的霸权争夺上。南方以楚为大，北方要形成与楚相抗衡的集团，谁来领导，谁即为中原霸主。如果中原无有力之诸侯，楚国控制北方成功，则楚国成为霸主。所谓春秋霸主，仍以能领导中原诸侯国，且得到周天子的承认为判断标准。齐桓公是春秋第一个霸主，当年也曾同楚有过抗衡，但齐楚并未发生正面的直接冲突，大国之间的战争，连锁反应太厉害，谁都失败不起，彼此都十分谨慎小心。随着齐桓公的去世，齐国霸业终结，中原诸侯国失去了领军人物，形势不容乐观。宋襄公曾帮助齐国平定内乱，因此在山东一些小诸侯国中获得了一定的声望，有"仁义之师"的美誉。南方楚国兴起，中原诸侯国宋国也有继齐求霸之心，想与楚国一争高下，成为中原霸主。楚国并未将宋国放在眼里，而是想借此机会羞辱宋国，并借机北上中原，扩展势力。宋襄公在会盟时被楚国绑架，楚国也没有达到其"执宋公以伐宋"的目的，后在鲁国的斡旋之下宋襄公被释放归国。宋襄公并没有吸取教训，更没有放弃成为霸主的梦想，结果在宋楚"泓之战"中，国败身伤，归国后最终因伤而亡。宋国的争霸，不仅是宋襄公霸主梦想的破灭，更表明了此时中原诸侯国的实力根本无力抵抗楚国北上的势头。如果形势继续下去，则楚国北方称霸中原乃至统一全国，并非完全不可能之事。城濮之战，便是在这样的形势下展开的一次南北力量的对决。

城濮之战的导火索是宋国叛楚。楚合郑、蔡、陈、许四国之师攻宋，宋求救于晋，南北两大集团进入了战斗状态。公元前634年冬天，楚成王派令尹子玉和司马子西攻打宋国，包围了缗邑。此后一年，楚国再围宋，宋派公孙固向晋求救。狐偃建议不与楚正面交锋，晋国军队可以通过攻打楚的属国曹和卫，来逼迫楚国北上救援，这样既可以解除宋国的危难，又可以使楚国主动来找晋国，而非晋国主动攻楚，避免晋国落下"恩将仇报"的恶名。

图 2-12 晋侯墓地车马坑

　　公元前 632 年春，晋文公准备攻打曹国，向卫国借路，卫国不答应。晋文公当年过卫，卫文公没有礼遇，现在又不借道与晋，这给晋国攻打卫国找到了借口。晋国军队渡过黄河，入侵曹国，攻打卫国。

　　宋国派门尹般向晋军求救。晋文公对于宋国的求救，颇感纠结。救宋是报恩，但如果救宋与楚国开战，又恐自己后方有齐、秦之忧。最后是先轸给他出的主意，让宋国去给齐国、秦国赠送财礼。借两国之口向楚国求情，晋国把曹国、卫国的田地分给宋国来进行补偿。楚国和曹国、卫国关系好，一定不答应齐国和秦国的请求，而齐国和秦国收了宋国的礼物，楚国又不给他们面子，秦国、齐国势必对楚国有意见，两国就站在晋国的阵营里了。晋文公很高兴，依计而行。楚成王认为，晋文公回国是上天的安排，楚国不应与之争锋，但楚国的子玉派遣伯棼向楚成王请战，说这并不是为了获得功劳，而是想通过这一战，来证明自己的能力，堵住国内反对自己的人的嘴。楚成王很生气，留给他少量的军队，只有西广、东宫和若敖之六卒，就回楚国去了。

楚国子玉派使者宛春到晋军中通报，如果恢复卫侯的君位，同时把土地退还曹国，楚国便解除对宋国的包围。晋国表面上答应楚国的条件，私下却许诺恢复曹、卫之国，让他们与楚国断交，以此来离间他们与楚国之间的关系，并私下扣留宛春以激怒楚国的子玉。子玉对于晋国控制宛春，以及曹、卫与楚断绝关系非常生气，决定与晋国交战。

图 2-13 晋侯墓地战车遗迹

夏季，晋文公、宋成公以及齐国的国归父、崔夭和秦国的小子憖驻扎于城濮。楚军背靠着险要的地势扎营，晋文公心有忧虑，毕竟这是南北两大集团第一次正面交锋，谁也输不起。狐偃不失时机地劝道："战也！战而捷，必得诸侯。若其不捷，表里山河，必无害也。"胜而有利，败而可守，增加了晋文公决战的信心。楚国子玉率领中军，子西率领左军，子上率领右军。

子玉派遣斗勃向晋国挑战，晋文公派遣栾枝应战。晋国战车七百辆，装备齐全。胥臣让下军分别抵挡陈、蔡军队，并把马蒙上虎皮，先攻陈、蔡之师。陈、蔡小国，哪曾见过如此阵势，迅速败逃，楚军的右翼部队溃散。狐毛派出上军攻击楚国左军，佯装败退，在后撤途中埋伏起来。栾枝让战车拖着柴假装逃走，楚军看到远处的尘土飞扬，以为晋军逃遁，便追击过来，这时先轸、郤溱率领中军的公族拦腰袭击。狐毛、狐偃率领上军夹攻子西，楚国的左军顿时溃散。楚军左军、右军皆大败，子玉及时下令收兵，中军得以不败。晋军休整三天，吃完楚军留下的粮食，起程回国。

城濮之战中，晋国采用了先在敌人弱侧突破，打击敌人士气的策略。陈、蔡之师，并不心甘情愿为楚人打仗，只是迫于压力，不得不加入。两国战马受惊后，陈、蔡之师更为自己的撤退找到了十足的理由。一军败后，再集中力量攻打次弱之旅。子西所率左师，受到了晋国三军力量的攻击，且诱敌之后，分段合力歼击，焉有不败之理？从中我们确实也感受到楚国军队的军事素养较高，子玉所率中军能全身而退，显示出其具有良好的军事素养。城濮之战中，楚国并未动用全国之力，而晋国则是举全国之力求霸业，这也说明此时楚国的力量不容小觑。

城濮之战，以晋国的胜利告终，遏制了楚国力量的北上，确立了晋文公的霸主地位。这一战不仅对晋国、楚国意义重大，更对此后天下格局的影响十分重大。此役之后，楚国北上称霸的梦想基本破灭，终春秋之世，中原霸主基本握在晋人之手。

晋军到达衡雍后，为天子在践土建造了一座王宫，为即将到来的诸侯会盟做准备。公元前632年，晋国邀请周襄王移驾践土，并把楚国的战俘献给周天子，郑文公作为相礼者。周襄王设宴招待晋文公，命令尹氏和王子虎、内史叔兴父任命晋文公为诸侯霸主，赐给晋文公大辂车、戎辂车以及相应的彰显功勋的器物，红色的弓一把、红色的箭一百支，黑色的弓十把和箭一千支，香酒一卣，勇士三百人，晋文公接受了命令。过了几日，王子虎和诸侯在天子的庭院里盟誓，约定"皆奖王室，无相害也。有渝此盟，明神殛之，俾队其师，无克祚国，及而玄孙，无有老幼"。时人认为这次结盟是守信用的，晋国在这次战役中能够在道义的基础上进攻。践土之会，参加会盟的有晋、鲁、齐、宋、蔡、郑等国，晋被推为盟主，晋国的霸业由此开启。

图 2-14　晋侯鸟尊　　　　　　　　图 2-15　晋侯鸟尊铭文

践土之盟，晋文公的霸主地位得到了周天子的确认，晋国对各诸侯国的处理也较为妥当，得到了诸侯国的拥护。中原诸侯国在齐桓公之后，又形成了以晋国为首的北方集团。

三、霸业危机

晋国自文公称霸以来，其后的襄公、灵公、成公时期，晋国不仅能维持着霸业，而且国力也不断地得到提升。这些年间，晋国也积累了一些国内外矛盾。在国外，虽然霸业维持，但晋国并不是靠仁德来统率诸侯国，诸侯国多是屈从于晋国的武力，因此诸侯离心在所难免。在国内，公室与卿大夫的矛盾也日益加重。"晋无公族"政策的实行，使晋国的异姓力量发展很快，并逐步形成几支势力较大的卿族力量，卿权日重，诸卿相争，国内政治生态并不乐观。同时，卿族力量的扩大，与公室必然发生矛盾。秦、晋两国起初关系较为友好，但由于秦人的东进目标与晋人称霸中原的利益相冲突，秦晋发生了一系列的战争，尤其是崤之战后，晋、秦关系恶化，相互攻伐不断，秦国转而联楚以抗晋，晋国的霸业受到牵制和影响。楚国有了秦国的联盟，虽然实际上并不能有效利用秦人的力量，但战略上却为晋国的抗楚制造了后顾之忧。楚庄王即位后，在令尹孙叔敖的辅佐下，发展生产，整顿政治，改革内政，国力日益增强。晋、楚情况的变化，使庄王问鼎中原之心重又燃起，晋楚间的战争势不可免，最终爆发了晋楚南北两大集团的第二次大战——邲之战。邲之战，由于晋国军队内部的矛盾，输掉了这场战役。邲之战的失败，最直接的后果便是中原诸侯国对晋国离心，诸侯叛晋，晋国霸业出现严重危机。邲之战，虽然晋国失败，但并未对晋国造成致命的打击，晋国自身的损失并不严重。战争失败后，晋国为维持霸业又做了诸多的努力，包括加强对诸侯国反叛的打击、打击国内强卿力量、迁都新田、召开盟会等措施，尤其是通过鄢陵之战打败了楚国，使晋国的霸业又得以恢复。

（一）晋楚邲之战

大国之间的战争，会产生严重的后果和深远的影响。楚成王在城濮之战失败后第七年，被其子弑杀。其子自立为楚穆王，在位十二年去世。楚穆王之子继位，是为楚庄王。楚庄王继位后，在经过几年的蛰伏后，对楚国内政外交做出了重要改革：任用贤臣，打击佞臣；平定若敖氏之乱，使楚国大政归于王室；征服群蛮，有效地控制了南方局面。楚成王的一系列措施，为其北上中原，与晋国争锋，奠定了基础。

公元前597年，楚国围攻郑国，郑国此时属于晋国同盟国。六月，晋国的军队去援救郑国。晋军到达黄河，听说郑国已经和楚国讲和，中军帅荀林父认为这时救郑已无意义，对于郑国的背叛，等到楚国离开后，晋国再找郑国算账也不晚，便想撤军回国。上军将士会也赞同荀林父的意见，认为楚军有精心准备,这时不应该与楚国争强。中军佐先縠认为,晋国成为霸主的原因是军事力量强大,国内君臣得力,如果在他手里丢掉霸主之位,还不如让他去死。有敌不迎,他做不到。即使其他人都不愿意去与楚交锋,先縠也要自己去,他带领中军副帅所属军队渡过黄河。

图 2-16　晋侯墓地出土鸟形銮铃

下军大夫荀首看到先縠领军队渡过黄河,认为渡河军队将会遭遇危险。如果真的和敌人相遇,以先縠所率的力量来看,一定会遭遇完败,先縠将是罪魁祸首。即使万分有幸,能免于战死,回国后先縠也一定有大的灾祸。韩厥认为,如果先縠率领军队被攻灭,作为中军帅的荀林父便难辞其咎。作为三军之帅,下属不能听命,这是谁之过?丧失军队,又是谁之过?这个罪过太重,还不如全军进攻,即使战败,罪过也可以共同承担,与其让中军帅一个人承担过失,还不如三军将佐六人共同分担罪过。荀林父本就犹豫不决,听了荀首与韩厥的建议,便决定率领晋国军队渡过黄河,与楚交锋。

晋国军队在敖、鄗两山之间驻扎。楚国的少宰出使晋军,解释楚国此行的目的并非是得罪晋国,只是想教训一下郑国,使之顺服,并不愿意同晋国发生正面冲突。士会以周王室曾经的命令,让晋国、郑国共同辅佐周王室,现在郑国有违此命,故前来质问。先縠认为士会的回复有讨好楚国之嫌,不能彰显晋国之威，便派赵括前去重新回复，并且说士会是临时代表，他所说不能代表晋君之意，晋君的命令是让晋国的军队将楚人从郑国赶出去，以武力解决郑、楚问题。

楚庄王又派使者来到晋军求和，晋国同意讲和，并确定了会盟日期。楚国的许伯为乐伯驾车，摄叔为车右，三人单车前来晋军挑战。晋国的魏锜曾因求做公族大夫未被允许，心生怨恨，故意想让晋军失败。魏锜请求单车挑战，未被允许，后又请求出使楚军，得到了允许。魏锜到楚军中，请战后返回晋国军营。赵旃求做卿而未被允许，且对于楚人单车挑战颇为愤怒，便请求自己去挑战，没有被允许。他又请求出使楚国，以促成晋楚结盟，被允许了。赵旃和魏锜出使楚国，让上军佐郤克很担心。郤克认为这两个人，心中都有不满和怨恨，他们前去楚营，肯定不是为了讲和，而是故意制造战端，促使两国开战。如果晋国不提前做防备，肯定会失败。士会也认为晋国要有所防备，如果赵旃和魏锜激怒楚人，楚军展开攻击，晋人早有防备，不会造成重大的损失。先縠不同意，他认为晋国不需要防备。士会还是担心楚国会来突袭，便派遣巩朔、韩穿率兵于敖山之前进行埋伏，这也是后来晋上军不败的原因。赵婴齐也预感到楚人要突袭，便派遣其下属提前在黄河边备好了返回的船只，这也为后来战争失败后，赵婴齐能率其所部顺利渡河做好了准备。

晋国人担心赵旃和魏锜言辞不当，激怒楚人，有性命之忧，便派兵车前来迎接。楚国的潘党看到远处尘土飞扬，便赶紧报告楚军，说是晋国的军队来了。楚国人害怕楚庄王被晋军所俘，迅速出兵迎战。楚令尹孙叔敖救主心切，令军队火速前进，围攻晋军。而晋国主帅荀林父面对突然而来的楚军，惊慌失措，此前没有防备，临阵又无有效退敌布置，只好下令撤退，而且下达撤退的命令时，更是犯下致命的失误，宣布先过河的有赏。晋国主帅指挥无力，加之先过河有赏，更是让晋国军心涣散，毫无斗志，只顾逃命。晋国中军、下军将士忙于夺船而逃，唯恐落后被俘杀。晋国没有提前做好预防工作，船少人多，不断蜂拥而上的人超出了船只的承受量，先上之人便挥刀向正在攀船而上同伴的手砍去，船中断指多到足以用手捧出，其状之惨，不言自明，此役又名"掬指之役"。

邲之战，以晋军的失败而告终。晋军失败因其军队内部不够团结，尤其是中军佐先縠，他的刚愎自用是导致战争失败的首要原因。同时，中军帅荀林父刚上任不久，不能有效地行使命令，又优柔寡断，更不能在临战时做出有效决策，还发布错误命令，最终导致晋国失败。晋国虽然失败，但晋国的元气并未大伤，晋国上军全身而退，并未受损，这也是在邲之战后，晋国还能抵抗楚国的原因所在。

（二）鄢陵之战

晋国霸业危机的解决，最终仍以与楚的决战来化解。邲之战晋国的失败，直接导致了晋国霸业出现危机。晋景公时期，为了维持、巩固晋国霸业，做出了一系列努力。从晋国化解霸业危机的战略方针来看，第一，巩固核心区域的安定，进一步开拓晋国核心区域的空间，即攻灭赤狄。第二，化解大后方的战略危机，晋国与楚国争霸，大后方的战略危机来自东西的齐秦两国。晋国通过鞌之战，使蠢蠢欲动的齐国得以屈服，虽然齐国心有不甘，但也迫于晋国的武力压制，重新回归到晋国同盟之内。秦晋本为友好邻国，但基于国家利益，最终使两国兵戎相见，秦晋崤之战的爆发，最终使两国彻底决裂，秦国转而与楚国形成战略同盟，共同抗晋，对晋国的霸业造成了严重威胁。晋国采取与楚讲和，拆散秦楚联盟、率领诸侯联军讨伐秦国的战略，在麻隧之战中，秦国大败，从而解除了晋国西面的威胁。第三，培植楚国邻近的吴国，让其给楚国不断制造麻烦，形成战略牵制，消耗楚国的战斗力。晋国巩固了自己的大后方，解除了潜在的威胁，又培植了牵楚力量之后，便可全力与楚国争锋。毕竟，霸业重新得到诸侯国的认可，是建立在战胜楚国的基础之上。因此，晋楚间的战争，不可避免，终将来到！

公元前575年春，郑国背叛了晋国，与楚国结盟，晋厉公非常生气，打算讨伐郑国，维护和巩固晋国的霸主地位。栾书率领中军，士燮为中军佐；

郤锜率领上军，荀偃为上军佐；韩厥率领下军，郤至为新军佐。下军佐荀䓨留守晋国。郤犨到卫国、齐国，栾黡到鲁国，分别寻求援兵。

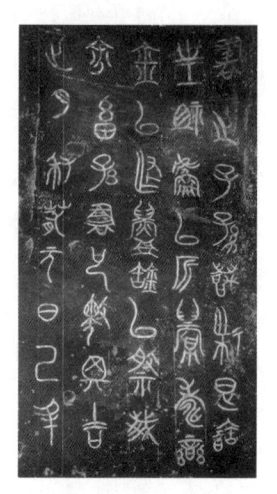

图 2-17　栾书缶　　　　图 2-18　栾书缶铭文

郑国人听闻晋国出兵，便速派使者告于楚国。楚共王因郑国新附于楚，楚国要团结同盟，树立形象，就要维护同盟国的利益，决定救援郑国。司马子反为中军将，令尹子重为左军将，右尹子辛为右军将。晋军渡过黄河后，听闻楚军已发兵，且将要到达，此时，中军佐士燮不想同楚国正面对抗，想要归晋，中军将栾书坚决不同意。

六月，晋、楚相遇于鄢陵。晋国以自己的兵力先行，同时寻求同盟国的援助。楚军想在援晋的齐、鲁、宋、卫联军到达之前速战速决，于是在甲午日早晨趁晋军不备，利用晨雾的掩护，突然逼近晋军，安营布阵，这让晋国将士非常忧心，援军没有到来，晋国又没有做出决战的准备，面对楚军的突然举动，晋军该何去何从？士匄建议利用地形，将不利因素转化为有利条件。士燮拿起戈来驱逐儿子，认为国家大事，小孩子能知道什么，不让自己的儿子发表意见，更加不愿意承担战争责任。中军将栾书认为，楚军轻佻，晋国应该加固营垒而相持，楚人三天一定退军，到那时，晋军乘楚人撤退时追击，定可获胜。栾书内心是想等到援军到来后，再与楚国决战。

郤至认为晋国有机可趁，不应放弃大好机会。晋厉公认为郤至所言很有道理，于是改变先前固守待援、后发制人的计划，决心趋利避害，立即与楚军决战。同时，采纳士匄的意见，在营垒中填平井灶，扩大列阵的空间。就地列阵，既摆脱了不能出营布阵的困境，又隐蔽了自己的部署调整。

楚共王登巢车以望晋军，子重让大宰伯州犁侍于楚王身后。伯州犁是晋国大夫伯宗之子，伯宗被"三郤"迫害致死，其子伯州犁逃到楚国避难。伯州犁对晋国内部情况非常熟悉，便把晋厉公亲兵的情况报告给楚共王。苗贲皇在晋厉公的旁边，苗贲皇是楚国令尹斗椒之子，斗椒叛乱失败后，若敖氏之族遭到楚庄王的诛灭，苗贲皇逃到晋国。他对楚国的情况非常熟悉，这时也把楚共王亲兵的情况报告给晋厉公。苗贲皇对晋厉公建议：楚国的精兵布于中军，让晋国的精兵分别攻击楚国左右军，之后再集中三军之力攻打楚中军，楚人必败。晋厉公听从了他的建议。

战斗打响时，吕锜射中了楚共王的眼睛。楚王召来养由基，给了两支箭，让他射杀吕锜，以报伤目之仇。养由基一箭便射中吕锜的脖子，吕锜伏在弓袋上死去，养由基拿着剩下的一支箭复命于楚共王。楚军被逼于险地，楚王对养由基曾有禁射之令，叔山冉对养由基言："虽君有命，为国故，子必射！"叔山冉鼓动养由基射杀晋军。养由基箭无虚发，被射的人，应声而倒，叔山冉举晋人投掷，砸中晋国战车前的横木而致其折断，晋军被迫停了下来。晋国囚禁了楚国的公子茷。

战争从早晨打到晚上还没有结束。楚国中军帅子反命令军官视察军情，补充车兵，整理战甲，准备第二天一早再进行战斗。晋国听到楚军再战的消息，有些担心。晋国的苗贲皇也通告全军，检阅战车、补充士卒，秣马厉兵，第二天决一胜负。同时，晋人故意放松对楚国俘虏的看管，让其逃走后把晋国的情况故意透露给楚国。楚共王听到晋国准备再战的心意，便召子反一起商量对策，子反因喝醉而不能应召见楚王。楚共王认为这是上天要楚国失败，天意难违，不能继续同晋军打仗了，更不能再等待了，便连夜逃走。鄢陵之战，以晋军的胜利而结束。

鄢陵之战，解除了晋国的霸业危机，是晋国霸业重新巩固最根本的原因，同时也意味着楚国最后一次争霸的希望破灭，此后再没有了争霸的资本。鄢陵之战，成为楚国北上争霸的绝响。

四、悼公复霸

邲之战晋国的失败，导致霸业出现了危机，原先依附于晋的中原诸侯国，出于对自身安全、利益的考虑，或明或暗，或近或远，结交于楚。邲之战中，晋国元气并未大伤，因此可以很快做出调整。晋景公、晋厉公励精图治，为霸业的维持不断做出努力，尤其是对齐、秦的攻伐，让晋国在危机中，仍然能维持着霸业。晋楚鄢陵之战的胜利，使楚国的力量再也无法抗衡中原，晋国又迎来了霸业辉煌时期。晋悼公即位后，积极改革，扭转不利局面，使国家内部团结，外部尤其是对戎狄的政策运用得当，八年之中，九合诸侯，晋国的霸业达到了又一高峰。

（一）悼公改革

晋厉公在位时期，虽然对外取得了与秦人的麻隧之战的胜利，与楚人的鄢陵之战的胜利，但并未处理好国内卿族矛盾。卿族间的矛盾，以及卿族与公室的矛盾在厉公时期，皆已非常严重。晋国伯宗，有名的贤大夫，看到卿族对国家政治的不利，建议厉公制约"三郤"（郤锜、郤犨、郤至）的力量。晋厉公非但未能纳谏，更是将伯宗的话告诉"三郤"，引来"三郤"对伯宗的不满，最终伯宗被迫害而死，引起国人对晋厉公离心。鄢陵之战胜利后，晋厉公想要重用自己亲信之人，便听从亲信之言，诛杀"三郤"。"三郤"积怨太多，罪有应得，同时，晋国大夫胥童认为正好乘机诛杀栾书、中行偃，使晋之权力回归公室。晋厉公认为，一天之内已经诛杀三卿，不忍再杀，就释放了栾书、中行偃，并复其位，这也为之后厉公被弑埋下了伏笔。

公元前573年春，晋国的栾书、中行偃派程滑杀死晋厉公，葬在翼都的东门外边,仅用一辆车陪葬,薄俭至极!晋厉公当年虽然释放了栾书、中行偃,但二人并未因此消除心中的恐惧,而是担心类似事件重演,选择先下手为强。厉公被弑,国无主君,晋国遂派遣荀䓨、士鲂到京师迎接周子,立其为晋国之君,此时周子才14岁,晋国大夫在清原迎接,是为晋悼公。

悼公即位后,形势并不乐观。国外,自晋楚邲之战以来,晋国霸业出现危机,诸侯国对晋的依附与认同越来越弱,虽然厉公时期的晋楚鄢陵之战使晋国从根本上遏制住霸业衰落的趋势,但诸侯国对晋国的认同还有待增强。国内,公室与卿大夫矛盾日益尖锐,卿族间的斗争也历年不断。悼公即位后,进行了改革。悼公任命百官,施舍财物,帮助鳏寡,起用贤能之人,救灾振乏,不夺农时。任用贤良做公族大夫,让他们教育卿族子弟。任士渥浊为太傅,习范武子之法;任右行辛为司空,习士蒍之法。悼公举不失职,爵不超过其德行,各安其位,各尽其责,这是晋悼公能再次称霸于诸侯的重要原因。悼公即位后开展的具体措施有:

1. 惩治乱臣

"逐不臣者七人。"厉公之死,栾书、中行偃等实为主谋,但栾氏、中行氏皆为晋国重卿,势力强大,如果问责,势必会引起晋国新的动乱。悼公将厉公之死归罪于厉公心腹夷羊五等人,并将其驱逐。悼公这样处理,在当时来看,确实较为妥当,削除了国内政治中新的动荡因素,既向国人做了交代,又稳定了国内卿族间的势力,结束了晋国的混乱局面。

2. 振兴旧族

晋悼公任命吕宣子为下军将,理由是在邲之战中,吕锜辅佐智庄子,俘获了楚国公子谷臣,射杀连尹襄老并获其尸,这样才最终使荀䓨被交换而归国。在鄢陵之战中,吕锜射中了楚王的眼睛,最终使晋人打败楚军,吕锜自己却战死沙场,但他的后代却没有显达,其子孙应予以提拔。任命彘恭子为新军元帅,理由是他是范武子的小儿子,范文子的同母弟弟。范武子之法,晋国至今仍在使用。范文子平定诸侯之功,至今影响着晋国在诸侯国中的地位。此二人的功勋,不可忘却,其子孙应予以提拔。任命令狐文子为新军将，理由是在晋国战胜潞国的战役中，秦国曾图谋攻打晋国，魏颗在辅氏击退进犯的秦军，俘虏秦将杜回，其功勋铭刻于景公钟上，其后代应予以起用。这些曾为晋国立下汗马功劳之人的后代被提拔任用，让人们感觉到晋国没有忘记他们的先人曾经的付出和功勋，使以前的旧族以及现在的权贵，都对国家产生了感恩之情，有利于凝聚晋国贵族之心。

3. 知人善用

晋悼公知人善用，使贤者在其位，能者任其事。士贞子因博学多闻且能专心致志，而被任为太傅。右行辛因长于计算，被任为司空。栾纠因善于驾驭，而担任国君之御者。荀宾因有力而不暴虐，被任为车右。悼公皆能使恰当的人担任恰当的职位，发挥其才智，效力于国家。

栾书请求悼公委任公族大夫，悼公认为荀家性情淳厚，荀会聪明好学，栾黡行事果敢，无忌镇定自若，便让此四人做公族大夫，使其训导贵族子弟。悼公知祁奚果断而不过分，便使其担任中军尉。知羊舌职聪敏，让其辅佐祁奚。知魏绛勇而不乱，使其担任中军司马。知张老有智而不奸诈，使其任中军候正。知铎遏寇恭敬诚信，使其任上军尉。知籍偃守职而有礼，使其担任上军司马。知程郑端正不邪，敢于直谏，使其担任赞仆。

魏绛的和戎，为晋悼公的霸业打下了良好的基础。无终国的国君嘉父派孟乐出使晋国，通过魏绛的关系，进献了虎豹皮革，请求晋国与戎人讲和。晋悼公认为戎狄贪婪，讲和不如攻战。魏绛认为诸侯新近归服，皆对晋国采取观望态度，观其行而定其事。晋国有德，他们就团结在晋国周围；晋国失德，他们就背叛晋国。如果晋国攻打戎人，当楚国进攻晋国同盟国陈国时，晋国便无法救援，丢弃了陈国，这会使其他诸侯国背叛晋国。魏绛进而提出跟戎人讲和的五大益处：第一，戎狄逐水草而居，重财货而轻土地，他们的土地可以收买。第二，边境之地不再需要警惕，晋国百姓可安心耕作。第三，戎狄事奉晋国，会使四边邻国震动，诸侯也会因此而慑服。第四，用德行感化戎人，无兵革之辛劳，也无财货之损失。第五，鉴于后羿的教训，不可穷兵黩武，而是要以德服人，使远者来，近者安。晋悼公听了很高兴，派魏绛与戎人讲和。晋国与戎人关系处理得当，巩固了自己的大后方，为悼公霸业的重现，提供了极为有利的条件。

郑国人赠献给晋悼公师悝、师触、师蠲，各种车辆一百辆，歌钟两架以及相配的镈和磬，女乐两佾十六人。晋悼公把乐队的一半赐给魏绛，理由是魏绛教悼公同各部落戎狄讲和以整顿中原诸国，八年中间九次会合诸侯，魏绛辞谢。悼公并没有听从魏绛之言，坚持赐予，并认为赏赐是国家制度，不能废除，魏绛从这时开始才有了金石之乐。

图 2-19　上马墓地出土编钟、编磬

晋悼公通过一系列改革，团结了国内的政治力量，使那些曾经对晋国有功勋之人的后代获得任用，以示国家未忘其功，凝聚了国内各卿族、异姓的力量。依据各人的才能，使其得到合适的职位，发挥了每个人的才能，使晋国之政得到发展。对外，又妥善处理了与戎人的关系，巩固了自己的大后方，这些措施为悼公的复霸奠定了基础。

（二）复文襄之霸

晋悼公推动国内改革，任用贤能，使晋国政治出现了团结一心的局面。同时，为了恢复晋国霸业，进一步巩固了霸业联盟。

1. 巩固晋宋联盟

宋国一直以来是晋国重要的盟友，由于宋国重要的战略地位，如果晋国能进一步巩固与宋的联盟，晋国就能够进一步联合中原各诸侯国，能更有效地应对来自齐、楚等大国的威胁。

公元前573年冬,楚国的子重因救援彭城而攻打宋国,宋国的华元便去晋国求救。晋国执政韩献子认为,要得到别人的拥护,就要为别人付出。重振霸业,以定国威,就从救宋开始。晋悼公接受了韩献子的意见,亲率晋军驻军于台谷,救援宋国,晋楚两军相遇于靡角之谷,楚军撤退。

晋国荀偃、士匄提出伐偪阳送给宋国的计划,以讨宋国之欢喜。晋人不惜代价攻克偪阳而赠予盟国,不仅获得宋国贵族之心,对同盟的各国诸侯也产生了巨大的诱惑。

2. 协齐入盟

公元前570年,晋国由于和郑国修好关系,便想与吴国加强联系,进一步牵制楚国,维护霸业。晋国派大夫士匄出使齐国,将欲举行会盟,维护霸业的意愿告诉齐国。齐灵公本不愿意屈服于晋国之下,准备拒绝,但又担心齐国的拒绝,将遭到以晋为主同盟诸侯国的讨伐,便在耏水之外结盟,以示团结在晋国为中心的同盟之中。同年六月,晋悼公与诸侯在鸡泽会盟,以共同对抗楚国为主要内容。晋悼公派大夫荀会在淮水边等候吴国国君,因道路问题,吴王未能前来与会。齐国虽然不太愿意臣服晋国,但终究因实力不抵晋国,不得不纳入到晋国的同盟圈中。

3. 联吴制楚

公元前571年,晋国荀䓨和鲁国仲孙蔑、宋国华元、卫国孙林父、曹国人、邾国人会于戚,目的是商讨让郑国彻底归服的办法。郑国处于四战之地,战略地位极为重要,又为南北争霸争夺的核心诸侯国。也正因为这样,郑国不断受到南北大国的征讨。郑国为了国家的存亡,便采取了谁强大臣服谁的办法,以此来求得大国之间的生存空间,因此,郑国不断发生对晋、楚的叛变行为。鲁国仲孙蔑提出在虎牢筑城以逼压郑国的建议,晋国荀䓨认为这个主意不错。冬季,再次会盟于戚,齐国的崔武子及滕国、薛国、小邾国的大夫都来参加会盟,并在虎牢筑城。虎牢处于郑国边境,诸侯于此筑城驻守,使郑国人感到压力和害怕,郑国人便请求讲和,郑国又被纳入晋国同盟之中，这样更有利于中原诸侯国联合抗楚。

悼公坚持晋景公时期"联吴制楚"的战略，公元前568年，吴王使寿越出使晋国，一是说明上次未能与会的原因，二是想与诸侯会盟。晋国为其会合诸侯，使鲁、卫先与吴会盟，并告知会盟日期。孟献子、孙文子与吴会于善道。九月，晋、吴与诸侯会盟于戚，进一步巩固晋吴联盟，牵制楚国。而柤之盟，不仅加强了晋吴之间的联盟，也使中原许多诸侯国又重新回到晋国的同盟之中。

晋悼公在位十六年，不仅使晋国摆脱了景公、厉公时期晋国的霸业危机，而且为晋国的霸业又创造了一个辉煌时代。晋悼公之后，晋国霸业开始走向衰落与解体。

晋悼公的改革，使晋国出现了团结的局面，国力也随之大增，九合诸侯，也使中原诸侯国紧紧依附于晋国身边。但悼公去世较早，并没有解决影响晋国内部团结的种种矛盾，尤其是卿族权力日益强大，以及由此引发的卿大夫与公室的矛盾。悼公去世后，其子彪即位，年仅十岁，晋政多门，诸侯对晋离心，晋国霸业开始走向衰落。

五、结 语

公元前632年，践土之盟，确立了晋文公的霸主地位，开启了晋国的霸业。此后，虽然期间有过波折，尤其是晋国在邲之战失败后，中原诸侯国纷纷暗结于楚，使晋国霸业出现危机，但在随后的晋楚鄢陵之战中，晋国击败楚国，再次证明了晋国的霸业在危机重重中仍得以维系。晋悼公继位后，九合诸侯，又使晋国霸业走向了另一次高峰。随着晋悼公的去世，晋卿专注于国内斗争，晋国霸业开始衰落。虽然晋、楚间曾达成"交相见"的盟约，但并不意味着晋国霸业的丧失。公元前482年的黄池之会，标志着晋国霸业的结束。终春秋之世，晋国的霸业维系了长达一个半世纪之久，当晋国霸业结束时，春秋也已走到了尽头。

公元前453年，智、韩、魏三家合围晋阳，赵与韩、魏合谋，三家反过来灭了智氏，晋国的政权被赵、韩、魏三家所垄断，晋侯只保有曲沃和新绛两邑。三家分晋实际上是晋国的终结，尽管在这之后晋公室还存在了84年，但它仅仅是以傀儡的形式存在着，历史的发展已经进入了新的时期。公元前403年，周天子正式承认韩、赵、魏为诸侯。公元前376年，魏武侯、韩哀侯、赵敬侯废晋静公为庶人，将其仅有的领地曲沃和新绛全部瓜分，名义上的晋国也宣告终结，历史进入了一个新的时代。

图 2-20　三晋石牌坊

知识链接

1. 曲沃代翼——公元前 746 年，晋文侯去世，子姬伯立，是为昭侯。公元前 745 年，即晋昭侯即位元年，他便将叔父成师封于曲沃，是为曲沃桓叔，拉开了曲沃代翼的序幕。

成师是晋文侯的弟弟，有好德之名，受封于曲沃时已 58 岁。公元前 739 年，晋国大臣潘父弑其君昭侯，准备迎接曲沃桓叔执政晋国，却遭到了晋人的抵抗。晋人发兵攻打桓叔，桓叔失败，又回到曲沃。这是曲沃代翼的第一次战争，最终以曲沃的失败而告终。

公元前 732 年，曲沃桓叔去世，其子鱓立，是为曲沃庄伯。公元前 724 年，庄伯弑杀孝侯，晋人攻打庄伯，庄伯逃回曲沃。曲沃庄伯并没有因受阻而放弃抢夺大宗的念头，不久之后，曲沃庄伯发动了第二次曲沃伐翼的战争。曲沃庄伯联络郑国、邢国共同讨伐晋国，周平王也使尹氏、武氏前来襄助。面对曲沃联军的攻打，晋国无法抵抗，晋鄂侯出奔随地。在这次战争中，周王室一开始是站在了曲沃方面，助其攻晋，但在晋鄂侯出奔随地后，周王室与曲沃之间发生了矛盾，史称"曲沃叛王"。周天子又反过来命令虢公讨伐曲沃，庄伯败退，第二次曲沃代翼失败。周天子立鄂侯之子光，是为晋哀侯。

公元前 716 年，曲沃庄伯带着一腔忧愤，离开了人世，其子继位，号称曲沃武公。公元前 710 年，晋国侵伐陉廷，第二年，曲沃武公联合陉廷讨伐晋国，晋哀侯及其大夫栾成一起在夜间被曲沃武公俘虏。晋哀侯被俘，晋人又立哀侯子为晋君，是为小子侯。公元前 708 年，曲沃武公使韩万杀掉晋哀侯。公元前 705 年，曲沃武公诱召小子侯杀之。周桓王派虢仲讨伐曲沃武公，武公未能成为晋国国君，走保曲沃，周天子立晋哀侯弟缗为晋侯。

晋侯缗由于有周天子的支持，苟延残喘地维护了将近三十年。曲沃武公在此期间，一心壮大自己的力量，寻找机会。周桓王去世后，曲沃武公找到了机会。公元前678年，曲沃武公一举灭掉晋公室，并尽所获公室宝器贿赂新继位的周天子——周釐王。得到贿赂的周天子，欣然派虢公任命曲沃武公为晋君，尊列诸侯之位，尽有晋国疆域，并获准晋国有一军的兵力。

曲沃武公被周天子承认为诸侯时，已即位三十七年，得到周王室承认后，改称晋武公。曲沃自桓叔始封，经历了桓叔、庄伯、武公三代人，耗时六十七年，经过了三次大规模的战争，六次夺权的尝试，最终完成以小宗代大宗的进程，晋国完成了自身的蜕变。

2. 骊姬之乱——公元前672年，晋献公率军攻打骊戎。战前，晋献公问卜史苏，史苏根据占卜所得，认为是"胜而不吉"。献公并未听从卜筮，讨伐骊戎不仅胜利，而且获得骊姬姐妹以归。骊姬得宠，被献公立为夫人。骊姬得宠后，不断滋生了为子夺权的野心。骊姬设计逼死太子申生，逼得公子重耳、夷吾出奔他国。骊姬的儿子奚齐刚立为国君，便被晋国大臣里克弑杀，骊姬自己也被杀害。

骊姬之乱直接导致了晋国长时间的不稳定，可以说骊姬之乱引发了晋国更大的内乱，使得晋国在献公死后一度陷入相当混乱的局面。从公元前666年骊姬儿子奚齐出生算起，到公元前636年重耳回国即位为止，历时达三十年之久。晋国国君更替频繁，历经五君方才稳定，更为严重的是，晋国国内民心不稳，政治生态极差，这对晋国来说可谓是大伤元气，影响了晋国的发展。

📖 延伸阅读

1. 李孟存、常金仓，《晋国史纲要》，山西人民出版社，1988年。

本书是研究和学习晋国史的入门书籍，也是对山西地区西周至春秋时代的历史记述比较完整的一部专著。全书共分十五章，详细记述了由"叔虞封唐"至"三家分晋"前后共六百年的晋国史，此外，还对晋国的经济发展、政治制度及思想文化有深入的论述。

2. 李孟存、李尚师,《晋国史》,山西古籍出版社,1999 年。

《晋国史纲要》出版后,有鉴于此书对于晋国历史的记述及研究尚不完整,且史料收集方面有了一些新成果,于是,李孟存和李尚师进一步修订、编著了《晋国史》。与《晋国史纲要》相比,本书在内容上有所增益,史料也更加丰富翔实。

3. 刘绪,《晋文化》,文物出版社,2007 年。

本书综述了 20 世纪晋文化的重要考古发现,介绍和探讨了有关晋文化的分期、遗迹、墓葬、社会状况及与其他文化的关系等方面的研究成果。另外,书中还配有彩图 8 幅、插图 27 幅,图文并茂,资料翔实,具有较高的学术价值。

4. 谢耀亭编著,《晋国文化》,山西人民出版社,2018 年。

本书共分为十二章,由叔虞受封于唐始,至春秋末期三家分晋为终,以晋国的霸业为主线,记录了晋国六百年的历史,同时还对晋国的治国思想、礼乐文化、宗教文化、宗族文化及社会生活等方面进行了论述。史料丰富翔实,具有较高的文化普及意义和学术价值。

参考资料

1. 李学勤,《文王玉环考》,《华学》(第一期),中山大学出版社,1995 年。

2. 朱凤瀚,《𪊽公簋与唐伯侯于晋》,《考古》2007 年第 3 期。

3. 谢耀亭,《历史上的介之推及其隐居地辨析》,《山西师大学报》2016 年第 4 期。

思考题

1. 试析晋国分封的原因。

2. 试评价晋文公。

3. 试析晋国霸业衰落的原因。

第三讲

簪缨世家：
中古河东大族的家学门风

导　读：

　　在源远流长的华夏文明史上，家族文化灿烂辉煌，不同地域，各具风流。河东大地，内有汾晋舟楫之便、铜盐资源之利，外有大河阻隔、高山环绕，表里河山的地理优势，使其成为中古时期大族的重要栖息地之一。历史上，生活在这里的大族，最有代表性的是河东的裴氏、柳氏和薛氏。数百年来，他们的声望，上足以抗衡天子，下足以为士流所景仰。何也？"必其对于家族之保持有别具心裁者在，此种心裁，端赖于家法之严谨，与子弟习学环境之优异，使子弟熏陶习染于家范书史之中，而自成才德也。"从东汉的经学世家、魏晋南北朝的门阀世家，到隋唐以降的文学世家，河东大族与时俱进的同时，坚守门第内在道德操守之传统，不仅重视子弟学术艺能的培养，更关注子弟人格品质的塑造，使得优秀人才源源不断地涌现，上自贤父兄，下至佳子弟，成为大族维系数百年而不坠的关键。

中古，通常是指从东汉末至唐中叶这段历史时期。河东，是指秦汉以降以夏县为中心的晋西南大地所置的河东郡。至唐，贞观元年（627）设河东道，治所太原，辖区则与今天的山西大致相当。因此，从空间、时间上看，中古河东大族，主要是指从晋西南走出的世家大族，代表性的有闻喜裴氏、解县柳氏、汾阴薛氏、平阳贾氏、安邑卫氏等。其中，能够绵延数百年之久的则有裴氏、柳氏和薛氏。河东三大族，代有英豪，乱世则立足地方，保境安民；治世则走向全国，建功立业。河东大族的崛起与发展，不仅与时代氛围有关，而且与河东特殊的地理环境密不可分，然其根本则源于大族优良的家学门风。

一、三大族的历史溯源与杰出人物

人生境界三不朽，太上有立德，其次立功，其次立言。数百年来，河东大族人才辈出，在德、功、言诸方面均创造了卓越的业绩，以三大族为例，择其大端，略述如下。

（一）裴氏：将相文武，彪炳千古

闻喜裴氏，史称与嬴秦同源。较可靠的记载是，东汉敦煌太守裴遵自云中徙居安邑（今山西夏县），安、顺之际迁入闻喜。汉末，有尚书裴茂者，生三子，潜、徽、辑，是为裴氏三眷之祖，时值魏晋时期，这是河东裴氏发展史上的第一个高峰期。那时，裴氏与琅琊王氏齐名，"八裴方八王"，成为河东裴氏宗族史上最为光辉的篇章。北朝时，"三河领袖"是对裴氏在北方社会地位的生动诠释。裴氏发展的第二个高峰期是在隋唐，从政治到经济、从法律到外交，裴氏人物之盛，举不胜举。

裴氏擅长的是政务，在历史大转折时期，发挥着重要的作用。司马氏代魏，西晋一统天下，司空裴秀功不可没；当慕容氏草创、群情狐疑之际，乐浪太守裴嶷审时度势，首定名分，辅佐前燕立国；李渊太原起兵，得晋阳宫副监裴寂鼎力襄助，大唐基业始定；天宝之乱，御史中丞裴冕追随肃宗，助其即位，为平定安史叛军出谋划策；四度入相的晋国公裴度，是大唐中兴的柱石，为其记功的"三绝碑"，至今还屹立在裴氏宗祠内。裴氏人物，出将入相，有唐一代，裴氏宰相多达十七位之多，遑论大批治世之能臣。经济领域有裴蕴，他所提出的人口经济理论，为隋朝的富庶立下汗马功劳；裴耀卿改善漕运、裴垍改革税制的理论与实践，缓解了唐帝国的经济困境。隋唐两代，被誉为东亚世界的律令国家，裴政、裴宏献、裴潾等对律令格式的编撰与修订贡献良多。其中，

图 3-1　裴度像（在今闻喜县裴柏村）

裴政用法宽平，有"神明"称；裴琰之断案，效率高，一日决案数百，人称"霹雳手"。在中古民族大融合时期，裴氏为政有方，北魏益州刺史裴宣，善于绥靖安抚，甚得羌戎百姓之心。隋代裴矩在西域处理少数民族事务，主管互市，所著《西域图记》详述西北人情风貌，为丝绸之路的畅通打下了坚实的基础。鸿胪卿裴世清，曾率团成功地访问了倭国，成为中日邦交史上的一段佳话。

裴氏人物，文可以治国，武足以安邦。东汉敦煌太守裴遵，从光武帝平蜀，立有大功；敦煌太守裴岑，北击匈奴，"除西域之灾，蠲四郡之害"，边境因之大安；汉末，尚书裴茂率诸将讨李傕有功而被封侯。十六国南北朝时期，时局动荡正是将帅辈出之时，裴嶷多谋善断，裴开才略深远，前燕慕容

氏多以军国大政委之。裴叔业一支勇悍善战，是萧齐保境御边的根本；裴邃家族，以将略武勇闻于萧梁，声绩隆著。裴邃死，"淮、肥间莫不流涕，以为邃不死，洛阳不足拔也"。"三河领袖"裴骏，深得拓跋焘的器重；"黄骢年少"的裴果，是宇文泰的心腹爱将；裴宽，为周文帝所赏识，被誉为"疾风劲草"。裴氏将门，以裴仁基房支为最。杨隋平陈，裴仁基先登陷阵；裴行俨骁勇善战，时称"万人敌"；裴行俭精通兵法，善于用兵，安定西北边陲屡立功勋，而其战略战术思想，更是军事史上的瑰宝。事实上，除政治、经济、军事诸领域外，裴氏一族在哲学、文化、艺术等领域均有建树，贡献卓著，入正史列传者就有六百多人，限于篇幅，其余诸端，将分述于本讲其他部分。

（二）柳氏：文人雅士，风流无数

河东柳氏，据说是柳下惠的后裔，本为鲁人，鲁亡仕楚，秦并天下，柳氏遂迁入河东。两汉、西晋时，河东柳氏不少族人居中央要职，奠定了柳氏的大族地位。晋末，北方纷争，柳氏主干房支南迁。北朝时，他们又陆续返回乡里，活跃在隋唐的政坛上。不过，在唐高宗时期，因受政治牵连，河东柳氏仕途受挫。与裴氏的政务相比，河东柳氏为之自豪的是学术文化。

河东柳氏最拿手的是文学。南北朝时期，柳琰好学，工制文；柳恽的诗歌受到王融的称赞，梁武帝亦叹其"风韵清爽，属文遒丽"；柳琰的孙子柳䛒，承续家风，杨广在江都时，招引江左文士，柳䛒"为之冠"，对江左文学艺术的北传影响很大。唐代柳氏成员的文学才能更加突出，以柳宗元的成就最著。柳宗元是唐宋八大家之一，与韩愈齐名。他从小聪明，机警过人，尤精西汉诗骚，下笔构思，能与古人相当。其文精裁密致，璨若珠贝，为时人推重。永贞革新失败后，他遭贬谪，以文学创作来宣泄内心忧愤，著述之盛，名动于时。除了具备优秀的文学创作才能外，河东柳氏还精于史学与谱学。唐初的柳芳，是知名的史学家，他与韦述编撰《唐书》，又独自编撰了《唐历》，保存了安史之乱以前的大量史实，有很高的文献价值。宋朝司马光、欧阳修等人修史,参考《唐历》颇多。柳仲郢,曾著《九经》和《三史》一钞、魏晋以来南北史再钞,手钞共三十卷,号《柳氏自备》。谱学是柳氏家学,博学多才的柳冲是其代表。史称柳冲"尤明世族,名亚路敬淳"。他建议中宗重订《氏族志》,并在徐坚、刘知几的协助下最终完成《姓族系录》二百卷。稍后的柳芳、柳璟,也以精通谱牒著称。其中,柳芳所著《氏族论》被认为是对魏晋以来谱牒学进行理论总结的第一篇论文,也成为后世研究谱学的必读篇章。他曾著《永泰新谱》,"甚为详悉",其孙柳憬,则有《续皇室永泰新谱》。此外,河东柳氏不少成员博学尚儒,精通儒家典章制度,这使得其成员能够为朝廷制定朝仪,从制度上为统治者提供治国方略。柳彧,精通礼制,对丧乱之后不符合礼制的行为多所矫正,被隋文帝称为"正直之士,国之瑰宝也"。柳庄,精通旧章,雅达政事,为宰相苏威所重。柳敏,通习朝仪,曾与苏绰等修撰新制。

图 3-2 柳宗元遗族世居地(在今沁水县西文兴村)

在政务方面,河东柳氏虽不及裴氏,但在大族中,并不逊色。可以说,正是由于具备了政治与学术方面的双重优势,河东柳氏才获得了更兴旺、更长远的发展，成为中古时期举足轻重的世家大族。

（三）薛氏：后来居上，人才辈出

薛氏并非河东土著，早年可能居于淮阳一带，汉末追随刘备而徙至蜀地，沾染了蜀人勇武彪悍之习。蜀汉亡，薛氏率众降于曹魏，被安置于河东汾阴。柳芳《氏族论》曾将传统士族划分为四类五大集团：江南的侨姓、吴姓，北方的山东郡姓、关中郡姓和代北虏姓。其中，关中郡姓有六：韦、裴、柳、薛、杨、杜。这里的"薛"，就是河东薛氏。北方高门，无论山东的崔、卢、郑、王、李，还是关中的韦、裴、柳、杨、杜，都是汉晋以来的衣冠望族。河东薛氏则否。薛氏在十六国时崛起，以尚武见重于朝廷，很长时间内被中原人士蔑为"河东蜀"或"薛蜀"。然而，就是这样一支饱受冷眼的家族，经历北魏一朝，很快跻身于"郡姓"之列，与汉晋以来的高门同列，这显然是河东薛氏由武入文、成功转型的结果。

东汉末，杜畿为河东郡守十余年，河东文教大兴，裴氏、柳氏相继转型为衣冠大族，这样的环境有利于薛氏文化素养的提高。十六国时期，薛氏部分成员已经具备了相当程度的文化修养。薛辩之父强，自幼立下大志，胸怀治国谋略，与苻坚的谋士北海王猛志同道合，相善友爱，为当时关、河一带的名人。薛辩之子谨，重视文教，值兵荒马乱之际，立庠序，趁农暇以诗书教育子弟。他巡行乡里，通过考试加以督促，系列举措使得"河汾之地，儒道兴焉"。是时，北魏蒸蒸日上，颇具战略眼光的薛辩投靠了拓跋氏，有了中央政权的鼎力相助，薛氏发展非常迅速。至孝文帝定姓族时，薛氏最终被列为郡姓，与裴氏、柳氏同列，为"河东三姓"，跻身于北方高门的行列。那时，薛氏的代表人物，黄门侍郎薛聪，是孝文帝的心腹近臣。聪子孝通，名重天下。在长安，是贺拔岳、宇文泰的智囊，二人待之以师友之礼；入东魏，又深得高欢敬重。孝通子道衡，历仕东魏、北齐、北周、隋四朝，久居枢要，其诗代表了隋代诗歌的最高水平，素有"一代文宗"之称。道衡子收，为李世民的座上宾，名列秦府十八学士之一。收子振，字元超，高宗时宰相，精擅文辞，他的晚年曾自述平生有三大憾事：一是未能科举入仕；二是未能娶五姓女为妻；三是未能参修国史。"元超三恨"显示出薛氏门风中对科举制度与门阀观念的完全认同。道衡四世孙稷，相睿宗，深受宠信，他在文化学术上建树颇多，小学、辞章、书法、绘画均为当时所重。至唐高宗时，薛氏达于极盛。玄宗初年，在李隆基与太平公主的政治斗争中，受姻亲牵连，河东薛氏受到沉重打击，自此稍歇。不过，此后的薛氏成员多循科举之途入仕，终唐之世，仍保持了较高的任官率。

文化素养是世家大族门第形成的必要条件，一如陈寅恪先生所言："所谓士族者，其初并不专用其先代之高官厚禄为其唯一之表征，而实以家学及礼法等标异于其他诸姓。"早期，河东薛氏凭借家族武力和河东特殊地位所换取的著姓官宦，得不到社会的尊重，嗣后，河东薛氏折节向文，涌现出一大批知名的文人领袖，实现了武力豪宗到文化世家的转型。当然，实现这种转型，不是一蹴而就的，需要优良的门风作为保障。

二、河东大族的忧患意识与门风的形成

欧阳修曾言：忧劳可以兴国，逸豫可以亡身。河东大族人才辈出、世祚绵长的背后，是居安思危的忧患意识。殷鉴不远，像平阳的卫氏、霍氏曾盛极一时，然霍光去世后，终致全族覆亡，原因正如班固所言，霍光"不学无术""暗于大理"。鉴史可知，无数的高官因缺乏良好的家风和人品修养而折戟沉沙，家族也因此灰飞烟灭。所以，河东柳氏家训，开篇即告诫族人：高门著姓子弟，时刻提醒自己要有敬畏之心，千万不能倚仗自己的出身肆意而为。

（一）砥砺名节，清俭立身

河东大地，上古圣人所居，深得先王遗教，故君子深思；然土狭民众，故民风尚俭。东汉以来，士大夫砥砺名节，尚"清"之风兴起，逐渐成为选

拔人才的标准之一。基于自然环境的孕育，亦受时代风气之熏染，河东大族清俭自律的气质尤为突出。

裴氏清风，始自三国时的裴潜。裴潜理政小心谨慎。他为官，很少顾及家中，以致妻子儿女生活困顿，以织藜芘为生。裴潜任兖州刺史时，曾经制作了一个小板凳，在他离任时，却不曾带走。李白有诗云："去时无一物，东壁挂胡床。"说的就是这件事。作为尚书令，他去世前留下遗言，丧事从俭，因此墓中只有一个座椅和几件瓦器，朝廷赐谥曰"贞侯"。为官清廉使其获得较高的社会声望，成为裴氏家族"清贞"门风的基石。裴潜侄孙裴宪，晋末被后赵所虏，石勒命人没收其财产，结果得王浚等人家财百万，唯裴宪、荀绰家中只有百余函书，盐米各数十斛而已。北魏裴佗，不事家产，宅不过三十步，又无田园。暑不张盖，寒不衣裘。裴氏的清俭大率若此。首先提出将清俭立为门风的是北周的裴侠。他作《贞侯潜传》，告诫族人：清廉是为官之本，节俭是修身之基。活着，应该积极入世；死后，方能流芳千古。裴侠本人也是这样做的。他生活简朴，一日三餐，无非是豆麦盐菜。他任河北郡守时，当地旧制，有渔夫、猎人共三十名供其驱使。裴侠认为这种做法不妥，全部撤去，并将这些佣工交纳的租税买了官马，经过几年繁殖，马匹成群，但在他离任之时一无所取。百姓歌颂道："肥鲜不食，丁庸不取，裴公贞惠，为世规矩。"北周文帝非常欣赏他的风范，一次在朝堂上，他命裴侠独站一边，然后对众人说，裴侠奉公清廉为天下之最，你们谁能与他相比也可同他站在一起，众郡守都不敢应对。文帝厚赏裴侠，朝野心悦诚服，誉之为"独立使君"。唐人裴宽，一生居官清廉，刚正不阿，政绩卓著。在他任润州参军时，一日在后圃掘地埋东西，被刺史韦诜看见。韦诜派人去问。原来是有人给他送了鹿肉，放下就走了，他生怕辱没家门，只能将之埋掉。韦诜赏识他的清廉，就把女儿许配给了他。这就是二十四廉之一"裴宽瘗鹿"的由来。天宝年间，官员的德行以裴宽为第一，玄宗曾写诗褒奖他，诗云："德比岱云布，心似晋水清。"宰相裴坦，他的儿子娶杨收之女，杨家的嫁妆宏丽豪华。他见了十分气愤，命人立即撤去，并严正地指出："不要乱了我的家法。"《北梦琐言》详载此事，特别强调杨收是以孤进贵为宰相，爱讲排场，终因纳赂而罢政事，以此彰显裴氏清俭家风的重要意义。

以清俭立身，是河东大族门风的共性。柳氏非常重视子弟品行的培养，家族成员很少有贪恋财物者。柳元景是刘宋时的大官，管理政务虽非所长，却有"弘雅"的美名。当时的权要大多经营产业，只有柳元景例外。他家有几十亩菜园，守园人卖菜得了三万钱，送还给家里。柳元景生气地说："我开这个园子种菜，目的是供家中吃的，你却卖了换钱，是要与百姓们争利吗？"结果把钱送给了守园人。南朝人柳恽，少年时就胸怀大志，曾两次为吴兴太守，为政清廉，众望所归。他在郡中感染了疾病，请求解除职务。吴兴父老上千人上表请求让他留任。唐朝宰相柳浑，生性节约俭朴，不置家产，官当到宰相，还借房子住着。被罢免宰相后没几天，便与亲戚一起去寻访名胜，喝醉后才回来，高高兴兴，忘记自己被罢免了。当时李勉、卢翰亦因罢免赋闲在家，看到柳浑的洒脱，他们感觉自己也太俗气了。河东薛氏门风亦如此，生前不事聚敛，死时也不铺张。魏人薛端，少有志操，其为政宽惠，民吏爱之。及其弥留，遗诫薄葬，并拒绝了朝廷的馈赠。唐人薛苹，理身俭薄，他有一件绿袍子，一穿便是十几年。他历官三镇，家无声乐，所得俸禄悉以散诸亲族故人子弟。可以说，中古时期，河东大族涌现出大量的循吏、良吏，追根溯源，就是在这种尚清门风的影响下产生的。

（二）恪守礼法，孝悌传家

中国传统社会的组织形式主要是以血缘关系为主的宗法家族，要想确保家族的发展，需要有极为强大的精神纽带来维系，而作为具体的手段来说，"孝"无疑是最为关键的。《论语》云："人臣孝则侍君忠。""孝"不仅是家庭、家族的秩序，也是古代中国"国家"秩序在"人性"方面得以拥有合理性的根本依据。作为儒家礼的基石，孝是社会最看重的善行，比坚定的信仰和虔诚的实践还重要。因此，世家大族特别讲究礼法，重视孝悌传家。

河东大族，以孝悌礼法为士大夫所宗者，首推柳氏。南朝柳世隆至性纯深，为母守孝，哀过乎礼，为名士褚渊所推崇。此后，柳氏人物孝义成风，世隆子柳恽，其父去世，他离职守丧，著《述先颂》，寄托无穷哀思；他不仅个人重视守丧尽孝，而且将其作为治理地方之"文教"，引导社会风尚。世隆子柳忱，年方数岁，父母亲卧病，他尽心服侍，经年衣不解带。北朝柳霞，在柳氏主支南迁后，他居留乡里，独守坟柏，以读书为乐。其父卒于扬州，他自襄阳奔丧，六日而至。他的母亲两乳之间生了疽疮，医生说："此病无药可救，只有让人吸脓，或许可以止疼。"柳霞立即吮吸，十来天后病就好了。时人都认为这是孝心感动上苍的结果。到柳霞子柳靖时，柳氏孝义门风已为乡里所慕。柳氏家法，至唐更为严格。柳公绰自幼对父母孝顺，对兄弟友爱，他强调立身以孝悌为基。他为母亲崔夫人守丧，三年不曾洗澡；侍奉继母薛氏三十年，从不懈怠，就连他的亲家也不知道他并非薛氏所生。柳公绰善待亲族，敦睦内外。表兄薛宫死得早，他亲自将薛氏女儿抚养成人，出嫁时，嫁妆与自己女儿的一样。柳公绰的家法，都记录在他孙子柳玭所撰的《诫子弟书》中，《旧唐书》称其"理家甚严，子弟克禀诫训，言家法者，世称柳氏云"。

　　重视家教，以孝悌传家，裴氏这方面的记载俯拾皆是。裴子野在官府十余年，恬淡自重，拒绝请托送礼。外家与表亲贫困，他将所得俸禄薪水接济他们。没有房屋，他借公家的两亩土地，盖起几间茅草屋。他终生只吃粗茶饭和蔬菜，生活艰苦，唯以教育子女为根本，子侄对他，奉若严君。他的事迹，《颜氏家训·治家》有专门的记载。在裴氏，即便是以军功立身的南来吴裴叔业支，仍袭家门孝悌之风，这与当时南朝大族分家占财的风气颇为不同。如裴叔业的孙子裴谭，性情暴躁，粗险好杀，然他孝事诸叔，尽于子道，所得俸禄，每以分赡，世以此称之。叔业裔孙裴守真，是个孝子，父母过世，他"复事寡姐及兄甚谨"，从而被载入《旧唐书·孝友传》中。《孝友传》中还有一位裴敬彝，他的祖父裴子通，兄弟八人都以孝悌著名，朝廷表彰其门，曰"义门裴氏"。裴敬彝也是个大孝子。他在长安做官，有一天，忽然心口疼痛难忍，手足麻木。他料想是家中父母出了事，立即赶回家中，果然是父亲去世了。后来，他母亲病了，医生有足疾不能乘马，他就背着医生去给母亲治病。

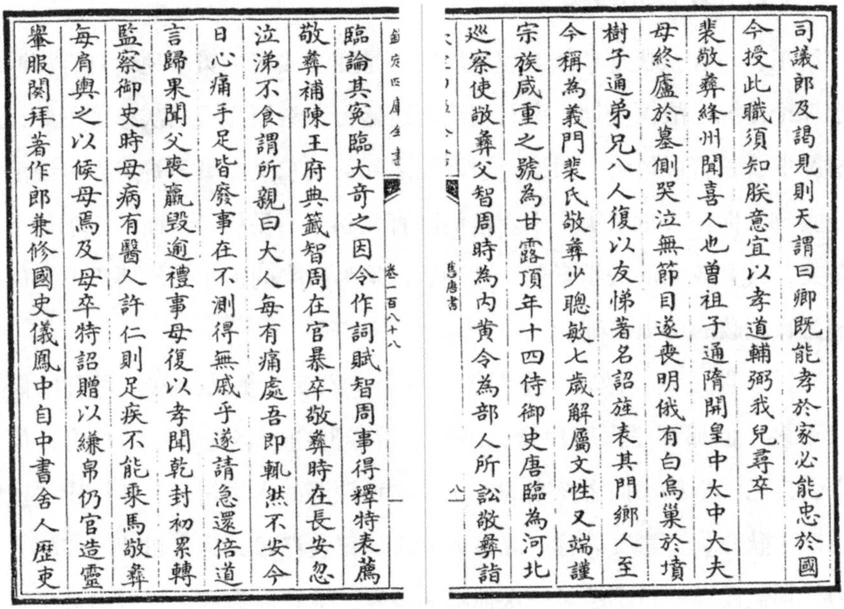
司議郎及謁見則天謂曰卿既能孝於家必能忠於國
今授此職須知朕意宜以孝道輔弼我兒尋卒
裴敬彝絳州聞喜人也曾祖子通隋開皇中太中大夫
母終廬於墓側哭泣無節目遂喪明俄有白烏巢於墳
樹子通弟兄八人復以友悌著名詔旌表其門鄉人至
今稱為義門裴氏敬彝少聰敏七歲解屬文性又端謹
宗族咸重之號為甘露頂年十四侍御史唐臨為河北
巡察使敬彝父智周時為內黃令為部人所訟敬彝詣
舊唐書　卷一百八十八
臨論其冤臨大奇之因令作詞賦智周事得釋特表薦
敬彝補陳王府典籤智周在官暴卒敬彝時在長安忽
泣涕不食謂所親曰大人每有痛處吾即輒然不安今
日心痛手足皆廢事在不測得無戚乎遂請急還倍道
言歸果聞父喪羸毀逾禮事母復以孝聞乾封初累轉
監察御史時母病有醫人許仁則足疾不能乘馬敬彝
每肩輿之以候母焉及母卒特詔贈以縑帛仍官造靈
轝服闋拜著作郎兼修國史儀鳳中自中書舍人歷吏

图 3-3 《旧唐书·孝友传》(局部)

尽管河东薛氏跨入士族的行列较晚，但“孝”的观念在该家族根深蒂固。北朝时，薛裕少以孝悌闻于州里。中书令薛寘，虽已年迈，公务繁忙，温凊之礼，朝夕无违。薛濬少年丧父，养母以孝闻。而后其母病重，他非常忧虑，容貌憔悴以致亲族不能辨认。居丧期间，正值隆冬，他冒着霜雪返乡，扶柩五百余里，足冻堕指，创血流离，朝野为之伤痛。薛氏不仅在家门之中实践孝睦之道，而且将“孝”的观念与国家社稷联系起来。唐穆宗曾向薛放请教“六经”的学习顺序，薛放认为《孝经》为人伦之本，圣人当以孝为至德要道，建议以《孝经》为先。不仅如此，薛氏还自觉担当起传播先进文化的任务。薛慎为湖州刺史时，当地杂居着众多蛮夷，动辄劫掠。经过薛慎的劝诫，劫掠之风渐歇，众蛮莫不欣悦，称其为“真人父母”。当薛慎得知子女婚娶之后即与父母别居时，他亲自引导，并示以孝慈，于是“风化大行，有同华俗”。可以说，中古时期，正因为孝悌之风不坠，才保证了家族内部的团结，河东三大姓才能够在隋唐舞台上大放光彩。

（三）刚直无私，廉洁为政

河东，是春秋晋都和战国魏都所在，是变法改革的策源地，具有深厚的法学理论传统。战国晚期，商君用法之道盛行，秦国先后两次移民于此，这种情况下，三晋民风为之大变。至两汉之际，河东又多豪强贵戚，传统沿袭与现实政治促使大批法吏产生。他们刚直无私，不畏权贵，而且善于运用法律条文，具有较高的法学素养。这一切，均为后来的河东大族所汲取，成为他们为官理政的历史基础。

柳氏家训强调：做官一定要廉洁奉公，不要开浪费之端。做官的俸禄虽然不多，但那都是民脂民膏，不可小看。刑罚固然是官员的权力，但不可以因自己气量狭小而恣意妄为。正是这种深沉的入世情怀，使柳氏关注民生，以"耿介、直言"著称。北魏人柳庆，仪表严肃，为人机智。广陵王元欣的外甥孟氏，横行不法。一次他盗牛事发，被官府逮捕，正好由柳庆负责此事。孟氏不仅不怕，还气焰嚣张地威胁说："如果给我带上了镣铐，回头看你该如何放掉我？"元欣也派人为之开脱，孟氏愈加骄横。柳庆就召集僚属吏员，公开宣布孟氏倚仗权贵虐害百姓的罪状。言毕，令人将孟氏乱棍打死。自此之后，皇亲贵戚骄横之气为之收敛。西魏时，柳庆冒死进谏周文帝赦免王茂，正因其"天性抗直，无所回避"，深得文帝赏识。执法为公，不惧权势是为官清廉的基础之一。初唐的柳范，贞观时为侍御史。吴王李恪喜欢游猎，危害了百姓的生活，柳范上书弹劾，李恪为此受到惩罚。太宗认为是长史权万纪教导无方所致，打算要处死他。柳范劝谏说："房玄龄事奉陛下，还不能阻止陛下狩猎，这件事怎么能只怪罪万纪呢？"太宗闻之大怒，拂袖而去。过了不久，太宗单独召见柳范说："你为什么当面羞辱我呢？"他的回答是："陛下仁德明察，我不敢不尽愚直啊。"太宗听了，只能作罢。中唐宰相柳浑，曾因帮助哑奴申冤而为世所知，更是以"耿介""守法"而闻名。德宗时，有工匠为皇帝琢玉带，不料失手摔碎了一块扣板，被德宗发觉并下令要处死他。诏命发到中书省，被柳浑否决，他坚持依法办事，按失误损坏皇帝车辆器具服饰罪，将过失者打了六十大板。柳浑曾与张延赏同朝为相，张氏揽权，派亲信提醒柳浑，意思是你只要少言，就能保住当下这个职位。柳浑的回答是，头可以砍掉，但舌头不能受限制。正因为柳浑的正直，很快被罢相。不过，历史给予了他公正的评价，《旧唐书》称他"节行才能吁谟亮直，皆足相明主"。

河东裴氏，入仕者众，清官也多。除了"挂床去任"的裴潜、"独立使君"裴侠、"不事家产"的裴佗外，诸裴中为政清明的典范还有宰相裴炎。裴炎因阻挠武后干政而遭冤杀，其家被抄时，才发现其室竟"无甔石之储"。裴炎的侄子裴伷先，开元时期任广州刺史。唐代的广州是海上贸易的重镇，在这个肥缺任上，裴伷先保持清廉，史称开元时期广府节度清白者有四人，裴伷先即其一。盛世名相裴耀卿，也是一位心系民生的清廉之士。他任江淮河南转运使，整顿漕运，实施"节级转运法"，三年中节省费用三十万缗。有人劝他把节约下的钱进献给朝廷，以便邀赏，被他严厉拒绝。唐宪宗时的宰相裴垍，其执政时，改革税收弊政，减轻了百姓负担。在用人上，他任人唯贤、不徇私情。早先，有位故人从远处赶来拜见他，裴垍热情款待。朋友就向他提出要做京兆判司，裴垍脸色马上严肃起来，他说："你虽然是个人才，可是难称此官。我不敢徇私情而伤朝廷的法度。他日，若有瞎眼宰相可怜你的话，你不妨一试。而我肯定不会那么做。"裴垍为国家精心选人，还曾留下以德报怨的美名。早年裴垍应试宏词科，考官崔枢将他黜落。后来，裴垍高居相位，为国选才，将崔枢提拔为礼部侍郎。家风的力量是强大的。像裴矩，学涉经史，颇有干局，虽道德有亏，然其为政，忠于职守，谨慎而不松懈。在隋末"王纲不振，朝士多赃货"的混乱政局下，他依然能够保持廉洁，这在当时是比较少见的。

（四）强学务实，尚武善文

河东，处于农耕文化与游牧文化的结合地带，地处关隘，是北方入主中原的咽喉所在,故为兵家必争之地。从春秋战国到魏晋南北朝,兵戈纷争的乱世为这片土地烙下了尚武的因子。西汉一代,河东多出将才,就是明证。

频繁的军事压力,造就了河东大族务实尚武的门风。三国时期,曹魏政权将薛氏移植到河东,其势力范围分布在汾河以南、黄河以东,控制着稷山、龙门、蒲坂诸交通要地,意图很明显,就是为了对抗北方草原民族南下,起到屏障关中的作用。这种情况下,只有保持浓厚的尚武之风,才能在险恶的政治环境中有效地保护家族的安全。晋末,河东薛氏宗族分三支,南祖、北祖和西祖。其中,南祖具有浓厚的豪强色彩,家族成员大都具备高超的武艺,薛安都少以勇闻,精擅骑马射箭,是刘宋、北魏时的名将;从弟道生,以军功为大司马参军;薛深,果敢有气力,以军功至骁骑将军,封竟陵侯。在唐代,则有大将薛仁贵,从唐太宗征辽东起,因骁勇善战,官至安东

图 3-4 薛仁贵的寒窑(在今河津市修仁村)

都护。仁贵子讷,虽"沉勇寡言",但"其用兵,临大敌益壮",以世将累官安东道经略使、幽州都督、安东都护。的确,河东薛氏凭借军功为家族的发展创造了有利条件,但是,这并不为士族社会所认可。所以,家族要想进一步壮大,就需要提高家族的文化品位,使子弟具备更为深厚的文化修养,这方面,西祖房走在了前列,最终使河东薛氏部分房支实现了由"义烈著闻"的豪强向"高才博学"的士族的转变。

河东大族中,以柳氏的转型比较彻底。早期,柳氏以尚武起家。宋齐之际,柳元景以其战功获取了显赫的仕途,使柳氏子弟享有了资荫入仕的特权。然而作为晚渡北方士族,要想真正融进南朝士族的圈子并不容易。柳世隆注意到这些,并为改变家族的形象而努力,他本人好读书,折节弹琴,涉猎文史。隋唐以降,柳氏强学之风更盛。柳公绰出任京兆尹,不上朝时,就在自己读书的小斋里处理私事、接待宾客,与兄弟们一起用餐。天黑之后,柳公绰就召一名子弟来小斋,在烛光中亲自领着他读经史,讲居家和做官的道理。二十年间,从未间断。公绰妻韩氏,是宰相韩休的曾孙女。婚后,她摒弃那些绫罗锦绣的衣服。她曾将苦参、黄连、熊胆做成丸药,让儿子们在晚上读书时含在口里以驱除睡意,激励他们勤奋读书。《幼学琼林》中的"和丸教子,仲郢母之贤"赞扬的就是这件事。后来,柳仲郢入仕,办公之余从不沉湎逸乐,而是昼夜读书。他生活朴素,马厩里没有骏马,衣服也不熏香,与当时达官显贵的作风形成鲜明对比。为此,宰相牛僧孺曾感叹道:"非积习名教,安能及此!"

在强学务实、与时俱进方面,裴氏家族平衡得最好。永嘉乱后,裴氏流播各地。在新的社会环境中,为求生存发展,其各支的家风均有所变化。汉代裴氏以军功起家,魏晋时期,裴氏则以谈玄著称。隋唐时期,考试逐渐成为入仕的重要途径,因此,"强学"就成了大族子弟跻身政坛的前提。在裴氏十七名宰相中,已知门荫出身者仅有裴遵庆、裴光庭、裴居道三人,裴炎、裴耀卿、裴度、裴垍、裴休、裴坦、裴枢、裴贽八人则出身科举。如裴炎,少年时为弘文馆学生,学习异常刻苦,每遇假期,同学们出游,他却读书不辍。年底，有关部门推荐他，他却以学业不精推辞。他在弘文馆的十年，通晓《春秋左氏》及《汉书》，擢明经第。裴休少时与兄弟俦、俅同学于济源别墅。他也是终年不出门，白天攻读儒家经典，晚上学习诗词歌赋，后来兄弟三人皆登进士第，一时传为美谈。裴向是名相裴遵庆之子，"以学行自饬，谨守其门风"，官至吏部尚书。史官称其"克荷堂构，不坠门风"。学业精进，成了裴氏的门风。裴氏子弟就是这样孜孜不倦、持之以恒地追求学业的精进，努力通过科举考试迈入仕途的。可以说，裴氏这种适应现实环境的能力，表现出河东裴氏坚韧旺盛的生命力，为该家族在隋唐的鼎盛提供了有力的保障。

综上，河东大族之所以能在魏晋南北朝时期一直跻身于政治上层，乃至到唐代仍被誉为关中郡姓一流高门，关键在于这些大族极其重视家教门风，所谓"闺门雍穆，子弟循谨"。陈寅恪先生指出："夫士族之特点既在其门风之优美，不同于凡庶，而优美之门风实基于学业之因袭。"也就是说，河东大族优美门风的基础是以家学为基础的。

三、簪缨世家的治家理念与家学传承

与宗族势力强盛相比，家族的文化传统，对维系家族门第的承续更具有实质意义。两汉时期，治国以儒术，选官以察举，士人参政之制确立。儒家素重敬宗恤族，于是士族崛起于乡里。由经学传家而得仕宦传家，积厚流光，遂成为各地之大门第。应该说，大门第的出现首先是家族文化的形成过程。

（一）经世之基：儒学史学

儒学在河东的传播一波三折。河东地域本得先王遗教，君子深思。战国初，魏文侯励精图治，子夏西河设教，儒学大兴。然而惠王迁都，上层阶级移居大梁；后来，河东复为秦国所取。精英的流失与尚战之民的迁入，使得河东儒风稍歇。至汉末三国，方有转机，良吏杜畿任河东太守十余年，大兴文教，举办学校，亲自担任教授，传授儒家经典，在全郡形成了浓厚的文化氛围。以军功起家的河东裴氏和柳氏，正是在这种背景下开始修文的。

魏晋时期，河东裴氏不少成员精通儒家的礼乐制度。裴秀，儒学洽闻，魏晋禅代之际，其所裁当，礼无违者；裴頠，弘雅有远识，博学稽古，奏修国学，刻石写经。皇太子既讲，释奠祀孔，饮飨射侯，甚有仪序。晋末天下大乱，学术文化一度遭到重创。但是，任何一个少数民族政权想要在中原立足，就必须借助儒学的力量，遵循儒学所确立的典章礼制。正是这种统治需要，成为北朝儒学复兴的重要契机，而深谙儒学的河东大族成员再次成为少数民族政权朝仪的制定者。裴宪，修尚儒学，深得名士陈郡谢鲲、颍川庾凯等的称赞，后与王波共同为后赵制定朝仪。南北朝时期，河东大族成员坚守"汉文化之本位"，他们仍然凭孔子经典在政治上争地位，为北方社会谋转机。裴延俊，不仅自己涉猎典籍史书，而且还劝谏世宗皇帝多习儒术。裴諏之，少好儒学，释褐太学博士；裴讞之，七岁便勤学，早知名，尤悉历代故事，仪注、丧礼皆能裁正。永嘉之乱，河东裴氏部分成员南迁，他们不坠儒业，依然延续着这种家风。裴植少而好学，综览经史，尤长释典，善谈礼仪；弟衍，学识优于诸兄。裴邃，十岁能属文，善《左氏春秋》，举秀才，对策高第。被宋武帝认为是廊庙之才的裴松之，八岁便博览古代典籍，学习《论语》《毛诗》。那时，史学刚刚从儒学中分离出来，裴松之以其渊博的学识完成了《三国志》的注解工作，为裴氏家族开创了新的家学门风，"史学三裴"享誉史坛，裴骃的《史记集解》、裴子野的《宋略》至今为学者所珍重。

河东柳氏将儒学作为整个家族安身立命的根本和家族文化的核心，在家族中形成了一个非常浓厚的读书学习的氛围，出现了大批的经史兼修、学识渊博之士。柳世隆，好读书，涉猎文史。其孙柳偃，自幼聪颖好学，年方十二即读《尚书》，梁武帝问及"有何美句"时，他的回答是："德惟善

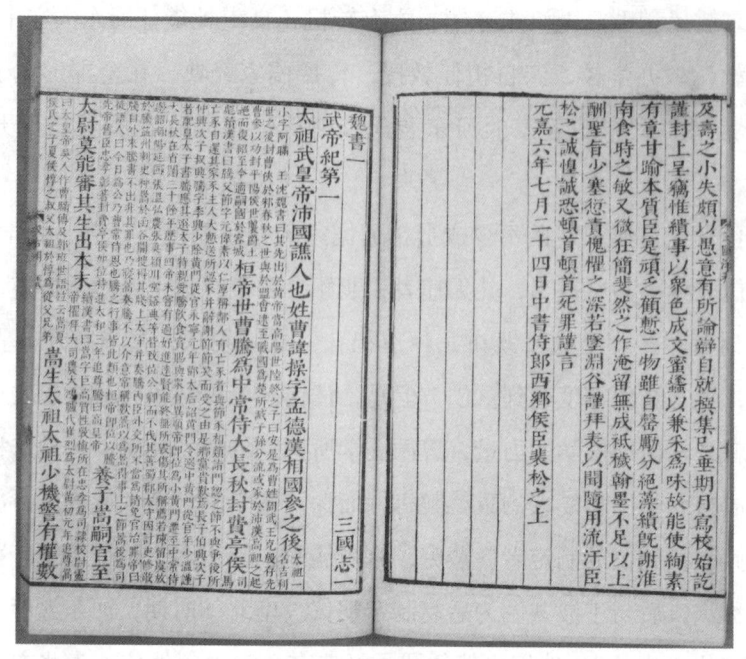

图 3-5 裴松之注《三国志》

政，政在养民。"可以想见柳氏对儒学钻研之透彻。柳虬遍受"五经"，略通大义，兼涉子史。柳氏还擅长史学。除前文提到柳芳、柳仲郢的史学贡献外，代表性的人物还有仲郢子璞，著作郎，精通《春秋》学，著《春秋三氏异同义》。他还仿效《春秋》"义法"撰编年体通史《天祚长历》。其书起于高宗武德，迄于穆宗长庆。这股新的史学思潮在当时影响很大。柳公权，尤精《左氏传》《国语》《尚书》《毛诗》《庄子》，每说一义，必诵数纸；柳璨，精通《汉史》，他曾对刘子玄所撰《史通》进行评论，撰《柳氏释史》十卷，指正刘知几错误之处。河东薛氏研读儒学比较晚，但成果突出。隋朝薛胄领悟力超群，他经常感叹训释古书的人不能领会圣人深刻的用意，便使用自己的理解去分析，时人为之折服。薛聪，博览坟籍，精力过人，至于前言往行，多所究悉，词辩占对，尤是所长。

在儒学史学的学习、积累与传承中，这些知识不仅使河东大族子弟具备很高的政治热情和强烈的淑世情怀，同时，推动他们积极实践儒家所倡导的

"修身、齐家、治国、平天下"的政治理想，并确立了儒家对于士人价值的评判标准。正是在此基础上，河东大族培养出大批的政治精英，他们从各个方面贡献着自己的聪明才智，并取得了卓越的政治功绩。

（二）修身之资：文学艺术

在门阀士族时代，品评人物的风气盛行，大族子弟不但要有从政的实际才干，还需要获得士大夫社会对其个人才性的较高评价。在同等条件下，以言语、文学、技艺、风采见长者，则有可能优先得到清美之职。如果粗俗无文，即使是一流高门的王谢子弟，也会受到文人的轻视和讥笑，以致影响政治前途。所以，保持家族自身高度的文化修养，成为世家大族延续政治优势的重要手段。河东大族虽然多是以军功起家，然其有很强的适应能力，在保持自身传统优势的同时，不断开拓文化活动的新领域，顺应了门阀时代士大夫愉悦人生和颐养身心的需要，在文学、书法、音乐等方面呈现出丰富多彩的局面。

在文学艺术方面，裴氏人才济济。文学上，东晋裴启创作的小说集《语林》，是最早的志人小说，比刘义庆的《世说新语》早170多年；隋唐之际的裴务齐改革完善了"切韵"这一汉字最早注音方法，使其在汉语发音史上发挥了1400余年的作用；唐代裴铏创作了大量的传奇小说，他提出的"传奇"一词成为唐代小说的通称。书法上，儒将裴行俭，不仅是出色的军事将领，还是著名的书法家，唐高宗就曾命其以草书写《文选》一部，并撰《草字杂体》数万言。裴敬宪，不仅工隶草、解音律，而且善作诗，其五言诗，独擅于时；裴潾，少笃学，善隶书；裴休善为文，长于书翰，自成笔法。音乐舞蹈方面，裴蕴、裴知古、裴行奴则是杰出的音乐人才，裴旻的剑舞，享誉一时，与李白的诗歌、张旭的草书并称"三绝"。史书中有关河东裴氏家族成员多才多艺的记载是相当多的。正是因为这一点，使得河东裴氏家族成为名副其实的文化世家，为世人所重，正如王维在《裴仆射（耀卿）济州遗爱碑》中说："著族斯茂，衣冠未敢争雄；继世皆贤，英彦无出其右。"

与裴氏相比，河东柳氏的文学成就更为出色。前文已述，其文人雅士，数代风流，延至唐代，更为突出。除了柳宗元为一代宗师外，柳芳次子柳冕不仅长于史学，在文学上也颇有造诣，博学富文辞，为唐代散文家。柳冕主张文章必须阐发"六经"之道，此乃韩愈文论之滥觞。柳冕撰有《笔语》，已失传，《全唐文》存其文14篇。柳虬雅好属文，指出"时有古今，非文有古今，乃为文质论"。书法方面，河东柳氏更胜一筹。如柳弘，工草隶。柳僧习，善隶书，敏于当世。柳公权初学王羲之笔法，遍阅前代笔法，然后自成一家。所写楷书，体势劲媚，较之颜体，柳字稍清瘦，故有"颜筋柳骨"之称，史称其书为"柳体"。其墨迹深得时人赏识，许多王公贵族都不惜重金请他挥毫，"当时公卿大臣家碑板，不得公权手笔者，人以为不孝"。其影响还传及国外，外国使臣至长安"皆别署货贝，曰此购柳书"。柳公权传世的书迹很多，著名的有《玄秘塔碑》《神策军碑》《金刚经》等，其书法对后世影响很大，至今依然是学书者临摹的对象。柳氏家族成员还精通音律，善

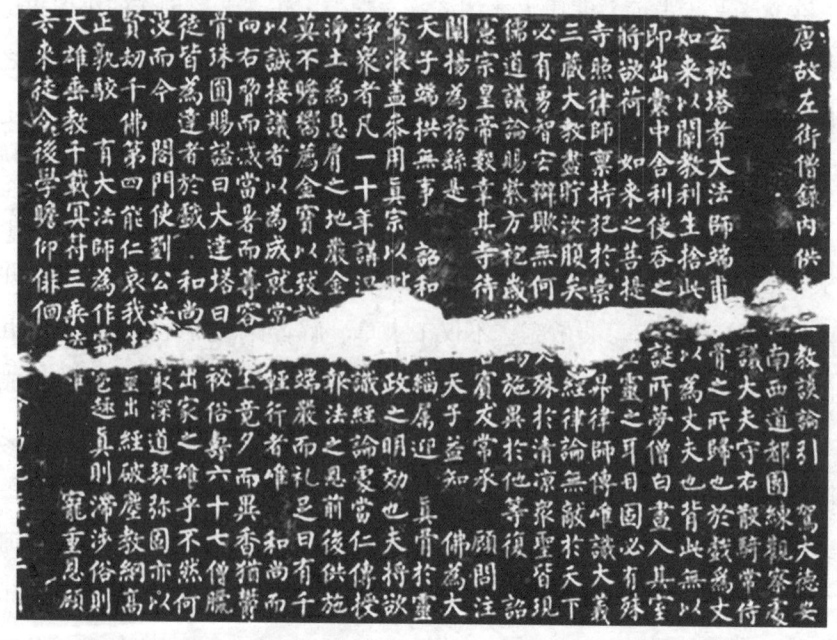

图3-6 《玄秘塔碑》（局部），裴休文、柳公权书

弹琴，能创作曲调。柳世隆，善弹琴，世称柳公双琐，为士品第一。常自云：马矟第一，清谈第二，弹琴第三。在朝不干世务，垂帘鼓琴，风韵清远，甚获世誉。子琰，尤晓音律；子恽，曾著《清调论》，复变体备写古曲，常以今声转弃古法。

虽然河东薛氏前期不及裴氏，晚期不及柳氏，然其在隋唐之际的表现亦令士林刮目相看，薛道衡是隋代的文坛领袖，其子薛收，善属文，援笔立就，不复停思，时人推其"赡而速"；其孙薛元超，精擅文辞，预修《晋书》，笔削之美，为当时最。他在高宗朝有"朝右文宗"之美誉，大力引荐王勃、杨炯、崔融等文士，支持他们变革龙朔文风，引领初唐文学的发展。中唐薛涛，不仅通音律、工书法，尤工诗，诗评家曾赞赏她"工绝句，无雌声"，成为薛氏家族中一位杰出的女性文学家。在书法上，北朝薛慎，善草书；唐代薛稷，好古博雅，尤工隶书，长于绘画，尤以画鹤为最绝。

（三）养性之所：尚玄礼佛

魏晋时期，玄学兴起，河东裴氏浸染此风，家族成员表现出善于谈玄的才能，涌现出一批玄学名士。裴徽，有高才远度，善言玄妙，与当时的名士荀粲、傅嘏、王弼、管辂等，交往甚密；裴頠，儒玄兼修，乐广与之清言，欲以理服之，而頠辞论丰博，被世人称为"言谈之林薮"；裴楷，弱冠知名，尤精《老》《易》，少与王戎齐名，"裴楷清通"，因钟会的品评而扬名天下；裴遐，善言玄理，音辞清畅，伶然若琴瑟，他曾与河南郭象谈论，一坐嗟服。其实，玄学不仅是一种学术思想的探讨，而且是一种社交手段，因为玄学家掌握着当时的舆论导向，影响着士人的前程，如"八裴方八王"的美誉，就成为河东裴氏社会地位提升的关键。但是，这并不意味着大族彻底抛弃了儒学，他们大多是礼玄双修。如玄学家裴頠，著有《崇有论》，其根本目的是抵制"贵无"玄学理论对国家政治及统治的消极影响，也就是说，在思想深处，他本人仍旧是儒家思想的忠实守护者。

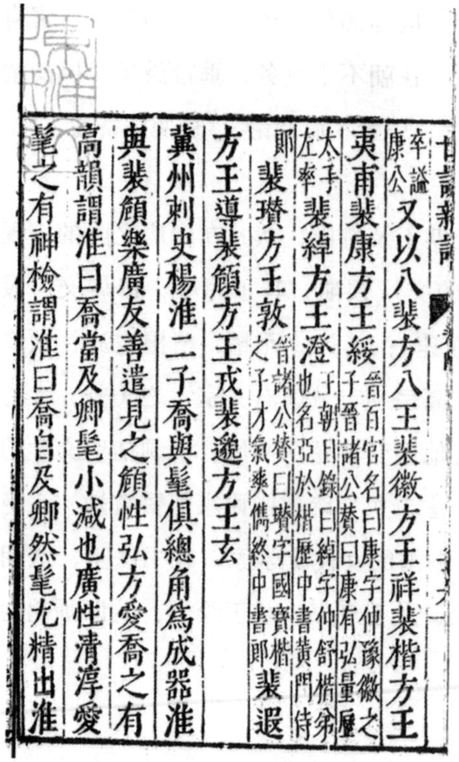
世說新語
卒諡康公又以八裴方八王裴徽方王祥裴楷方王
夷甫裴康方王綏晉百官名曰康字仲豫徽之子晉諸公贊曰康有弘量歷
太宰裴綽方王澄王朝目錄曰綽字仲舒楷弟也名亞於楷歷中書黃門侍
郎裴瓚方王敦晉諸公贊曰瓚字國寶楷之子才氣爽儁終中書郎裴遐
方王導裴頠方王戎裴邈方王玄
冀州刺史楊淮二子喬與髦俱總角為成器淮
與裴頠樂廣友善遣見之頠性弘方愛喬之有
高韻謂淮曰喬當及卿髦小減也廣性清淳愛
髦之有神檢謂淮曰喬自及卿然髦尤精出淮

图 3-7　八裴方八王，出自《世说新语·品藻》

南朝承续魏晋之风，尚玄理，重清谈。过江的河东大族，也依靠其清流雅望来提升门第，如柳氏东眷房。宋齐之际，柳世隆凭借着清谈、弹琴等才学，得到士族社会的认可，他与当时的名士张绪、王延之、沈瑛为君子之交。其子柳惔，好玄言，通《老》《易》，与琅琊王峻齐名，俱为中庶子，时人号为“方王”。名士领袖王俭曾夸奖柳悦、柳琰兄弟：“柳氏二龙，可谓一日千里。”柳恽在齐梁时期频繁参与萧子良、萧衍组织的名士活动，他与谢沦是邻居，相交甚深，沦曰：“宅南柳郎，可为仪表。”那时，柳琰与仆射张稷相善。柳氏性好音乐，然其妻忌妒，但凡乐伎漂亮的，就不敢正眼看。唯有张稷拜访，其妻才允许女伎演奏，以至柳琰每次要想听音乐，总是让张稷出面才行，二人关系密切如此。柳世隆的家教严格，子孙们都很优秀，琰、恽、惔、忱，三两年间迭为侍中，复居方伯，当世罕比。北周时，陈郡谢举与柳霞交谈，甚嘉之，对人说：“江汉英灵，见于此矣。”后梁时，柳洋、柳信言、柳庄等，分别以“民望”“文章”“政事”显名，成为萧氏政权的支柱。

魏晋南北朝时期，社会动荡，佛教风行，刘宋时期的智称法师，俗姓裴氏，精通佛法，善言佛理，拉开了裴氏家族奉佛的序幕。裴植，少而好学，览综经史，尤长释典，善谈理义。在临终时，他命子弟剪掉自己的头发和胡须，给他穿上和尚的衣服，用沙门礼仪将他葬在嵩山之阴。裴粲，性好释学,他曾经亲自讲佛说法,虽然持义未精,而风韵可重,精神可嘉。到了唐代,儒、道、释合流的趋势更加明显,而奉佛的士人数量也大大增加。与玄学对家族文化的影响一样,信仰佛教也成为当时许多家族的文化特征之一。唐后期宰相裴休,他家世代信佛,裴休更专注于研究佛经。太原、凤翔一带有很多名山与佛教寺院,他在办完公事的闲暇时间,常游历山林,和义学的寺僧一起探究佛教的义理。中年以后,裴休不吃荤腥,常常斋戒,排除一切嗜好与欲望,整天与香炉和佛经相伴,吟歌诵经。裴氏家族成员信仰佛教,一方面是由于该家族文化修养很高,家庭成员可以通过自己阅读释典而对佛教产生浓厚的兴趣;另一方面也可能是家族成员间的影响所致,特别是母亲奉佛,对子嗣就会产生潜移默化的影响。如裴植,他的母亲夏侯氏是一位虔诚的佛教信徒,年过七十,还到寺院舍身为婢,每天穿着布衣麻裙,拿着扫帚簸箕到沙门寺打扫庭院,最后,儿子们"各以布帛数百赎免其母",其虔诚如此。可见,河东裴氏家族成员深受特定历史时期学术文化环境的影响,为家族的文化特征不断注入新的血液,进一步丰富了家族的文化内涵,提升了家族的文化品格。

总之,河东大族能够随时代演变而熔铸新知,而且又能不失大族的原有品格。不过,大族齐家仍以儒学为根本,正心修身则参照老、释二家,所谓"其人大抵为遵群体之纲纪而无妨于自我之逍遥,或重个体之自由而不危及人伦之秩序者也"。"儒玄兼修",使得河东大族的家族与个体均获得了较充分而又自由的发展。

四、结　语

自秦汉以后,由于中央集权官僚制的完善,影响家族盛衰的关键已不再是血缘,个人的品格、能力和优良的家风,逐渐成为维持门第不衰的主要因素。河东大族尽管在政治上多有沉浮,政治地位总体上走向低落,但三大著姓的社会地位并不因政治声望的下降而坠落,这与其非同寻常的家学和家风密切相关。如孙国栋先生所揭示的那样，一个家族能延绵数百年，其声华"上足以抗衡天子，下足为士流所景仰"之关键，就在于该家族"家法之严谨""子弟习学环境之优异"。河东大族良好的家学修养和优秀的家族风貌，无论在家族成员的仕宦生涯中，还是在学术发展中，都为其奠定了坚实的基础，发挥了积极的作用。家族文化在整个世家大族的盛衰过程中扮演着重要的角色，对家族的社会地位也有所影响。"旧时王谢堂前燕，飞入寻常百姓家。"高官厚爵的人际转换、代际转换、族际转换教育了一个个家族：要想维持家族长盛不衰，爵禄蝉联，就必须懂得"盛极自损"的规律。要避免这个规律发生在自己身上就必须明白"止足为贵""持盈畏满"的道理，卜宪群研究员认为，河东大族懂得这个道理，所以他们世代以敬畏的态度对待自己的地位，绝不自恃；他们知道自己的一言一行更具有表率作用，所以从不敢有半点怠慢。正是他们世代秉持修己律身、刚直无私、谦恭谨慎的家风，才能使他们家族在那个动荡的时代安身立命，同时留下了千古美名。

📎 知识链接

1. 门阀士族——又称门第、衣冠、世族、势族、大族、世家、巨室、门阀等。门阀，是门第和阀阅的合称，指世代为官的名门望族，门阀制度是中国历史上从两汉到隋唐最为显著的选拔官员的系统，其实际影响造成国家重要的官职往往被少数士族所垄断，个人的出身背景对于其仕途的影响，远大于其本身的才能与专长。直到隋唐，门阀制度才逐渐被以个人文化水平考试为依据的科举制度所取代。

2. 九品中正制——又称九品官人法，是魏晋南北朝时期重要的选官制度。中正就是品评人才的官职名称。其做法是：由各州郡分别推选大中正一人，大中正必为在中央任职官员且德名俱高者。大中正再产生小中正。小中正襄助大中正，以自己所知将各地流亡人士无论是否出仕，皆登记其上，表内详记年籍各项，分别品第，从上上、上中、上下，直至下下，凡九等，并加评语。审核后将表呈交吏部，吏部依此进行官吏的升迁与罢黜。该制度的实行一方面解决了选拔官吏无标准的问题，使吏治澄清；另一方面缓解了中央政府与世家大族的紧张关系，为魏晋实现全国的统一打下了坚实的基础。

3. 八裴方八王——八裴，西晋河东裴氏家族八人；八王，琅琊王氏家族八人。南朝宋刘义庆《世说新语·品藻》："正始中，人士比论……又以八裴方八王。裴徽方王祥，裴楷方王夷甫（衍），裴康方王绥，裴绰方王澄，裴瓒方王敦，裴遐方王导，裴頠方王戎，裴邈方王玄。"

📖 延伸阅读

1. 钱穆，《略论魏晋南北朝学术文化与当时门第之关系》，见《中国学术思想史论丛》（三），东大图书有限公司，1981年。

钱穆学术博大精深，在中古士族方面，主张维系士族长期存续的内在因素是"门第精神"和"门第传统理想"。该观点主要体现在其《国史大纲》中，特别是《略论魏晋南北朝学术文化与当时门第之关系》一文，反复申论并强调中古门第与文化发展的密切联系，认为其是解释中古历史现象的关钥。

2. 何启民，《中古门第论集》，学生书局，1978年。

何启民是钱穆的高足，新亚学派的重要代表人物，受钱氏门第思想的影响，他更重视所谓的"门第精神"，认为其包含了家风和学风等不同层面的因素，并关注思想和文化，较之外在的仕宦或经济因素，是影响士族兴衰更为关键的因素。

3. 唐长孺，《魏晋南北朝史论拾遗》，中华书局，1983年。

唐长孺学识渊博，精通文史，他的《魏晋南北朝史论拾遗》是其长期研究魏晋南北朝历史的理论性概括，提出或解决了魏晋隋唐时期许多前人鲜及的重大问题，对士族问题有独到的见解。

4. 毛汉光，《晋隋之际河东地区与河东大族》，见《中国中古政治史论》第三篇，上海书店出版社，2002年。

毛汉光的研究结合历史学、政治学与社会学的问题意识与量化分析方法，对中国中古士族、政治社会和制度史均有深入的研究，强调了仕宦对士族形成与延续的关键作用，其提出的士族的"官僚化""中央化"和社会精英的婚姻网络等课题，在中古史学界产生了相当大的影响。《晋隋之际河东地区与河东大族》一文就是以河东裴、柳、薛三大族为例，深入细致地分析了晋隋之际，河东地方大族的演进特质与河东地域特殊战略之间的关系，尤其强调了三大族在对抗北方游牧部族南下过程中发挥的作用的异同。

5.〔日〕矢野主税，《裴氏研究》，《长崎大学社会科学论丛》1965年第14期。

20世纪50～60年代，矢野主税对中国中古的世家大族张、郑、裴、韦等进行了一系列的个案研究，用以说明政治职位对各族兴衰的作用。其中，

《裴氏研究》就其门阀成立，在南北朝隋唐时期政治活动、学问与教养、婚姻关系、经济生活诸方面，进行了细致入微的剖析，探讨了裴氏不同分支的大族性格与门阀意识。

6. 周征松，《魏晋隋唐间的河东裴氏》，山西教育出版社，2000年。

该书系统性地叙述了河东裴氏的滥觞、崛起、发展、鼎盛和衰落的历史，以及河东裴氏盛衰的原因和它的独特贡献；以河东裴氏的历史发展为经，以其杰出的历代人物为纬，编织出了内容丰富翔实、人物重点突出的河东裴氏发展史。

思考题

1. 在华夏文明发展史上，河东的地方大族对中原文明的存续起到怎样的作用？
2. 人生三不朽，立德、立功、立言，以河东裴氏为例，就每一方面试举三位代表人物进行说明。
3. 试析世家大族家学家风对子弟发展的影响。

第四讲

清水明镜：
山西廉政文化与历代廉吏

导　读：

　　反腐倡廉，吸取历史上优秀廉政文化是每一个国家都面临的重大政治课题，古今中外概莫能外。中华民族是世界历史上唯一没有中断优秀历史文化传承的伟大民族。中国古代的优秀廉政文化源远流长、博大精深，反映出中华先哲治理天下的高瞻远瞩，体现了历代明君贤相治国安邦的深谋远虑，凝聚着古往今来清官廉吏的实践智慧和价值追求。

　　山西廉政文化是三晋文明的重要组成部分，其历史源远流长，内涵丰富，体现了古代政治文明的卓越成就，具有强大的历史感染力和现实教育意义。廉政文化不仅包含廉政思想与制度、廉政人物这些廉政的内核，也包括廉政在社会文化中的普遍诉求与广泛传播。

一、山西古代廉政思想

廉政，在国家层面，是一种政治文明形态；对官员个人而言，则是一种从政品质和风范。有关廉政的思想，是伴随着公权的产生而产生的，并且随着阶级社会的不断发展，逐渐走向成熟。山西古代的廉政思想主要表现为民本、德治、任贤、治吏、法治、勤政、节用、教化等基本理念。

（一）民本思想

民本思想是中国古代倡导的根本从政价值理念。价值观是思想的灵魂，民本观念是中国廉政思想的基石。

荀子认为："天之生民，非为君也；天之立君，以为民也。"他把君民关系比作舟与水的关系，说："君者，舟也，庶人者，水也。水则载舟，水则覆舟。"这种"立君为民"和"载舟覆舟"的认识，比孔、孟的爱民思想大大前进了一步。实际上，循理可推，在荀子看来，"天之立吏"的道理与"天之立君"一样，也是为了解决"为民"的问题。

隋代大儒王通认为，爱民厚生是国家的第一任务。《中说·天地》记载李密向王通问王霸之略，王通回答说："不以天下易一民之命。"这实际上是说民众是国家的根本，如果统治者不重视民众的利益，则将失去民众的支持，所谓的王霸之略也就失去了真实的社会基础。他主张国家要爱惜民力，《中说·魏相》载："御河之役，子闻之，曰人力尽矣。"针对这一情况，王通提出了薄赋敛的主张。他主张实行富民政策，国家应该尽量减少税收，从而使民众能够自足，上下能够相安。他认为，沉重的税敛是社会贫困的根源，"多敛之国，其财必削"。王通能够正视社会现实，预感到民力殆尽的隐忧，表明他对社会问题有一定的见识。

唐代柳宗元提出了"官为民役"的观点，在他看来，官吏应当是民众的奴仆，因为他们享用的俸禄是民众供给的，就应该为民众做事。柳宗元认为，劳动者拿出其收获的近十分之一雇用官吏，就如家中雇用的奴仆，拿了工钱就应该做事，而且要勤政为民、公平办事。柳宗元的民本位官德思想不是他的思想主体，但"官为民役"的思想在中国历史上是首次提出，他所倡导的"官""民"关系与历史以往的主张截然不同，尤其是把"官"作为奴仆提出来，使传统的官德思想提升到一个新高度。

隋唐以后，民本思想通过科举制度注入政治体制中，造就了中国古代政治特有的文化气质，形成了一股廉洁政治清流，在一定程度上对封建政治腐败现象起到了抵制作用。

（二）德治思想

中国古代有悠久的德治传统，其渊源可以追溯到上古。尧、舜、禹便是道德楷模，禅让而治。家天下开始后，夏、商、周三代统治者很快认识到要"敬德、保民、配天"，经过千年沉淀，中国的德文化异常丰富灿烂。

司马光在《资治通鉴》中指出："为治之要，莫先于用人。""取士之道，当以德行为先。""才德全尽谓之圣人，才德兼亡谓之愚人，德胜才谓之君子，才胜德谓之小人。"他认为，只有圣人和君子可用，可以成为国家的管理者。他发现"自古昔以来，国之乱臣，家之败子，才有余而德不足，以至于颠覆者多矣"，就是基于这一道理。司马光所谓"官德"，具体来说有三个内容："凡择言事官，当以三事为先：第一不爱富贵，次则重惜名节，次则晓知治体。"一个官员，首先要廉洁奉公，其次要爱惜名节，不要徇私舞弊，而且要知道治理之道，只有任用这样的官吏来管理百姓，国家才能走上正轨，民众才会永享太平。

中国古代思想家、政治家还提出一些方法，用来修养德行。如儒家经典《大学》阐述不断加强个人修养，强调格物、致知、诚意、正心、修身、齐家、治国、平天下，完善内在的道德和心智，严格约束自己的行为举止，以实现治国大业。

（三）任贤思想

任贤使能，是古代廉政思想的重要组成部分。传统儒家在用人上讲究由德高望重的伯乐出于公心推荐贤德之人为官的模式。荀子主张"隆礼重法"，认为礼法执行的好坏，关键取决于执法之人，而能否尚贤使能，把贤良之士选拔出来并委以重任，便成为衡量明主和暗主的重要标准。荀子主张"无德不贵，无能不官"。法家的韩非主张贤明的君主根据法制而不是根据个人的好恶来选拔人才，并把"内举不避亲，外举不避仇"作为任贤的原则。

荀子推崇尚贤，他认为："君人者欲安则莫若平政爱民矣，欲荣则莫若隆礼敬士矣，欲立功名则莫若尚贤使能矣，是人君之大节也。三节者当，则其余莫不当矣；三节者不当，则其余虽曲当，犹将无益也。"荀子认为，实现廉政，用人是关键。他说："尚贤，能使之为长功也。"即选择贤能之人为官，能使统治者的统治长久。荀子还把不能任用贤人列为国之大患。他说："人主之患，不在乎不言用贤，而在乎诚必用贤。"荀子还提出了打破论资排辈的用人方法，主张越级提拔那些有才德的人，罢免那些无能之辈。他说："贤能不待次而举，罢不能不待须而废。"

唐宋以来，中国逐渐形成一个地道的"士人政府"，形成了"道统"对政统的完善与制衡。士人代表文化的力量，文化蕴含着道德和知识的力量，从宋朝开始，选贤任能更加强调德才兼备，以德为先。道德是内心的法则、自律的防线，道德高尚，必至清廉。

（四）治吏思想

官吏是执掌权力的管理集团，腐败是伴随权力行为发生的，所以，治国必先治吏。尧舜之时就注意到对官吏严加考课。春秋战国时期，世卿世禄制度逐步被官僚制所取代，君主通过庞大的官僚机器实施统治，首先是对官吏的治理，其次才是民众。韩非说："吏者，民之本纲者也，故圣人治吏不治民。"韩非此论对后世极有影响，后世所谓明主率皆先治吏而后通过吏再治民，成为一种范式。魏国的李悝制定了中国历史上最早的一部成文法典《法经》，其中《杂律》中有相当一部分内容是关于吏治的条款。

治人之法，首重选吏。荀子详细论述了尚贤使能的任官原则，认为"先王明礼义以壹之，致忠信以爱之，尚贤使能以次之，爵服庆赏以重申之"，"无德不贵，无能不官，无功不赏"，只有"论德而定次，量能而受官"，才能使人"各得其所宜"。司马光在《资治通鉴》中总结说："政以得贤为本，治以去秽为务。"

古人在论证治吏的重要性时，也关注治吏与治法的统一。具体来说，就是慎选良吏执行善法，不仅为治国之所需，也是缔造盛世的重要条件。仅有治法而无治人，无法实现法的治世功能；仅有治人而无治法，则行事无据，缺乏规范，必致淆乱政事。历代开明之君皆以治法与治人密切配合、相辅相成为治国方略。以治法辅以治人论者可谓多矣，而以荀子最为著名。他在《君道》篇中非常清晰地论述了治人与治法的关系，说："故法不能独立，类不能自行，得其人则存，失其人则亡。……不知法之义，而正法之数者，虽博，临事必乱。故明主急得其人，而暗主急得其执。急得其人，则身佚而国治，功大而名美，上可以王，下可以霸；不急得其人，而急得其执，则身劳而国乱，功废而名辱，社稷必危。"

可见，如果说治法为国之本，那么，治吏就为国之用。只有本用结合、法吏统一，才能达到国治民安。

（五）法治思想

在战国诸子中，法家虽无显学之名，但却硕果累累。法家顺应时代潮流，提倡法治，主张变革，致力于富国强兵。法家思想根植于三晋大地，著名的法家人物大多出生或活动于三晋，与三晋的关系千丝万缕。法家"不别亲疏，不殊贵贱，一断于法"的基本思想，孕育于晋国，晋的法治文化在战国三晋得到长足发展，造就出法家学派。法家的代表人物李悝、吴起、商鞅、慎到、韩非，都与三晋有这样或那样的关系，不同程度地受过三晋文化的熏陶，他们积极投身时代洪流，发起破旧立新的变法运动，其政绩虽各有千秋,但都程度不同地推动了历史的发展。

法家有关廉政的思想主要体现在以下几个方面:强调法治是廉政建设的前提,"任法而国治矣","法虽不善,犹愈于无法","奉法者强则国强,奉法者弱则国弱"。法治也是实现廉政的根本途径,"古之善守者,以其所重禁其所轻,以其所难止其所易,故君子与小人俱正,盗跖与曾、史俱廉"。治理国家应该依靠法律,用重刑惩罚犯罪者,用法律约束人们的行为,这样就会使人们都正直、廉洁;主张对官员加强监督管理,防止腐败的产生。韩非指出,"官之富重也,乱功之所生也",官吏积聚过多的财富,是祸乱产生的原因。官吏的腐败必然导致人民的苦难,从而引发社会的混乱、国家的败亡。因此,韩非提出了"明主治吏不治民"的著名论断,大力提倡"废私立公"。法家把立公废私、先公后己、公正不偏私作为法律的内在要求和道德的精神实质,认为立公、先公、公正既是守法的表现,也是道德的行为,更是廉政的前提保证和内在要求。韩非说的"所谓廉者,必生死之命也,轻恬资财也。所谓直者,义必公正,心不偏党也"就是这个意思。

除法家外,儒家集大成者荀子也特别强调"隆礼重法",在强调德治、把礼作为治理国家的最高准则的同时,也突出了法的重要性。他说:"法者,治之端也","隆礼至法则国有常"。他在《成相》篇中甚至把刑与礼都作为治理国家的基本准则看待,即所谓"治之经,礼与刑"。当然,从总体上来讲,荀子不过是将刑法作为推行礼治的主要手段。在礼与刑的具体适用上,荀子提出:"听政之大分:以善至者待之以礼,以不善至者待之以刑。"意思是说,处理政务的要领是:对怀着善意而来的人,用礼仪去对待他;对怀着恶意而来的人,用刑法去对待他。基于此,荀子主张加强对官吏的监督,对那些违法犯罪的官吏加以惩处,做到"正法以治官",使"百吏畏法循绳"。

(六)勤政思想

勤于政务,即"勤政"。荀子讲过:"贯日而治详,一日而曲列之,是所使夫百吏官人为也。"就是说,官员的职责是每天从早到晚要勤勤恳恳地工作，依次办好各方面的事情。中国古代是小农经济为基础的国家，勤于治业是最基本的品德要求，所谓"处其位而不履其事，则乱也"。官吏为民师表，应该是勤政的模范。勤政是理政的基础和对执政者的基本要求，不勤无以成事；廉政，则是理政者必备的品质，不廉无以教民。勤政与廉政是统一的，中国古代对官吏的考任总是兼顾二者。

关于勤政的最早记载是《尚书》，舜曾教导禹要"克勤于邦，克俭于家"。他的下属伯益则提出"儆戒无虞，罔失法度，罔游于逸，罔淫于乐"的训条。皋陶认为，治国应该"直而温，简而廉"，"无教逸欲，有邦兢兢业业"。

自西周以来，历代思想家、开明统治者都大力倡导勤政，认为"为政之要在于勤"。荀子认为："汤、武者，民之父母也；桀、纣者，民之怨贼也。"他还进一步阐述："天之生民，非为君也；天之立君，以为民也。"也就是说，天养育民众不是为了君主，恰恰相反，天设立君主是为了民众。这种以民为上、民高于国的思想，就是统治者必须遵守的勤政理念。

"廉政勤政，革新变法"也是三晋法家廉政廉洁思想的集中体现。法家主张变法革新，强兵富国。用法制治理国家，就要革新变法，根据具体情况制定相应的法令政策，不能因循守旧、墨守成规。"夏商周三代正因其礼各不相同，才称王天下；春秋五霸正因其法各异，才称霸诸侯。"在战国时代，注重实际、因时而变的思想尤为重要。法家的勤政思想体现在：明君治理国家应着眼于效率，高效率处理每天的事务，而不是任意拖拉下去。如果君主养成拖拉、推托的习惯，那么国家的衰亡之期将不远矣。

（七）节用思想

"好廉自克曰'节'。"经济上的节俭与人格修养上的节制，是中国古代政治和社会生活的一条法则。

司马光在《训俭示康》中讲道："近岁风俗尤为侈靡，走卒类士服，农夫蹑丝履……近日士大夫家，酒非内法，果肴非远方珍异，食非多品，器皿非满案，不敢会宾友，常数日营聚，然后敢发书。苟或不然，人争非之，以为鄙吝。故不随俗靡者盖鲜矣。"对于这种讲排场、比阔气的侈靡之风，他表示了极大的不满和忧虑，并说："嗟乎！风俗颓弊如是，居位者虽不能禁，忍助之乎？"意思是说，当权者虽然无法制止这种不良风气，但怎么能参与其中，忍心助长这种风气呢？他的话显然是说给在位者听的。

在揭露当时奢侈之风的基础上，司马光继而分析了其严重危害。他从人性的角度出发，承认奢侈之心乃"人之常情"，但就社会危害的角度而言，毕竟"由俭入奢易，由奢入俭难"，因而人一旦不能遏制自己的奢侈之心，后患必将无穷。显然，在他看来，"俭"和"奢"不是生活小节，而是关系祸与福、兴家与败家的大是大非问题。节俭则寡欲，做官的人寡欲就不会为外物所役使支配；普通百姓寡欲，则可持身谨慎，节约用度，不会犯罪，使家境丰裕。所以，节俭是所有阶层中共同的德行。

司马光特别强调去奢从俭的问题，提出了"去欲从道"的思想。他从"正心""治心"的根本目标出发，认为不为名利所诱、摒弃外物侵惑是正心求道的根本途径，而一切暴恶者之所以违道逆行，就因为"不能胜其欲心故也"。由此，司马光提出了"君子寡欲则不役于物，可以直道而行""以道制欲，去欲从道""胜己之私以从于道"等一系列观点。显然，他在继承孔孟寡欲思想的基础上，更强调了摒弃私欲、顺从天道的理学倾向。

（八）教化思想

中国古代教化之治源远流长。西周时代，天子建立"辟雍"，各诸侯国设立"泮宫"，实施教化民众之职，尤其是培养贵族子弟成为未来的管理者。《周礼·地官司徒》规定大司徒的主要职责是"率其属以掌邦教"。隋朝兴科举取士制度，使教化之功融入吏治，由此，开始了中国长达1300年的教化政治。唐宋时期，士人注重内省，修德养性，又不乏社会责任感，"为天地立心，为生民立命，为往圣继绝学，为万世开太平"。

司马光认为，教化是国家大事，应该抓紧抓好。如果天下百姓思想不一致，就不可能同心同德地为宋朝的统治服务，就会发生问题，动摇统治基础。因此，他十分注重学校教育，注重形成好的社会风气。关于德治教育对良好的社会风气所能起到的作用，司马光曾说："教化，国家之急务也，而俗吏慢之；风俗，天下之大事也，而庸君忽之。夫唯明智君子，深识长虑，然后知其为益之大而收功之远也。"德治教育有助于形成良好的风俗，可以形成一种劝善惩恶的精神力量。"教立于上，俗成于下"，"忠厚清修之士，岂唯取重于缙绅，亦见慕于众庶；愚鄙污秽之人，岂唯不容于朝廷，亦见弃于乡里"。司马光已经深刻地认识到教化对整个社会和政治生活的稳定可能起到的作用。

中国古代历朝都褒奖清廉，为廉吏树碑立传。二十四史之中就有《循吏传》《良吏传》《良能传》，此外，宋代还有《廉吏传》，明代有《彰善录》《圣政记》等。让历史讴歌廉洁，使廉吏青史留名，对廉吏本人是极大的赞誉，又为百官树立了效法的榜样，起到了很好的教化作用。

二、山西古代廉政人物

在长达数千年的王朝更替中，始终存在着一股浩然之气，它是政治清明的根基。廉政人物的政治行为，直接影响着历史的浮沉，廉政人物的修养作风，凝聚为宝贵的文化遗产代代相传。清官的吏治实践，为今天认识传统社会国家政权与地方行政及社会发展之间的"互动"，提供了一种参照，也将为今日的地方治理提供有益的经验。下面所列山西廉政人物是在中国历史上具有影响的、为世人所熟知的清官廉吏。

（一）荐贤不避亲仇的祁奚

公正用人是防止腐败的必然选择，切实做到"内举不避亲，外举不避仇"，就必须要做到不因亲友而不予重用，不以私仇而排斥人才。

《左传》记载着这样一个故事：公元前570年，晋国掌管军政的长官——中军尉祁奚（前620～前545）请求告老退休，晋悼公准请，并询问祁奚谁可接替他任中军尉。祁奚推荐了解狐。解狐是祁奚的仇人，但因解狐可胜任这一职务，所以祁奚荐举了他。不巧的是，解狐未等拜官上任就病死了。当晋悼公再次问祁奚时，他提出自己的儿子祁午可以接任。于是晋悼公任命祁午为中军尉。

荐贤必须出于公心，祁奚从当时的实际情况出发，以能否胜任中军尉这一要职为标准来举荐人才，没有考虑过是亲是仇。这种毫无忌妒之心，又不怕有人议论的做法，表现出祁奚认真求实地荐举人才的精神。他被时人誉为"称其仇，不为诌；立其子，不为比；举其偏，不为党"。孔子闻之，也大加称赞："外举不避仇，内举不避子，祁黄羊可谓公矣。"后世认为《尚书·洪范》中所说的"无偏无党，王道荡荡"，指的就是祁奚这样的人。这种"外举不避仇，内举不避亲"的荐贤，也被称作"至公"之举。

（二）不受一钱的邓攸

邓攸（？～326），字伯道，平阳襄陵（今山西襄汾）人。邓攸七岁丧父，不久母亲和祖母又去世，他连续服丧九年，以孝顺著称。邓攸为人平和，廉洁寡欲。曾担任世子文学、长史、河东太守等职。

邓攸来到江东后，晋元帝任命他为吴郡太守。邓攸用马车载着粮米来到吴郡，说自己不接受俸禄，只是饮吴郡水而已。当时吴郡遇到大饥荒，邓攸上奏章请求救济饥民，还没有得到朝廷的批复，他便打开粮仓救助饥民。朝廷派人慰劳饥民，并视察邓攸为政的好坏。使者因为邓攸擅自开仓放粮而弹劾他，不久皇帝下诏赦免了邓攸。邓攸在郡中施政清明，深受百姓爱戴，成为晋朝中兴时期的名臣典范。

后来邓攸因病而辞去官职。当时各郡经常有人在迎送官员中获得数百万钱财，而邓攸离开吴郡时，不接受一文钱的馈赠。数千名百姓挽留邓攸，牵住船只不让其前行，邓攸只得暂时停船，在夜间离开。吴人歌唱道："击鼓打五鼓，鸡鸣天欲晓。邓侯挽不留，谢令推不去。"百姓们来到尚书台请愿，请求邓攸留任一年，不被准许。后来邓攸被授为侍中，一年之后，改任吏部尚书。邓攸生活简朴，自己粗茶淡饭，破衣旧衫，却经常救济处于急难中的人。他性情谦和，善与人交往，来访的宾客不分贵贱，一律平等相待。

（三）刚直不阿的神探狄仁杰

狄仁杰（630～700），字怀英，并州太原（今山西太原）人。说到狄仁杰，人们自然会想到他是个执法如山、断案如神且颇具传奇色彩的历史人物，其实，那只是他的一个侧面，而非他的全貌。他少有奇才，德才兼备，为官刚正廉明，勤政惠民，既称得上是忠于职守、励精图治的著名地方官，又是一位为治国治民深谋远虑的杰出政治家。

唐高宗仪凤年间，狄仁杰升任大理丞，掌管司法生杀大权。在任上，他的才能得到了充分发挥，一年中判决了大量的积压案件，涉及一万多人。由于他通晓吏治、兵刑等封建典章和法律制度，并且刚正廉明、执法不阿，所判案件无有冤诉之人，一时名声大振，成为朝野推崇备至的断案如神、惩恶除奸、清弊扬善的大法官。

狄仁杰迁度支郎中时，唐高宗准备巡幸汾阳宫，任狄仁杰为知顿使，先行布置途中食宿的地方。并州长史李冲玄认为要经过妒女祠，于是征发数万人另外开辟御道。狄仁杰正色说："天子之行，千乘万骑，风伯清尘，雨师洒道，何来妒女的危害呢？"命令李冲玄作罢，免除了并州数万人的劳役。高宗闻之赞叹说："真是大丈夫！"

狄仁杰作为封建社会杰出的政治家，无论在地方官任上还是官居宰相，都始终精忠报国，并很有知人之明，举贤荐能，"举贤为国，非为私也"。在他举荐的人中，既有原荆州长史后任宰相的张柬之，也有少数民族将领，如有骁将之才的契丹败将李楷固等，还有桓彦范、敬晖、窦怀贞、姚崇等数十位忠贞廉明、精明干练的官员。他们都被武则天委以重任，并成为唐代中兴名臣。

狄仁杰病故后，朝野凄恸，武则天哭泣着说："朝堂空也。"纵观狄仁杰一生,可以说是生逢乱世,宦海沉浮。作为杰出的政治家,狄仁杰既通晓吏治、兵刑等典章制度,又能做到刚正廉明、执法如山、断案如神。他仕途坎坷,或升迁,或遭贬,数次出任地方官,但每任一职,都能恪守职责,心系民生,兢兢业业,政绩卓著。狄仁杰在上承贞观之治,下启开元盛世的武则天时代,表现出了一个杰出政治家的远见卓识,并做出了卓越的贡献。

(四)廉洁自守的司马光

北宋时期人才辈出,为民执政的廉吏不乏其人:除了铁面无私、革除时弊的包拯外,还有司马光这样清正为官、廉洁自守的人。司马光(1019~1086),字君实,陕州夏县(今山西夏县)人,历仕仁宗、英宗、神宗、哲宗四朝。他除了编写巨著《资治通鉴》外,还有许多情操高尚、清正为官的故事,鲜为人知。

司马光的父亲司马池为官清廉,勤政爱民,生活十分朴素。他家一贯粗茶淡饭,绝不奢华,即使招待上级官员,也只是用当地的山果、土产的蔬菜,而且也只限于三五道菜。父亲的俭朴影响了司马光的一生。

司马光做官几十年,只在洛阳有田三顷。司马光的夫人张氏伴随他四十余年,去世后,家里却没钱操办丧事,儿子司马康和亲戚主张借些钱,把丧事办得排场一点,可是司马光不同意,并且教训儿子处世立身应以节俭为可贵,不能动不动就借贷。最后,他把自己洛阳的田地典当出去,草草办了丧事。

在司马光看来,节俭不仅是一种生活态度,更是一种美德,奢侈也不只是陋习,更是一项罪恶。做人当以俭为本、以俭为美、以俭为上;为官要正世风、政风、民风,当先正家风。司马光曾给儿子写信说:"吾本寒家,世以清白相承。吾性不喜华靡,自为乳儿,长者加以金银华美之服,辄羞赧弃去之。二十忝科名,闻喜宴独不戴花。同年曰:'君赐不可违也。'乃簪一花。平生衣取蔽寒,食取充腹,亦不敢服垢弊以矫俗于名,但顺吾性而已。众人皆以奢靡为荣,吾心独以俭素为美。人皆嗤吾固陋,吾不以为病。"

司马光居官多年，清正自守、克己奉公，其对物质生活的态度，令人感叹。他曾经在一篇文章中这样写道："由俭入奢易，由奢入俭难。"这也正是司马光一生廉洁自守、清正为官的写照。

（五）光明俊伟的薛夫子薛瑄

薛瑄（1389～1464），字德温，号敬轩，山西河津（今山西万荣）人。明代著名思想家、理学家、文学家，河东学派的创始人，世称"薛河东"。永乐十八年（1420）中乡试第一，次年中进士，先后担任广东道、云南道监察御使，山东提学佥事，北京大理寺少卿，南京大理寺卿，北京大理寺卿，礼部侍郎兼翰林院学士。天顺八年（1464），在故乡去世后，朝廷封赠礼部尚书，谥号"文清"，隆庆五年（1571），从祀孔庙。

薛瑄从政二十余年，既有治世名臣的政绩，又有宦海清官的荣誉。他忠国爱民，惩治贪官，厉行法治，平反冤案，清白自守，廉洁奉公，是封建社会少有的廉吏之一。

廉政，不仅是薛瑄的思想主张，而且是他居官的自我要求。宣德三年（1428）初他担任广东道监察御使监督沅州银场时，朝内一些官员认为他谋到了一个可以大捞油水的好职务，纷纷向他祝贺，薛瑄引用了两句古诗——"此乡多宝玉，慎莫厌清贫"来答谢大家，表现了他忠于国家、不贪不义之财的决心。薛瑄在沅州三年，被群众称为不贪的廉吏第一人，世人称颂为薛青天。沅州银场的官员们想把薛瑄坐骑的旧马镫换下来做纪念，就用纯银做了个新马镫给换上去。在一次下乡巡视时，薛瑄发现了这个秘密，立即命令手下人把银镫送回去，把铁镫换回来，并写信附诗一首："独坐高堂蜡炬红，宛然秋兴昔年同。宦情不改来时淡，诗思浑如到日浓。杨柳影斜帘外月，芰荷香老水边风。莫言白笔南征久，赢得归囊一物空。"薛瑄在御使任上五年，为生活所需，在京买了两间小屋，仅能容纳几床铺盖，又苦于东墙上没有窗户，光线很暗，薛瑄竟没有余钱置买一个窗户安上。随他在京居住的次子薛淳捡了一个废车轮做窗户，在东墙上挖了个圆洞装上，有些官员讥笑薛瑄太小气，薛瑄作《车窗记》回应，文中说："吾之屋如是，可谓陋矣，然安之则忘其陋。是屋虽小，而心则大也。彼贪民侈土，巍堂绮户，可谓广且丽矣……是其屋虽大，而心则小也。"

薛瑄的廉政思想，不仅仅为不贪、清廉，他的"集众人之耳目，为己之耳目""用群言，好谋能听，国家才能以兴，恶其过，则亡"等政治主张，以及他从政时的所作所为被当时人评为"尤为光明俊伟"。正统八年（1443），薛瑄在大理寺少卿任上，因平反贺氏冤案，被权奸王振等人诬告，几乎致死，他发出"辨冤获咎，死何憾焉！"的正义呼声。

为民解冤，至死不渝；罢官归里，毅然而去。天顺元年（1457），薛瑄两次升官，但因见朝内被奸宦把持，救于谦不得，竟又三次上书，请求致仕还乡。他说："鸟知择巢，人不知择所处；何以人而不如鸟乎？为君者正，则正人至，为君者好邪道，则邪人至，盖气候相感也。"他不愿意和昏君、奸臣同站朝班，致仕请示被批准后立即出京回乡。路途之中遇到狂风大雨，车船不能行走，衣服、粮食又很缺乏，一天都没吃上饭，当儿子口出怨言时，薛瑄就甩拐杖击打儿子，说道："吾身虽困，则吾道享也。"薛瑄为何能在从政时坚持廉洁呢？其理由正如薛瑄自己所说："见理明而不妄取，无所为而然。"

（六）"天下清官第一"的于成龙

于成龙（1617～1684），字北溟，号于山，晚年自号于山老人，山西永宁州（今山西方山）人。早年饱读诗书，明崇祯年间参加科举，中过乡试。清顺治十八年（1661）被任命为广西罗城县知县，后历任四川合州知州，湖北黄冈州同知，武昌知府，福建按察使、布政使，直隶巡抚，江南、江西总督等职。由于他政绩卓著，曾几次被推举为"卓异"，康熙皇帝称赞他为"天下清官第一"。

于成龙任罗城县令时，罗城县城只有居民六家，草屋数栋。县衙门没有门垣，院中长满荒草，中堂仅三间草房，东边是客房，西边是书吏宿舍，中间开一门，后面是内宅，茅屋三间，没有墙壁，破陋不堪。县衙如此，一般平民百姓更是苦不堪言。于成龙十分清楚，要治理好经过二十几年兵刀之乱的罗城，必须先从自身做起，与民同甘苦，以自身形象感化百姓，换取老百姓的拥护和信赖。因此，于成龙除朝廷俸禄外，非分之财，分文不取。有的老百姓看到于成龙不克扣民众，生活十分清苦，还主动把一些散钱放到他的公案上。于成龙问他们为什么要给他钱，老百姓回答说：老爷不纳火耗，不谋衣食，难道连酒也不买吗？于成龙深感民众的诚意，仅留能买一壶酒的钱。

于成龙还有"于青菜"的美称。据《清朝野史大观》记载：于成龙由武昌调福建任职时，船马上要开了，于成龙却叫人买来了几担萝卜。旁人不解其意，他笑着说，这是我们旅途的主粮呀！他在两江总督任上，虽然条件比以前有所改善，但他仍然经常半边青菜半边粮。因此，江南人亲切地称呼他"于青菜"。

于成龙不但生活上自奉菲薄、乐于清苦，而且做事果敢、治理有方。他还喜欢微服察访，调查和了解属吏的操行，为国家选拔清官循吏。据《清朝野史大观》记载："于清端成龙治术，为清循吏之最。以州牧虽迁至福建按察使，福建当耿精忠乱后，公抚绥遗民，多惠政。巡抚直隶，总督两江时，官吏望风改操。知公好微行，遇白髯伟貌者，群相指震慑。"

于成龙晚年自知耳鸣眼花、体力不支，几次上书求去，朝廷意欲借助他的声望控制江南，不但未批准他的请求，反而任命他为两江总督。于成龙扶病理事，仍然一丝不苟，康熙二十三年（1684），于成龙死于任上，终年68岁。因身旁无亲人，他的属僚来到住处，所见箱柜之中，只有绿袍一件，床头还有盐豆豉几罐，再无别物，在场的属僚都感动流泪。老百姓听说深受爱戴的于成龙死了，都罢市聚哭，家家绘制他的画像进行祭祀，永远怀念这位清官。康熙帝还特赐祭葬，并给予"清端"的谥号。

于成龙做专职地方官23年，足迹遍布江南数省，一生任劳任怨，鞠躬尽瘁。从"七品芝麻官"到权倾朝野的总督，从条件简陋的边陲小县到富甲一方的江南重镇，不管官职如何升迁，不管环境如何变化，他都能始终自奉俭朴，安于清贫。他事上赤胆忠诚而不阿谀奉承，对民关怀体恤而又奖罚分明，任事秉公持正，敢于直言相见，却从不计较个人的得失，是中国历史上难能可贵的一位清官。

（七）"清好能德"的陈廷敬

陈廷敬（1639～1712），字子端，山西泽州（今山西阳城）人。顺治十五年（1658）进士，清代名臣，先后担任经筵讲官（康熙帝的老师）、吏部尚书、文渊阁大学士、《康熙字典》总修官等职。参与国家政要军机四十余年，为清王朝的发展，尤其是康熙皇帝文治武功的施展起到了重要的辅佐作用。康熙帝对陈廷敬有八个字的评价：宽大老成，几近完人！

陈廷敬以清廉正直闻名，《清史稿》给他以"清勤"的评价。在礼部时，他曾立下规矩："自廷敬始，在部绝请托，禁馈遗"，使部属风气一时好转。在户部时，他一洗以往积弊，克服了冒领财金的现象。在吏部时，他为了抵制跑官、要官、买官的不正之风，给家人下达了违者必究的强硬命令：如发现来访者行为不端、送礼谋私、收受贿赂，坚决拒之门外，一概不许放入，否则将对放客人入内之家人予以严惩。任左都御史时，他纠察出云南巡抚所欠军用钱粮90多万大案。湖广巡抚张汧贪污行贿案发后，因张汧是陈廷敬的亲戚，严格自律的陈廷敬深感自己责有攸归，便引咎辞职。但康熙皇帝深信陈廷敬品行高洁，诏令免予追究，并在两年后，让其再度担任督察院左都御史。

在清廷所置吏、户、工、刑、礼、兵六部中，除了兵部之外，陈廷敬都在其中工作过，并且均担任最高行政长官"尚书"一职，直至擢升文渊阁大学士，成为康熙王朝的宰辅重臣，他始终保持不徇私、不枉法、不结党、不营私，身居高位，并不傲视同僚，在朝中能够与各部朝官和衷共事，时人赞其"性尚含容，不立异，无与人门户意气之争，故能为人所容"。

陈廷敬为官五十多年，28次升迁，但始终以清廉为本。即使官至宰辅，生活也非常清贫，常常记诵唐代文学家陆龟蒙"忍饥诵书，率常半饱"的话，因此被人称为"半饱居士"。他在京为官五十余年，整理行囊，并无长物，只有老屋数间，准备变卖之后归老。已至73岁高龄的他，致仕后方有闲情外出郊游，但贵为当朝一品，出门竟无车坐，只好向同朝官员王方若借车。他不仅自己洁身自好，还特别注重教育家人后辈保持清廉之风，告诫子孙"清贫耐得始求官"。

自古清官多酷，陈廷敬是清官，却宅心仁厚；好官多庸，陈廷敬是好官，却精明强干；能官多专，陈廷敬是能官，却从善如流；德官多懦，陈廷敬是德官，却不乏铁腕。陈廷敬因积劳累疾，于康熙五十一年（1712）四月病逝，谥"文贞"。在陈廷敬去世十五年后，扬州八怪之一的文学家金农仰慕他的清德余风，写诗赞曰："独持清德道弥尊，半饱遗风在菜根。"可见陈廷敬为官清廉不仅闻名于当世，而且远播于后世。

三、山西廉政社会文化

社会文化渗透于社会生活的各个领域，对人们的社会生活及整个社会的运行产生着极大的影响。作为廉政文化的一个维度，廉政社会文化与廉政思想、廉政制度互相影响、互相激荡，在相互促进中不断发展、日臻完善。廉政社会文化相比较廉政思想、廉政制度，更易于为普通百姓所接受，廉政内容通过传说、歌谣、诗文、戏曲、家训、风俗等形式表达出来，并借助这些老百姓喜闻乐见的形式广为传诵，深入人心。同时，作为古代重要的舆论媒介，民众的廉政诉求也能通过上述途径得到表达。廉政的内容与诉求具有普适性，但三晋大地独特的人文、地理属性也赋予了廉政文化别样的气象与风格，使之呈现出别具一格的风韵。

（一）五帝时代廉政传说

我们的祖先在与洪水猛兽、天灾人祸的搏斗中奠定了文明社会的基石，其领袖人物就是传说中的"五帝"。根据司马迁《史记·五帝本纪》的记载，

"五帝"是指黄帝、颛顼、帝喾、尧、舜这五人，他们前后相续，统治中原。"五帝"是旧时代的英雄，既是旧时代的终结者，又是新时代的开创者，他们的创造发明从各个方面为新时代的到来奠定了基础，这其中当然也包括中国古代廉政文化的建设。

贾谊《新书·修政语》载："帝尧曰：吾存心于千古，加志于穷民。痛万姓之罹罪，忧众生之不遂也。故一民或饥，曰此我饥之也；一民或寒，曰此我寒之也；一民有罪，曰此我陷之也。"尧因此种美德而得到人民的广泛爱戴。

帝尧时期有一个著名的贤臣皋陶，据说此人脸色发青，让人一看就知道他铁面无私；还有传说他长着鸟喙一样的嘴，这种特征是代表了诚信。皋陶审案是最公正的，被告、原告，有罪、无罪，他能够分得一清二楚，这都归功于一头名叫"獬豸"的神兽。据说，獬豸长得像羊，只有一只角，人与人之间产生争端时，獬豸就会用角去顶理亏的一方。后人奉皋陶为司法的始祖，对"獬豸神断"的颂扬表达了民众对公平、公正的美好愿望。

相传舜帝曾作《南风歌》，歌曰：

南风之薰兮，可以解吾民之愠兮。

南风之时兮，可以阜吾民之财兮。

司马迁《史记·乐书》记载："舜弹五弦之琴，歌南风之诗，天下制。"这首朴实无华的短歌，唱出了一种淳朴诚实、关心苍生的君王情怀。这可能是中国五千年文明史上最早的倡廉砥廉诗歌。千方百计为老百姓排忧解难、消除怨气，增加百姓的财富，提高百姓的生活水平，是每一个清廉官员都应该具备的基本信念和行为准则。早在上古时代，人们就认识到了这一点。可见，倡廉砥廉的基本内容和要求是古今一致的。

五帝在中国廉政建设方面还有一个重要的贡献，就是创造了谏鼓谤木。《淮南子·主术训》记载："尧置敢谏之鼓，舜立诽谤之木。"尧非常善于听取别人的意见，他遇事就咨询他的主要顾问四岳的意见，即使这样，他还是担心决策有失误。由于在宫中听不到人民的意见，因此他就在宫门口设立了一面大鼓，如果有人想直言进谏，就敲鼓求见。他担心自己有过失，人们无法当面指出而在背后议论，就在交通要道旁竖立一根木柱，上面横绑一块木板，让人们将他的过失尽情地写下来。这就是谤木，也叫诽谤木。谤木后来演化为华表，形象变得华丽庄严，也背离了过去的初衷。尧、舜设立谏鼓和谤木，反映了原始社会民主议政的古风，体现了他们"为民公仆"的廉政思想，为后世廉政建设和廉政实践提供了宝贵的经验。

图 4-1　帝尧像

图 4-2　帝舜像

尧、舜、禹是华夏文明的源头和根脉所在，其思想博大精深、内涵丰富、影响深远。尧帝的仁爱、民本、勤俭、选贤任能、采言纳谏等思想和精神，舜帝的宽厚律己、修德治孝的思想和精神，大禹的天下为公、公而忘私、以身作则等思想和精神都对华夏文明价值观的形成产生了重要的甚至是决定性的影响。

（二）《诗经》中的刺时讽政

西周时期，以诵唱诗歌制造舆论的做法十分盛行，诗歌成为最重要的舆论媒介。关心社会政治与道德，敢于对统治阶层中的腐败现象提出批评，是《诗经》的优秀之处。《诗经》分为"风""雅""颂"三部分，无论是主要产生于社会上层、作为朝廷乐调的《大雅》和《小雅》，还是主要产生于民间的地方土调的《国风》，都有相当数量的诗歌密切联系时政，批判统治者的举措失当和道德败坏，实际上是规劝统治者要廉洁政治，不要过分腐化的舆论监督，反映了那个时代的廉政观念。《诗经》的精华《国风》比较集中地反映了当时百姓的生产生活、精神风貌和政治思想，也是大众廉政观念的集中体现。《国风》中的《唐风》12 篇、《魏风》7 篇是山西古唐国和魏国的土风作品，反映了唐、魏二国的经济、文化、政治生活，以及民生、民情、民风，保留了唐、魏二国独特的历史文化风貌。

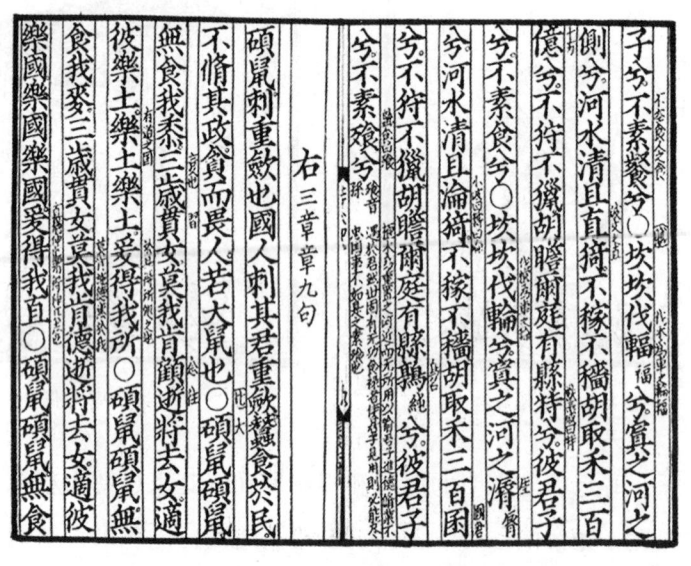

图 4-3　元刻本《诗经旁注》中《伐檀》《硕鼠》篇

《魏风》中的《硕鼠》《伐檀》都是人们耳熟能详的诗篇。"硕鼠硕鼠，无食我黍。三岁贯女，莫我肯顾。逝将去女，适彼乐土。乐土乐土，爰得我所……"据《毛诗序》说："硕鼠，刺重敛也。国人刺其君重敛，蚕食于民。不修其政，贪而畏人，若大鼠也。"在这首诗中，诗人采用重章叠词的手法，反复咏唱，将贪婪搜刮百姓的统治者比喻成吃得肥头大耳、脑满肠肥的大田鼠，劳动人民憎恶它，发誓要离开它，去寻找没有剥削的乐土。这首诗歌说明统治者的暴虐贪婪是导致人民流离失所的根源，因此而受到劳动人民的痛恨和鄙视，同时也反映了劳动人民建立美好社会的愿望。在《伐檀》中，作者指责贪婪的统治者"不稼不穑""不狩不猎"，家中却堆满了粮食，庭中却挂满了野兽，嘲讽这些人可不是白吃饭的，"彼君子兮，不素食兮"！这些两三千年前的诗歌，穿越了深邃厚重的历史空间，余音缭绕，回荡在我们的耳边，向我们传递着远古的信息，述说着当时人的廉政渴求。

（三）汉魏南北朝民谣中的廉政诉求

秦汉是中国封建社会的初创时期，社会廉政文化无论是形式还是内容，都在继承先秦的基础上有了新的发展。从内容上看，这时期的社会廉政文化与先秦时期有相同之处，主要包括对清正廉洁、贤明能干的官员的赞美，对贪婪、腐败、酷虐行为的鞭笞这两大内容；从形式上看，人民大众的廉政民谣、谚语以及文人士大夫的廉政诗文是最主要的形式。

民谣是民间的一种口头文学，直接反映人民大众的心声，是社会舆论的主要形式，也是社会廉政文化的重要内容之一。

汉末江淮间童谣云：

太岳如市，人死如林。

持金易粟，贵如黄金。

太岳，即今山西霍州东南之霍山。这首童谣反映了汉朝末年灾荒遍野的现实，逃难的人涌进山西霍州像赶集似的，饿死的人像伐倒的树木。拿钱买粮，贵得像黄金一样。通过形象的描述，反映出当时因政治腐败造成的民不聊生的场景，痛斥了社会的黑暗。

东汉桓帝初《小麦谣》云：

小麦青青大麦枯，

谁当获者妇与姑。

丈人何在西击胡。

吏买马，君具车。

请为诸君鼓咙胡。

这首童谣的背景是，东汉桓帝元嘉年间，中国西部少数民族羌人反汉，"南入蜀、汉，东抄三辅，延及并、冀，大为民害"。派往前线的将军屡次被羌人打败，国内不少青壮年被派往前线，其中"吏买马，君具车"意指征调老百姓当兵还显得力量不足，连那些地方小官也在被征之列，结果致使田园荒芜，麦子无人收割，只有妇女下地干活。老百姓对这种连年战乱、挥霍浪费的现象敢怒而不敢言，只好借童谣抒发自己的情感。

（四）唐诗中的廉政蕴意

唐诗中抒发廉政蕴意主要有两种表达方式，一种是托物寓情，另一种是直书讽喻。反面剖击、直书讽谏的诗文更能表达廉政蕴意的程度和深度。这一类诗文是现实主义诗人名垂千古的经典力作和主要功绩，白居易堪称个中高手。白居易（772～846），字乐天，号香山居士，祖籍山西太原。白居易继承了自《诗经》以来的比兴美刺传统，重视诗歌的现实内容和社会作用，强调诗歌揭露、批评政治弊端的功能。在《与元九书》中，他提出了著名的"文章合为时而著，歌诗合为事而作"的现实主义创作原则。他认为诗的功能是惩恶劝善、补察时政，诗的手段是美刺褒贬、炯戒讽喻。这些原则都体现在他的诗歌创作当中。

其诗《轻肥》云：

意气骄满路，鞍马光照尘。借问何为者，人称是内臣。
朱绂皆大夫，紫绶悉将军。夸赴军中宴，走马去如云。
樽罍溢九酝，水陆罗八珍。果擘洞庭橘，脍切天池鳞。
食饱心自若，酒酣气益振。是岁江南旱，衢州人食人！

诗中描写了内臣、大夫、将军们赴会的气概和席上酒食的丰盛，结句却写"是岁江南旱，衢州人食人"，这是多么惨烈的情景！这首诗运用了对比的方法，把两种截然相反的社会现象并列在一起，诗人不做任何说明，不发一句议论，而让读者通过鲜明的对比，得出应有的结论。诗人的爱憎感情和政治倾向在叙事中自然溢出。

温庭筠《达摩支曲》云：

　　捣麝成尘香不灭，拗莲作寸丝难绝。
　　红泪文姬洛水春，白头苏武天山雪。
　　君不见无愁高纬花漫漫，漳浦宴馀清露寒。
　　一旦臣僚共囚房，欲吹羌管先汍澜。
　　旧臣头鬓霜华早，可惜雄心醉中老。
　　万古春归梦不归，邺城风雨连天草。

《达摩支曲》是唐代的健舞曲名。温庭筠（约812～约866），并州祁县（今山西祁县）人。作者在诗中借故事把前朝君王所做的那些昏庸的事情写给当朝的君王看，其目的就是让他们行事要三思，千万不要再做祸国殃民的事情。此诗在写作上对昏君的讥刺极为深刻和尖锐。诗中把蔡文姬、苏武的忠诚之心和高纬的丑事丑态做了鲜明的对比，对爱国主义者进行了热情的歌颂，对误国亡身者给予了无情的鞭挞。

（五）颂廉刺贪的金元文学

在中国古代贪官污吏十分普遍的社会氛围下，普通民众非常渴求为官清正廉洁的官员。宋代以来，随着理学的产生、发展，以及戏剧、小说等民间文化的兴起和广为传播，一批清官廉吏被民间塑造成官员的楷模，他们的道德品格、人格操守以及清廉事迹被民众夸张演绎后广为传颂，成为社会正义与公平的化身。元代是一个法制混乱的时代。起于游牧民族的蒙元统治者，本来就没有完善的"法"，入主中原后，虽有宋代的法律可借鉴，但法制与执法都很混乱。各级衙门的长官，大多为蒙古人。他们有的甚至连汉语都不通，也看不懂汉语文书，断案往往靠"孔目"等吏佐与翻译。因此，贪赃枉法成为普遍现象，给人民带来深重的苦难。

元好问《薛明府去思口号》诗云：

　　能吏寻常见，公廉第一难。
　　只从明府到，人信有清官。

元好问（1190～1257），字裕之，号遗山，太原秀容（今山西忻州）人。金代著名文学家，工诗词散文，尤以诗冠金元之际，其诗大都反映了金末战乱及国破家亡之恨，风格苍劲，堪称"丧乱诗"大家。"公廉第一难"是作者在诗中发出的感慨，但这种感慨不是消极的，不是没有希望的，诗人在诗的最后道出了"人信有清官"，表现出诗人对清廉官员的渴求。

元曲是元朝文学成就的高峰，元曲中有许多反映廉政理念和诉求的作品，是当时廉政社会文化最重要的载体。杂剧主要是在金元时期打仗的那些年兴盛起来的，最后至元朝时逐步走向成熟和鼎盛，关汉卿、马致远、郑光祖、白朴、乔吉等都是当时那个圈子里大名鼎鼎的腕儿。五位重要代表人物中，除了马致远是大都（今北京）人之外，关汉卿（解州人，今山西运城人）、白朴（隩州人，今山西河曲人）、郑光祖（平阳襄陵人，今山西襄汾人）和乔吉（今山西太原人）都是地地道道的山西人。由此可见，元曲中的杂剧主要是由山西作家群引领的。

元朝政治的腐败黑暗催生了一大批颂廉刺贪的杂剧。元杂剧以其高度的艺术性和强烈的现实性代表了元朝廉政社会文化的最高成就。元杂剧揭露了元朝统治者的罪恶，将批判的矛头直指元朝的"权贵势要"。他们整日横行霸道，鱼肉百姓，无恶不作。同时，元杂剧也将批判的矛头对准了贪官污吏。元朝吏治极为腐败黑暗，官员赃污狼藉，任意胡为，冤狱如山。元杂剧中就塑造了一批贪官污吏的反面形象，如《窦娥冤》中的楚州太守桃杌等，这些现实主义的描写反映了元朝吏治的极端黑暗和令人绝望的腐败。面对黑暗的政治，刑场上的窦娥悲愤至极，大声痛斥："地也，你不分好歹何为地；天也，你错勘贤愚枉做天！"喊出了元朝百姓对腐败政治的血泪控诉。

元杂剧中的公案戏，还塑造了一批清官的正面形象，主要有宋朝的包拯、金朝的王修然等。元杂剧描绘了他们忠贞正直、疾恶如仇、为民请命、打击强权的事迹。在公案戏中，描写包公的戏最多。公案戏的流行反映了人民对黑暗吏治的痛恨，寄托了人民对清明政治的热情向往，包含着深刻的廉政诉求。

（六）明代的廉政对联与官箴

中国古代的一些官员，往往会自撰一些对联，或题在府衙、楹柱，或写于厅堂、家门，既用于自励自勉，又便于让世人监督，其中有一些对联颇具真知灼见，发人深省。明代廉吏的廉政诗文、对联、官箴彰显了当时志士们的高风亮节和廉洁人生，正所谓"诗言志"。

"平陆县署二堂门联"云：

捐俸尽虚言，此称捐俸，彼称捐俸，俸有几何，岂能事事从心？真捐俸莫如不取。

爱民须实意，赏以爱民，刑以爱民，民之众也，焉得人人满意？实爱民无过持平。

该联作者汤维新，进士出身，曾任山西平陆县知县。上联说，为官俸银有限，不可能事事捐献，不如不贪不取，百姓可得到实惠。下联说，官府赏罚都是为了爱护百姓，但要公平公正，这才是真正的爱民行为。联语揭穿某些贪官一面假意捐款、一面贪财纳贿的虚伪做法，主张治事公平、实心实意地为民治理政事。

西安碑林藏有一则官箴刻石，字字警策、句句药石，言简意赅，抓住了从政为官的要领。自明朝以来，一直深得人们喜爱，为古今各个社会阶层人士所崇仰。这则官箴内容为：

吏不畏吾严，而畏吾廉；民不服吾能，而服吾公。公则民不敢慢，廉则吏不敢欺。公生明，廉生威。

据考证，这则官箴的作者可以追溯到明代理学家曹端。曹端（1376～1434），祖籍山西平阳府曲沃县（今山西曲沃），本姓杨，五世祖从父母之命过继舅父为后，遂改姓曹，并随之迁居垣曲，后迁河南渑池。洪武九年（1376），曹端出生于河南渑池。青年时专心性理之学，为学兼重躬行实践。永乐六年（1408），于河南乡试中举人。次年会试乙榜第一，任霍州学正，

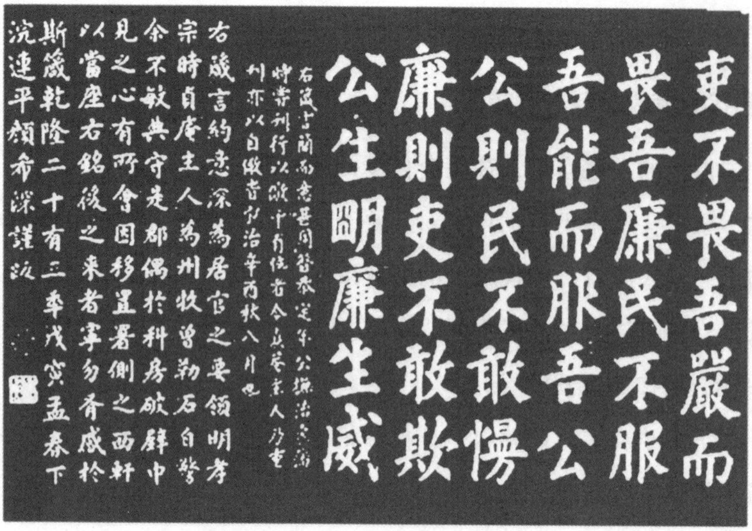

图 4-4　西安碑林的官箴刻石拓片

为人师表，仗义疏财，乐善好施，州域学风大变。永乐十六年（1418），曹端父母相继病逝，居家守孝。永乐二十年（1422），起复后授蒲州学正，如同在霍州一样，清正廉洁，两袖清风。蒲州任上，曾从学曹端的霍州郭晟任西安同知，赴任前专程到蒲州（今山西永济）拜见，请教为政之道，曹端以"其公廉乎，古人云，吏不畏吾严，而畏吾廉；民不服吾能，而服吾公。公则民不敢慢，廉则吏不敢欺"相勉，后来明朝山西巡抚又在该官箴后加"公生明，廉生威"六字，流传甚广。

曹端不信佛道，不事鬼神，勤苦一生，言行举止践行儒家道德标准，教化州民，从善从德；为官清廉，俸禄薄但能救济穷乏。渑池守孝期间，霍州学子追随受业；去世时，诸生服心丧三年；安葬时，霍人罢市巷哭，童子皆流涕。曹端作为一名基层教育官员，廉洁自律，克己奉公，是明初著名的理学家，也是明代山西杰出的教育家，其官箴为历代传颂。

（七）清代倡俭明志的廉政诗文

清代阮葵生《茶余客话》云："康熙间，山东多诗人，山西多名宦。"陈廷敬在为于成龙所作传记中有如此概括:"天下之所谓廉吏也,皆晋人,在阳城二三百里间。夫天下清白吏不易得,而为世所指名者,乃独多在于晋,可为盛矣。"

古代廉吏多正途出身,他们时常以诗抒怀,歌以咏志,表达清廉为政的情怀。诗歌作为情感的载体,抒写了廉吏诗人仕宦生活的婉曲情绪;在现实的为政生涯中,山西廉吏诗人或清廉自律,颇有清名,或果决精悍,为一方百姓称颂。

山西廉吏诗人中写宦情诗歌最为突出、占其诗歌比例最大的是于成龙。于成龙在清廷鞠躬尽瘁、清廉刚直,与其人格相应,其诗歌也展现了他最真诚的一面。虽然于成龙屡立奇功,但他总不免发出对宦途之难的感叹。

《有感》诗云:
　　书生终日苦求官,及做官时步步难。
　　窗下许多怀抱事,何曾行得与人看。

于成龙任合州知州时,因衣衫褴褛上任而受辱,陈廷敬为其所作传记载:"破被如铁,一苍头从。众帘官皆美服盛饰,傔从姣好,公衣敝垢蓝缕,诸吏人皆指目揶揄之。大吏夙闻公名,指衣敝垢蓝缕者曰:'必罗城令也。'诸吏人皆相顾愕眙。"于成龙的《成都二首》有对此事的描写,真诚地记录了一代清官生活之艰难,处境之不易:
　　两任边荒橐乏钱,低头羞语尉巡前。
　　淮阴受却少年辱,也了前生一恶缘。

　　万里孤舟亦一官,穷途主仆强加飧。
　　单衣难御朔风冷,倚户无言白眼看。

宦海浮沉的考验、人情的冷漠和仕宦之"道"的理想与实践之间产生的强烈反差,不仅让诗人生发感慨,甚至一度产生了怀疑与厌倦。士人在政事之余吟诗作赋有着悠久的传统,而其借诗歌抒情言志,真诚坦露个人情怀,其中掺杂着难以抹去的政治情绪。

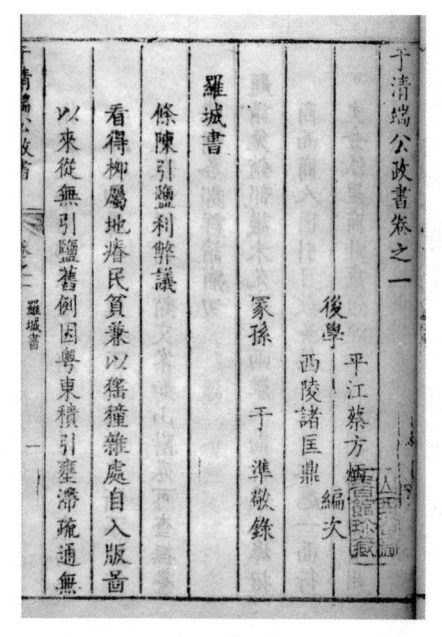

图 4-5　于成龙《于清端公政书》　　　　图 4-6　于成龙像

于成龙在福建任按察使时，专门撰写了一副廉政对联，挂在堂上。联语云：

累万盈千，尽是朝廷正赋，倘有侵欺，谁替你披枷戴锁？

一丝半缕，无非百姓脂膏，不加珍惜，怎晓得男盗女娼！

此联目的是告诫下属官吏不要贪赃枉法，侵吞公款，不要任意挥霍民脂民膏，如有人胆敢以身试法，必受刑律惩罚和道德谴责。联语义正词严，表现出作者严于吏治的正直品德。

于成龙去世后，熊赐履在《于清端公墓志铭》中记云："总制两江大司马北溟于公卒于官。卒之日，金陵人为之巷哭，相率炳香灯祭于寝，日几千百人，筲舍至不能容。远近闻之，皆辍市，如丧其亲，讣闻于朝，天子大震悼，给与恩恤有加。"

于成龙长孙于准，总结汲取于成龙等于氏先祖的家风家训，编订《于氏族规》22条，《于氏家训》41条，为于氏族人立下了世代践行的行为规范。于氏族规家训以"勤耕读、尚节俭、循法礼、孝乡里、廉仕吏、存仁德"等为核心要义,涵盖"勤、俭、学、善、廉"等朴素道理,既是对于氏先祖良好品行的总结和传承,更是对后人行为规范的谆谆教诲和殷殷期盼。

四、结　语

山西自古多直臣廉吏,这些直臣廉吏践行的优秀廉政文化,是我们宝贵的精神财富。通过重温历史,挖掘古代山西优秀廉政文化的特点,充分了解和认识山西优秀的廉政文化,可以从中汲取养分、提振精神,实现弊绝风清,重塑山西新形象。

清官廉吏能在治国安民中发挥重要作用。古代清官廉吏大多把忠君报国、勤政爱民、廉洁自守的政治品质作为做官从政的基本准则;清官廉吏具有打击豪强、匡扶真善、无私无畏、不惧权贵的胆识和举措。历史上山西清官的共同特点,就是清正无私、一身正气,敢于同皇亲国戚、贪官污吏、地痞恶霸之类邪恶势力做斗争,即使在官场风气不正的时期,他们也能坚持正义、独善其身,做到同流而不合污、出污泥而不染。清官廉吏不徇私枉法的品德,在民众心目中树起"青天"的形象。中国封建社会,吏治腐败和司法腐败一直存在。吏治直接关系到政权兴亡,司法腐败则会严重损害公平正义。许多山西清官认为,国家法度神圣,必须为百姓执掌好三尺法,坚持王法面前,人人平等,不徇私情。违法必究,执法不阿权势,否则一旦造成冤假错案山积,就无人为百姓兜底,社会秩序趋于崩溃。清官廉吏为了社稷生民的利益可以先忧后乐,恪尽职守。山西历代清官廉吏关注国计民生,为政清廉,家无余财,表现了山西人勤勉务实的崇高品格。

知识链接

1. 獬豸——中国古代传说中的神兽。外观似羊（或说似鹿），头顶正中有长独角，有短尾，尾巴像蜗牛，羊蹄。喜欢居住在水边，性情忠贞，能辨是非曲直，能识善恶忠奸。若见二人相斗，就会以角撞不对的一方；见二人争吵则会去咬理亏者；发现奸邪的官员，就用角把他顶倒，然后吃进肚子。相传，上古时期帝尧的行刑官皋陶曾饲养獬豸，凡遇疑难之事，就拉出獬豸裁决，均准确无误，獬豸就成了执法公正的化身。

2. 隆礼重法——荀子认为，儒家所提倡的礼，在治国中的地位至关重要："礼者，法之大分，类之纲纪。"因此，在治国中，礼不仅不可或缺，而且要将其置于举足轻重的首要地位，即"隆礼"。荀子同时又认为，法家倡导的法，在治国中也是不可缺少的手段之一："法者，治之端也。"为此，他主张公布成文法，也赞同法家"信赏必罚"的主张，要求做到"无功不赏，无罪不罚"。荀子的"德治"包括反对"不教而诛"与"教而不诛"两个方面，较孔、孟更为完善。因此，荀子不但"隆礼"，而且"重法"。他要求礼法并举，德刑兼用。荀子的"隆礼重法"论，既不同于法家，也有别于儒家的主张，而是将儒、法两家思想融为一体，成为儒法合流的先驱的思想。

3. 由俭入奢易，由奢入俭难——司马光《训俭示康》中的"由俭入奢易，由奢入俭难"的古训，提倡崇尚节俭、力戒奢侈，这是中国古代政治文化的重要价值取向。《左传》曰："俭，德之共也；侈，恶之大也。"魏征在《谏太宗十思疏》中也说："居安思危，戒奢以俭。"大禹治水曾吃粗米饭，喝野菜汤；诸葛亮以"淡泊以明志"砥砺斗志。相反，一些封建统治者丧权亡身，往往与生活上的奢靡荒淫息息相关。"由俭入奢易，由奢入俭难"，十个字凝聚了中国古代治国理政、修身齐家的宝贵经验教训。

思考题

1. 三晋法家廉政思想主要体现在哪些方面？
2. 请结合历史事实，分析陈廷敬所说"天下之所谓廉吏也，皆晋人"的原因。
3. 举例说明文学作品如何弘扬廉政文化。

第五讲

寻根祭祖：
大槐树下话桑梓

导　读：

山西地区整体海拔较高，与邻省有山河之隔，向来是一个相对独立的地理单元。在战争年代，山西常常是周边省份民众躲避战乱的理想移民之地，战争过后的平稳年代，山西又会因人多地少，政府组织或民众自发迁移而出。山西似乎是一处中国北方文化的集散地、中转站，而山西历代移民正是上述文化集聚和传输的重要依托。

山西移民，历代皆有。至今影响最大的，莫过于明初"洪洞大槐树移民"和清代民国"走西口"。大槐树移民属于政策性移民，带有政治强制性；走西口属于自发行为，既有被迫求生的意愿，也有致富发财的期盼。大量山西先民迁移省外，解决了山西的人地矛盾，促进了迁入地的开发，整体上有利于国家经济发展和社会进步；同时带动了山西本土文化的传播以及与省外文化的交融共生，有利于民族文化的共同进步。

一、明初山西移民历史

（一）元末明初的历史形势

元朝入主中原之后，在草原旧制和中原汉制糅合方面做得不太成功，最主要的制度仍是采用蒙古旧制，如忽里勒台选汗曾引发频繁的皇位更迭；中原王朝自隋唐实行的科举取士选官制度长期不被实行，官员大部分由吏员选拔而出，一大批饱读儒家经典的读书人无法致君尧舜上，实现理想抱负；人为地把民众分成蒙古人、色目人、汉人、南人四等，相应有了不同的待遇和地位，造成了主体民族汉族人民处于劣等地位，集聚起了大量的不满情绪。而在对内统治方面，强调武力至上；在赋税徭役征发方面，极尽搜刮敛取。凡此种种，都造成社会政局的不稳定和元政权的短命。

元代末期，民间流传着一首《醉太平》的小令："堂堂大元，奸佞专权，开河变钞祸根源，惹红巾万千，官法滥，刑法重，黎民怨。人吃人，钞买钞，何曾见？贼做官，官做贼，混贤愚。哀哉可怜！"对元末社会形势做了生动的描述。从蒙古灭金到元朝灭亡的一百多年时间里，文献记载黄河决溢就有50多处，集中在下游河道，也就是说平均每两年就有一次决口。规模较大的，如元至元二十三年（1286），黄河下游15处决口；元至元二十五年（1288），22处决口；元元贞三年（1297），下游河道北移；元至正四年（1344），河道进一步北徙；至正十一年（1351），元政府委派贾鲁（今山西高平人）主持治河工程，重新固定了下游河道。元朝黄河多次决口，政府频繁地征发民众去修治黄河。黄河决口，修治河道，对黄河沿岸民众造成了深重的灾难。元至正十年（1350），元廷改钞法，行至正交钞，铸至正通宝，通过发行新钞以弥补财政亏空，从而把负担转嫁到普通民众头上，引发了大面积的不满。长期集聚的民族矛盾、社会矛盾直接引发了红巾军起义。元至正十一年（1351），白莲教首领韩山童、刘福通在黄河工地埋了一个一只眼的石人，然后又四处宣传："石人一只眼，挑动黄河天下反。"果然时隔不久，石人出土，民心骚动。韩山童、刘福通立刻聚众三千，杀牛宰马盟誓，祝告天地，在颍州宣布起义。由于起义队伍头裹红巾，手举红旗，因此又称"红军""香军"，史称"红巾军"。同年，李二等于徐州，徐寿辉于蕲州，也起义反抗元朝。元至正十二年（1352），郭子兴于濠州起义；次年，泰州张士诚等起兵反元。于是乎，蒙古贵族和起义军之间的生死较量，就在中原大地、江淮一带，特别是冀、豫、鲁、皖、苏展开。蒙古贵族的军队及地方武装之青军、黄军，对起义军的镇压十分残酷，沿途民众也被裹挟其中，豫、鲁、苏北、皖北百姓，伤亡、逃散相当严重，人口大量减损。直到朱元璋胜出，先后兼并各支农民武装，1368年建立明朝，朱元璋派徐达、常遇春北伐中原，攻占大都，元顺帝北退上都。

朱元璋建明后，用了数年时间最后打败了各地的元朝残余势力和农民军割据势力，完成了全国的统一。伴随着明朝统一事业的推进，朝廷适时推行休养生息政策，恢复民力。但朱元璋去世后，长孙即位，即建文皇帝，其削藩令遭到四叔燕王朱棣的武装对抗，发生了持续四年的"靖难之役"。燕军一路南下，首攻河北，次取河南，再掠山东，后逼南京。双方在中原展开了长达数年的拉锯战，使江北一带变成千里无人烟的荒地，民众深受战争牵连，伤亡严重。

明初洪武、永乐年间，北平、河北、河南、山东部分地区人口分布严重不足，耕地大面积荒芜，全国人口严重失衡，不利于社会经济的正常发展。为了解决这一问题，明政府多次组织山西民众往上述地区迁徙。

（二）洪武、永乐年间山西移民文献记载

关于明初洪武、永乐年间的山西移民，《明实录》和《明史》屡有记载：

1.《明史》卷77《食货志一》载："户部郎中刘九皋言：'古狭乡之民听迁之宽乡，欲地无遗利，人无失业也。'太祖采其议，迁山西泽、潞民于河北。后屡徙浙西及山西民于滁、和、北平、山东、河南。……成祖核太原、平阳、泽、潞、辽、沁、汾丁多田少及无田之家，分其丁

口以实北平。"

2.《明太祖实录》卷84载:"(洪武六年,1373)八月辛卯,大将军徐达等师至朔州,徙其边民入居内地。"

3.《明太祖实录》卷85载:"(洪武六年,1373)十月丙子,上以山西弘州、蔚州、定安、武、朔、天城、白登、东胜、澧州、云内等州县北边沙漠,屡为胡虏寇掠,乃命指挥江文徙其民居于中立府(安徽凤阳),凡八千二百三十八户,计口三万九千三百四十九,官给驴、牛、车辆,户赐钱三千六百及盐、布、衣衾有差。"

4.《明太祖实录》卷110载:"(洪武九年,1376)十一月戊子,迁山西及真定民无产业者于凤阳屯田,遣赍人冬衣给之。"

5.《明太祖实录》卷193载:"(洪武二十一年,1388)八月癸丑,户部郎中刘九皋言:'古者狭乡之民迁于宽乡,盖欲地不失利,民有恒业。今河北诸处自兵后田多荒芜,居民鲜少。山东、山西之民自入国朝生齿日繁,宜令分丁徙居宽闲之地,开种田亩,如此则国赋增而民生遂矣。'上谕户部侍郎杨靖曰:'山东地广,民不必迁。山西民众,宜如其言。'于是迁山西泽、潞二州民之无田者,往彰德、真定、临清、归德、太康诸处闲旷之地。令自便置屯耕种,免其赋役三年,仍户给钞二十锭,以备农具。"

6.《明太祖实录》卷197载:"(洪武二十二年,1389)九月壬申,后军都督朱荣奏:山西贫民徙居大名、广平、东昌三府者,凡给田二万六千七十二顷。"

7.《明太祖实录》卷197载:"(洪武二十二年,1389)九月甲戌,山西沁州民张从整等一百一十六户告,愿应募屯田,户部以闻。命赏从整等钞锭,送后军都督佥事徐礼分田给之,仍令回沁州召募居民。时上以山西地狭民稠,下令许其民分丁于北平、山东、河南旷土耕种。故从整等来应募也。"

8.《明太祖实录》卷223载:"(洪武二十五年,1392)十二月,后军都督府都督佥事李恪、徐礼还京。先是命恪等往谕山西民愿徙居彰德者听，至是还报，彰德、卫辉、广平、大名、东昌、开封、怀庆等七府民徙居者凡五百九十八户，计今年所收谷粟麦三百余万石，棉花千一百八十万三千余斤，见种麦苗万二千一百八十余顷。"

9.《明太祖实录》卷12下载："(洪武三十五年，1402)九月，命户部遣官覆实太原、平阳二府，泽、潞、辽、汾、沁五州，丁多田少及无田之家，分其丁口以实北平各府州县。仍户给钞，使置牛具、子种，五年后征其税。"

10.《明太祖实录》卷34载："(永乐二年，1404)九月，徙山西太原、平阳、泽、潞、辽、汾、沁民一万户实北京。"

11.《明太祖实录》卷46载："(永乐三年，1405)九月丁巳，徙山西太原、平阳、泽、潞、辽、汾、沁民万户实北京。"

12.《明太祖实录》卷50载："(永乐四年，1406)正月乙未，湖广、山西、山东等郡县吏李懋等二百十四人言愿为民北京。命户部给道里费遣之。"

13.《明太祖实录》卷67载："(永乐五年，1407)五月乙卯，命户部徙山西之平阳、泽、潞，山东之登、莱府等府州民五千户隶上林苑监，牧养栽种。户给道里费一百锭，口粮五斗。"

14.《明太祖实录》卷188载："(永乐十五年，1417)五月己亥，山西平阳、大同、蔚州、广灵等府州县民申外山等诣阙上言：'本处地硗且窄，岁屡不登，衣食不给，乞分丁于北京、广平、清河、真定、冀州、南宫等县宽闲之处，占籍为民，拨田耕种，依例输税，庶不失所。'从之。仍免田租一年。"

上述文献未尽全面，但从中可以看出，移民的情况较为复杂。有政府组织迁移的，有主动响应政策应募屯种的，还有主动请求迁徙的；有垦种，有屯田，有牧养；前往的地方有安徽凤阳、北平、河北、山东、河南等地；涉及的山西政区有太原、平阳两府和泽、潞、辽、沁、汾、朔六州。

（三）洪洞大槐树与马邑圪针沟

明初山西地区政府组织的移民活动中，后代名声和影响最大的当属洪洞大槐树移民。一般认为，政府在洪洞城外广济寺设立移民遣散点，"设局驻员"，集中办理派遣事宜，山西多地移民先汇聚到洪洞大槐树，然后由专门官吏给移民发放"凭照川资"，有组织地前往指定迁移地点居住生活。民国以来，洪洞人修建了移民纪念遗址，洪洞大槐树移民逐渐广为人知。

大致与大槐树移民同时，洪武、永乐年间，朔州马邑烟墩村圪针沟也曾是类似洪洞大槐树的移民集散地，马邑圪针沟移民是以空边清乡、戍边置屯、躲避战乱为目的，明政府将雁门关外诸州及北元蒙古控制下的汉民集中至朔州马邑圪针沟一带，再由此处分配迁徙至北平、南京、中立府（安徽凤阳）及山西等地的移民活动。如上述"（洪武六年，1373）八月辛卯，大将军徐达等师至朔州，徙其边民入居内地"。马邑及周边地区既是空边移民迁出的重点区域，又是戍边置屯垦荒的重要迁入地，马邑移民既有迁出，也有迁入。朔州迁出移民大致有四个方向：第一是北平及其周边地区乃至河北、山东一带，这也是正史材料中描述较为详细的，山后移民及沙漠遗民大多迁至该处；第二是京师地区，也就是今南京市，一般是为了控制故元朝官、军、民以及将士家属，进行集中安置；第三就是安徽凤阳地区，迁往该处的人口数目巨大；第四是迁往山西内地，也就是今天忻州一带，如《忻县志》记载，元末因战争频繁、瘟疫流行，使该地区十室九空，"县主奉令到朔州马邑县，领诸移民来忻落户"，该地区关于马邑移民的家谱材料十分丰富。在北京、河北一带，发现了明正德五年（1510）顾东齿、顾赞襄所立的顾氏祖先墓碑，其上记载："原籍山西乌邑县，移居北平河间县。"经考，山西并无乌邑县，应是年代久远、字迹模糊所致，其原籍应是马邑县。河北栾城县岗头村郭氏，其后人清代贡生郭福曾在乾隆年间重返马邑访亲问祖，修纂《郭氏族谱》，记载其族为永乐年间从马邑迁至此。河北省新乐市相家庄相氏（永乐年间迁出）、鹿泉市李村镇李村谢氏、大城县白马堂村马氏（马邑县临城村迁出）等流传下来的家谱中，都标记为明初朔州马邑移民。

由上可见，明代政府组织的山西移民活动中，"南有大槐树，北有圪针沟"。明初洪武、永乐年间的山西移民是中国古代移民史上具有重要意义的历史事件，对明清以来社会的发展产生了深远影响。

二、洪洞大槐树移民

（一）明初洪洞大槐树移民的社会背景

元末频发的天灾（黄河决口、旱灾、蝗灾、瘟疫）与长期累积的人祸交相并发，引发了大规模的农民起义。元朝官军、地方武装联合镇压农民军，导致交战地区民众大量死伤逃亡。靖难之役中，沿途民众又一次遭受巨大劫难。而山西地区，由于地形特殊、易守难攻、容易割据，蒙古灭金进占山西时，山西人民也深受其害；元末扩廓帖木儿占据山西，四向攻伐，山西地区也遭受深重战祸。但总体而言，远不及黄河下游决口区、农民军与官军交战区、靖难之役交战区那么严重。明代初期，山西人口基数较大，尤其是晋南平阳府、晋中太原府、晋东南泽、潞、沁、辽四州，人口分布稠密，特别是平阳府所辖的晋南，始终是人丁兴旺，经济繁荣，社会井然有序。于是，山西的人口和中原的人口相比，极不平衡。据《明太祖实录》记载，洪武十四年（1381），河南人口为189.1万，河北人口为189.3万，而山西人口却多达403.04万，比河南、河北人口的总和还多25万。再从人口密度来看，同样是在洪武十四年（1381），山西平均每平方千米27.52人，而河南每平方千米12.85人，河南的人口密度不足山西的一半。这样，山西"地狭人稠生计难"的问题越来越突出，连朱元璋也认识到"山西民众而地狭"。这时朝中的要臣一再提出应从山西移民到中原，如洪武二十一年（1388），户部侍郎刘九皋奏请迁移山西之民以实中原，得到了朱元璋的批准。于是开启了一场轰轰烈烈的移民活动，从洪武年间一直持续到永乐年间。

（二）明初洪洞大槐树移民的文献记载

有关明初洪洞大槐树移民，明清的正史未见明确记载。据1917年《洪洞县志·古迹》记载，政府在洪洞"广济寺设局驻员，发给凭照川资"，可见洪洞县城外官道边的广济寺为集散地，附近甚至更远的山西民众先赴洪洞广济寺集中，而后有组织地外迁。

现存河北、山东、河南、北京、山西数省市多县的多种清代以来的家谱、碑刻，均记载系明初洪洞大槐树移民后裔，尤其发现有数种清代前期康熙、雍正、乾隆年间的家谱、碑刻。如清康熙十三年（1674）曹县《武氏家谱》，武养志撰，鲁若甫作序，载："及大明朱太祖轸念山右人满地狭，山左地阔人稀，随降纶音播西迁东，以均辑乎民命焉。我始祖之先口祖衔命东往，甫离洪洞编籍泗水，未及三世，宗支繁衍。又值成祖文皇帝诏募杰士，大辟充西荒田，我祖昆仲四人复自东徂西隶籍曹州。"雍正间修菏泽《袁氏家谱》记载，始祖袁正于明洪武二年（1369）自山西洪洞督民迁入山东曹县。"我始祖于明洪武二年，奉诏以镇威加三级头衔，协同族叔自山西督民中书（山东），族叔择于东明县定居，我始祖选于中书省曹县黄岗集落户。"清康熙四十年（1701）临清县李氏始祖墓碑载："暨明太祖兴建国，分民诏下移居迁众，我始祖自山西太原府洪洞县迁此清邑，披荆斩棘，蒙霜露而居焉。垦田构室，几费艰辛，而不惮烦者贻厥后也。"编修家谱、续修家谱是中国古代收宗聚族、追念祖宗的传统方式之一，是家族脉络得以延续传承的主要渠道，同时也是家族极为重视的神圣事项，一般来讲，均会认真编撰，且往往有所凭依，即抄录旧有的家谱资料，绝不会完全编造，尤其是距离编者近百年的历史，大致是可以相信的。康熙、雍正的家谱、碑刻，距离明初洪武永乐移民也就300年左右，目前没有证据和理由认定它们所记的始祖是在明太祖时自洪洞迁移山东是不可靠的。就现存多种家谱和碑刻记载来看，清代到民国关于明初洪洞大槐树移民的证据链是清晰可信的。如果继续往上推，大概找到明代记载洪洞大槐树移民的家谱并非没有可能。

民国时洪洞当地人士已经在古大槐树处建有迁民纪念遗址，编有专门志书《山西洪洞古大槐树志》。连续300多年、散布数省多地的地方文献记述明初洪洞大槐树移民，且有相当广泛口耳相传的故事传说，加之学者文士异口同声，没有理由怀疑明初洪洞大槐树移民是历史的虚构，而应该是真实发生过的政府移民活动。通过现存家谱、碑刻、方言调查、村名普查、故事传说，可以较为清晰地勾勒出明初洪洞大槐树移民的历史脉络。只不过，从洪洞集中遣散出发的移民应该是晋南平阳府一带的民众。前引明代山西移民文献，提及平阳府的有明洪武三十五年（1402）、永乐二年（1404）、永乐三年（1405）、永乐五年（1407）、永乐十五年（1417）五次，其中最后一次似为民众主动请求迁移他地，并非政府强制。除了平阳府之外，太原、泽、潞、辽、沁、汾民众绝不会舍近求远，先赴大槐树集中而后前往目的地，那么自然不应该属于洪洞大槐树移民的范畴。

（三）民国大槐树移民遗址的修建

据尉致中《青碑拾零》记载，清末，洪洞贾村人景大启在山东曹州任散州官，交游甚广。在宦游中，上自官吏，下至平民，当得知他是洪洞人时，倍感亲切，殷勤招待，都说洪洞是老家，"从大槐树老鸛窝迁来"，还有的让其观看家谱记载。是时，洪洞人刘子林在山东长山县任官吏，也多次遇到类似情景，于是两人相商，遂起筹建大槐树古迹之意，并在山东募得纹银390余两寄回洪洞，托人筹建。次年洪洞人贺柏寿从河南杞县为官告老还乡，叙谈在豫也有同感，回洪洞后又募得钱300余吊，也积极筹建移民古迹。正在这时，又发生了一件大槐树庇护洪洞人民的事，更加引起人们对大槐树的重视。辛亥革命时，1911年九月初八，革命党在太原起义成功，推举洪洞人温寿泉担任山西省军政府副都督，起义过程中赵城人张煌率队枪杀山西巡抚陆钟琦，因此清政府视洪洞、赵城皆革命党人。年底，袁世凯命令卢永祥、吴佩孚兴兵镇压山西起义军，先后攻克娘子关和太原，随后卢永祥率清军第三镇兵继续南下，欲在洪洞赵城大肆镇压革命党。到了赵城，放纵士兵劫掠三天，焚烧、屠杀，极为凶暴，将抢掠的大批财物由太原运往直隶、山东。赵城人张瑞玑痛恨不已，致函袁世凯、张锡銮、卢永祥，予以痛斥，还铸成卢永祥铁像一尊，跪在赵城南门内，供来往行人唾骂。在铁像背上铸有长歌一首，曰："汉族之贼，满清之奴；厥名永祥，其姓曰卢。山东巨盗，袁氏走狗；贪货好色，无赖游手。岁在辛亥，扰我赵城；率贼二千，焚掠纵横。太平以北，韩岭以南；仓无剩米，筒无遗缣。卢贼喜跃，满载饱装；民苦欲死，贼无远扬。未然贼脐，未枭贼头；铸像道旁，万古同仇。携字在背，不磨不灭；唾骂千秋，冤哉顽铁。"但当清军到达洪洞时，兵士中隶属冀、鲁、豫等省者，多以洪洞为原籍，道经古大槐树处，争先礼敬，踊跃捐施，且言洪洞是我们老家，是祖宗坟墓所在地，洪洞县人民是我们的父老兄弟，顿起"必恭敬止"之念，军纪因而严肃，洪洞未遭其害，古大槐树处愈益为各方所重视，游人骚客向游廊榭亭、壁间题咏益多。民国初洪洞人孙丕康《游洪洞古大槐树处有感》诗曰："辛亥义师赴晋南，朔方士卒念家山。秋毫不犯安如故，罗拜邮亭尽解颜。"于是1914年景大启、刘子林等利用募款修建了大槐树移民遗址，揭开了洪洞大槐树移民遗址兴修的序幕。

图 5-1 洪洞古大槐树处

1921年,景大启汇集大槐树题咏,成《古大槐树志》一卷,石印百余本行世,叙述大槐树迁民的概况和经过,收集有关的诗词歌赋及序跋记。1931年,洪洞人柴汝珍汇集大槐树题咏,成《增广山西洪洞古大槐树志》二卷,分订上下二册,排印二百部行世,篇幅虽增多,内容仍和前志相似。

1930年,国民政府孙殿英部驻洪洞县,士卒中祖先有迁自大槐树下者,感念桑梓,咸能遵守纪律,地方赖以安谧。不宁唯是,洪洞人之旅外者,偶遇自大槐树下迁出人民后代,多受到诚恳的招待、亲切的关照。足见洪洞大槐树在迁民后裔心目中的神圣地位。

(四)当代大槐树移民纪念活动

1991年,洪洞县委、县政府根据广大大槐树移民后裔的意愿,决定举办"洪洞大槐树寻根祭祖节"。洪洞县首届"寻根祭祖节"是在1991年4月1日,也就是中国传统节日清明节前举行的。据说在头天晚上,成千上万只小鸟从天而降,云集到大槐树祭祖园,白天飞翔于祭祖园上空,黑夜栖居在祭祖园的树丛中,洪洞人民称它为"思乡鸟""吉祥鸟",是迁民先祖的化身回到了老家,增添了几分传奇色彩。这个奇观自首届祭祖节以来,每年的祭祖都会重现。截止到2018年清明节,已经举办了28届祭祖节。寻根祭祖节的会期为4月1日~10日,主祭日为清明节,仪式程序大致为:1.全体肃立;2.奏大槐树寻根祭乐,鸣炮;3.为大槐树迁民先祖敬献三牲、五谷、百果;4.为大槐树迁民先祖敬献花篮;5.各单位及个人献花篮;6.向大槐树迁民先祖行三鞠躬礼;7.洪洞县人民政府县长恭读祭文;8.移民歌剧乐舞表演。每届祭祖节都有来自海内外的数万游子参加祭祖活动,缅怀祖先。经过近20多年的建设和开发,目前,洪洞大槐树寻根祭祖园已经成为国家AAAAA级景区,现存建筑遗址及景观包括第一代古槐纪念碑、已经干枯的第二代古槐、郁郁葱葱的第三代大槐树,祭祖堂,重新复建的广济寺等。洪洞大槐树已经成为山西省一张靓丽的文化名片和旅游品牌,成为无数古槐移民后裔魂牵梦绕的圣地,山西洪洞县因而也成为全中国名气较大的县份。"问我家乡在何处,山西洪洞大槐树。祖先故居叫什么,大槐树下老鹳窝。"认祖归宗、家国情怀是中国人世代传承的内在精神法则,明初洪洞大槐树移民至少已经成为300多年来汉民族集体的祖先记忆。

图 5-2 洪洞大槐树文化节

明初洪洞大槐树移民本来是一部心酸史,亲人被迫分离,违背了安土重迁、聚族而居的传统伦理,但此后600年间逐渐形成的大槐树移民文化,反而成为中国人得以团结、凝聚的力量源泉,成为世代中国人美好的祖先记忆。没有人口迁徙就没有中华民族的形成,就没有绚丽多彩的华夏文化。洪洞大槐树成为华人的精神家园、祭祖圣地,寄托于明初大槐树移民历史上的虚构也是一种美好的文化现象。因此,挖掘洪洞大槐树移民的故事传说,建构洪洞大槐树移民文化也是非常有意义的文化事业,有助于中华民族的凝聚和团结。

三、山西人走西口

从明末清初开始,山西北部和中部、陕西北部、河北西北部的大批贫苦民众为了谋生，纷纷迁徙到长城以北的蒙古草原开荒垦种，也有一批批行商坐贾远走蒙古从事长途贩卖、坐地经商，史称"走西口"，又叫"走口外""跑口外"。走西口是中国晚近以来一次大规模的移民活动，从明末清初一直持续到民国，甚至到了20世纪60年代，前后历时三个世纪，与"闯关东""下南洋""湖广填四川"并称为中国近代史上四次大移民，在中国移民史上写下了浓重的一笔。

（一）清代民国山西人走西口的历史背景

清朝前期，为了加强对蒙古草原的统治，阻隔蒙汉民族联系，清政府对蒙古地区一直实行封禁政策，严禁内地民众进入蒙古草原地区私自垦种土地。特别是清政府在蒙古草原的南面划出一条长两千里、宽五十里的空地，既不准蒙古人南下放牧，也不允许汉人北上开荒种地，史称"黑界地"。但清政府规定从康熙五十一年（1712）起，此后"滋生人丁，永不加赋"，不再征收新生人口的人头税；雍正时普遍推行"摊丁入亩"，地丁合一；这样废除了实行两千多年的人头税。随着明代中后期美洲引进的农作物玉米、甘薯、马铃薯等大量种植成功，加上社会长期稳定，导致内地人口越来越多，而耕地却增加缓慢，造成人地矛盾越来越尖锐，清政府只好废弃对蒙古地区的封禁政策，实行"借地养民"，允许内地民众进入蒙古地区，希望以此来缓解人口压力。在政府政策转变的鼓励下，走西口的人数猛增。清末光绪年间，各种内忧外患同时出现，出于现实考虑，清政府对蒙古地区实行全面的放垦政策。这样，农民进入蒙古地区基本毫无限制，晋、陕民众遂呼朋引类，大批前往归化城土默特、察哈尔和鄂尔多斯等地谋生，或开垦荒地，或经商，或从事其他行业。由此可见，清政府对蒙古地区从封禁到全面放垦政策的转变，是清代出现走西口高峰的直接原因。从地理环境来看，山西北部、陕西北部为中国历史上重要的农牧分界线，与蒙古草原仅有长城之隔，长城北部蒙地地广人稀，土地肥美，南部地瘠民贫。而当地蒙人出于各种需要，主动招募内地汉人垦种，也是重要的诱因。

山西北部土地贫瘠，自然灾害频繁，十年九旱，粮食产量低，丰年仅能勉强自给，灾年则生活无着落。生存环境的恶劣迫使晋北很多人到口外谋生。"河曲保德州，十年九不收，男人走口外，女人挖野菜"的山西旧民谣充分说明走西口的多为自然灾害引起的饥民。清光绪三年至五年（1877～1879），山西等省大旱三年，部分地区甚至寸雨未下，发生了近代最严重的旱灾，史称"丁戊奇荒"。自然灾害引起的人口流迁，以今忻州、朔州、大同等晋北地区最为突出，大批百姓被迫离开故土，踏上了走西口的艰难道路。

明清时期，山西商人实力雄厚、名声显赫、地域特征明显，包括平阳（晋南）商帮、泽潞商帮、晋中商帮、忻定商帮。明代名气最大的是平阳商帮、泽潞商帮，主要在国内经营盐、粮、铁货、丝绸、布等货物。入清以来，晋中商帮崛起，当然晋南、晋东南商帮依然实力强大，晋中地区名气最大的商帮以祁县帮、太谷帮、平遥帮、介休帮为代表，开创了票号汇兑业务，在300年经营史上，地位显赫，他们上通朝廷，下结官绅，商路可达数万里之遥。其中一路出雁门关，经朔州、平鲁，越白兰口，直接进入内蒙古，后跨清水河、和林格尔直抵包头，西去宁夏、兰州、敦煌、哈密、乌鲁木齐、喀什；另一路经边镇七墩，越杀虎口，沿归化、绥远北上蒙古草原的库伦，直达中俄边贸集散地恰克图、伊尔库茨克、西伯利亚、莫斯科、圣彼得堡，进入欧洲市场。他们聚积的财富惊人，款项可"汇通天下"。树高千丈，叶落归根。滚滚白银从各地流回三晋故里，置田产、起楼阁、筑大院，光前裕后，异常荣耀，一座座晋商大院其实就是一部部充满艰辛且具有传奇色彩的创业发家史。

（二）山西人走西口的种种形态

所谓"口"，最初是指明朝中期以后在长城沿线开设的蒙汉互市关口，如张家口、喜峰口、古北口等，后演变成为对蒙贸易的关卡。明末清初时，山西商人习惯称位于大同以东的河北张家口为"东口"，而大同以西的杀虎口因位于张家口以西，所以被称为"西口"。乾隆中后期，"西口"逐渐专指商民往来、交易日盛的归化城（今内蒙古呼和浩特市）。清朝咸丰、同治年间，随着民众大批出"口"，来自不同地区的人们对"西口"都有自己的定义。于是慢慢地，除杀虎口、归化城外，从张家口往西，山西、陕西、甘肃等通往内蒙古西部的通道隘口均被泛称为"西口"。与此同时，人们又把长城以内的地区称为"口里"，长城以外的地区叫作"口外"。所以，凡是从杀虎口以西长城沿线的各关口进入内蒙古草原地区就都被统称为"走西口"或"走口外"。

图 5-3　右玉县杀虎口

　　历史上的晋陕冀民众走西口，以山西人为最多，尤其是晋北、晋西北贫苦农民，晋西北主要是保德、河曲、偏关县人，晋北多为朔县、平鲁、左云、右玉、山阴县人。主要出现过两次高潮。第一次是清朝康熙到乾隆年间，前述清廷政策调整，不再按以往征收人头税，加上其他原因，直接导致人口激增，引发人地矛盾冲突，于是乎适时松弛蒙古地区的封禁政策，晋陕冀三省北部民众有地理之便，迅速入居蒙古地区垦种，经营农业。据统计，到乾隆末年，整个蒙古地区的汉族人口已达 100 万人以上。第二次为光绪年间到全面抗战爆发前夕。光绪年间发生"丁戊奇荒"，内蒙古地区地广人稀，生存环境相对比山西北部要好些，于是晋北、晋西北贫苦民众被迫踏上走西口的道路。这一过程从清末一直持续到民国中期。比如黄河和长城握手的忻州市偏关县，据1936年日本人调查山西后出版的《山西大观》统计，1912年人口为10万，1913年、1914年还略有增加，但到1918年人口陡降为3.7万，四年间人口减损6万多，当地也未发生大规模战乱、瘟疫，唯一的流向只能是走西口，到了内蒙古，过起了定居生活。

走西口的山西人，其身份、职业大致分为两种类型：一是无地或收成不足以养家糊口的贫苦农民、部分小手工业者，他们是走西口的主体，是绝大多数；二是做买卖的商人，总数也不算少。此外，还有一些逃避兵役和官司的人，逃到管控较为宽松的内蒙古地区寻求自由。从地域来看，晋北、晋西北贫民走西口是为了讨生活，而晋中人走西口却是寻找经商致富的机会。有清一代，晋商尤其是晋中商帮开辟了万里茶道（是继"丝绸之路"衰落之后在欧亚大陆兴起的又一条重要的国际商道。它南起中国福建武夷山，途经江西、安徽、湖南、湖北、河南、山西、河北、内蒙古等地，穿越蒙古国，最终抵达俄罗斯圣彼得堡，全程近两万千米，成为18、19世纪东西方贸易的主要通道），将东南的茶叶一直销往俄罗斯，又将当地的皮毛、棉织品运销中国内地。除了长途转运贸易外，晋商在内蒙古地区从事各类商业活动的人数也很庞大。

走西口的民众，从迁移方式来说，一般可分为两种：暂时迁移型和永久定居型。最初清政府为防止蒙汉联系加深，严禁进入蒙古地区的人携带家属，因此走西口的人的迁移活动多是季节性的，往往是春去秋回，人称"雁行者"。乾隆以后，清廷政策有所放松，走西口的人们逐渐由"雁行"发展为定居。从历史上看，康熙之后，地处晋蒙交界处的河曲、保德和偏关三县每年都会有大批人去走西口，其中去河套平原的尤其多，以农民为多数，他们走西口就是为了耕种口外较多的土地，获得收成。这些人除了一部分是春去秋归的雁行者外，还有一部分在口外定居下来。虽然这两种人的活动形式不一样，但他们走西口的路线大体是一致的。

历史上，山西人走西口多是从山西中部和北部出发，形成两条主要路线：一条向西，经过杀虎口等关卡出关，进入内蒙古草原；一条向东，过大同，经张家口出关进入内蒙古。晋西北河曲、保德、偏关的民众多是直接越过黄河，或者经由陕北再越过黄河进入内蒙古地区。走出这个西口，就到了昔日由山西人包揽经商天下的归化与绥远（统称归绥）、库伦和多伦、乌里雅苏台和科布多及新疆等地区。尤其是内蒙古的中西部，即今乌兰察布市、鄂尔多斯市、巴彦淖尔市东部、呼和浩特市、包头市一带，是走西口移民最多、最集中的地区，其地理范围大致相当于民国时期的绥远省。

（三）山西人走西口的历史贡献

与历史上其他移民活动一样，走西口的道路同样充满了辛酸与苦楚。"哥哥你走西口，妹妹我实在难留，止不住的伤心泪，一道一道往下流。"在安土重迁的年代，走西口使无数山西人被迫离开生他养他的故土，来到塞外草原进行农业耕作。农业生产规模的扩大和耕种技术的提高，推动了蒙古族由单一的游牧经济向农牧经济过渡，结束了蒙古族作为一个单纯游牧民族的历史，开创了农牧并重的经济发展新时期。

晋商是口外地区商业的开拓者与奠基人，他们进行的各种商业活动方便了蒙汉人民互通有无，促进了口外经济的繁荣和发展，特别是促进了商业城镇的繁荣和集市贸易的兴盛。当时晋商的货物运输主要以驼队运输为主，归化城作为他们的主要集散地被称作"万驼之城"。正是在这些来往晋商的带动下，归化城逐渐发展成为内蒙古西部第一大商业中心。经过几十年的资本积累，许多"雁行"的晋商在成为富商大贾后都在归化城开了不少商号，其中最有名的要数大盛魁、元盛德、天义德三家。除了归化城之外，包头的发展也要归功于晋商。在100多年前，现在的包头还只是个叫包克图的小村庄，18世纪末19世纪初随着晋商的崛起，包头也逐渐由一个无名小村变为商贾云聚、百货杂陈的繁荣城镇。是山西人到这里做生意才有了今天包头城的雏形，直到现在，包头城里还流传着"先有复盛公，后有包头城"的说法（复盛公指山西祁县人乔贵发，他是贫苦农民出身，乾隆初远赴蒙古萨拉齐厅老官营村，当学徒，白手起家，历经艰难，最后成为包头头号富商和家乡祁县首富，产业庞大，成为祁县乔家堡乔家"在中堂"发家人物）。同时，晋商的兴起也带动了当地交通运输业的发展，后来的京包铁路及西伯利亚大铁路几乎都是顺着当初走西口的商道而修筑的。

（四）西口文化

走西口的山西人，在推动内蒙古农业、商业经济逐渐发展繁荣的过程中，也创造了别具特色的西口文化。

走西口这一移民活动，大大改变了内蒙古的社会结构、经济结构和生活方式。同时，占移民比例极高的山西移民，作为文化传播的主要载体，将山西的晋文化带到了内蒙古中西部地区，使当地形成了富有浓郁山西本土特色的移民文化。晋文化作为农耕文化的一部分，通过人口迁移，与当地的游牧文化相融合，形成富有活力的多元文化，丰富了中国的文化。如大批山西民众通过走西口迁往口外的同时，也把山西的戏曲传到了内蒙古地区。清代，在内蒙古商业重镇归化，晋商众多，戏曲艺人们常年在这些地区往来奔波，为广大喜爱家乡戏的山西商人演出中路梆子与北路梆子。直至今日，归化地区仍是中路梆子和北路梆子的主要流行地之一。与此同时，走西口的山西移民还把作为地方小戏的秧歌传入口外，如太谷秧歌、伞头秧歌、繁峙大秧歌、朔县大秧歌、广灵大秧歌等，使之在口外流传了近200年之久。广泛流传于晋北、陕北、河北以及内蒙古西部的地方小戏"二人台"，更是内地文化与草原文化相互交流和融合的产物。二人台又称"二人班"，因其剧目大多采用一丑一旦二人演唱的形式而得名。一般认为，二人台是清朝后期咸丰、同治年间（1851～1874）由山西的曲艺打坐腔结合秧歌中"踢股子"等舞蹈形式发展而成。此后，山西河曲一带走西口的民众将其带到口外，在吸收融合蒙古族音乐元素后，形成了集民歌、舞蹈、曲艺、牌子曲、戏曲为一体的地方新剧种。至今内蒙古中西部民众的生活习俗、方言与山西晋北、晋西北极为相似，在语言学上属于"晋语"，再细分为大同包头片。

此外，从文化发展来看，走西口还加强了蒙汉人民的相互交流。譬如，蛮汉调（又称"蒙汉调"或"漫瀚调"）就是蒙汉人民在生产和生活的交往中，逐渐融合了信天游、山歌、蒙古族歌曲的艺术风格，相互交流而催生的一种新民歌。

在长达300年的走西口过程中，广大民众不仅历经艰辛，还要忍受亲人分离，由此，民间艺人和普通民众创制了一大批以"走西口"为题材的歌谣，至今传唱于晋陕蒙冀交界处，如流传于晋西北和晋北的民歌《走西口》。

（1）《走西口》（河曲）

哥哥你走西口，小妹妹也难留。手拉上哥哥的手，送到哥哥大门口。

送到哥哥大门口，两眼泪长流，有两句知心话，哥哥你记心头。

走路要走大路，不要走小路，大路上人儿多，能给哥哥你解忧愁。

歇息要平地歇，你不要靠崖头。恐害怕千年的崖头，单等人来走。

大河水长流，你不要独自走，不管那水深浅，你和人家手拉手。

坐船要坐船舱，万不要坐船头，只怕那风摆浪，摆在哥哥你河里头。

吃饭要吃熟，生吃上不美口，你得下那头疼脑热，该叫人家谁侍候。

好话嘱咐多，牢牢你记心头，你到了十来月里，早早往回走。

（2）《走西口》（偏关）

我的那孤苦人，提起来好伤心。细思想你的苦，伤心又掉泪。

正月里走西口，小妹妹也难留。有两句知心话，哥哥你记心头。

走路你走大路，莫要把小路走。大路上人儿多，人多好风流。

饥你就茶和饭，味美又可口。稀粥米煮一锅，莫把那良心丢。

（3）《走西口》（大同）

哥哥走西口，小妹妹也难留，怀抱上个梳头盒盒，我给哥哥梳一梳头。

　　哥哥走西口，小妹妹也难留，有几句知心话，哥哥牢牢记在心头。

　　走路走大路，不要走小路，大路上人儿多，贼娃子难下手。

　　过河要小心，小心你走闪人的坑，先探水深浅，然后你再行。

　　住店住大店，不用哥住小店，大店里人儿多，茶水又方便。

　　吃饭你要吃热，生饭你就不美口，吃下你个病了，谁人来侍候。

　　睡觉当炕睡，不用哥哥挨墙睡，小心挖墙、掏窑的小毛贼。

　　你要出外边，不要你学耍钱，学会耍钱，典房又卖院。

　　你要出外边，不要你抽大烟，学会抽大烟，损人又花钱。

　　关于走西口的歌谣还有很多，现将所见罗列如下：《挑苦菜》《提起哥哥走西口》《一拉一扯好难活》《十指连心怎离开》《挣不下银钱过不了》《这一遭走了甚会儿见》《什么人留下个走口外》《真魂魂跟在你身左右》《真魂魂跟上你走了》《珊瑚河挡住你跫回来》《叫一声妹妹你不要拉》《扔下妹妹活守寡》《笑盈盈亲亲两分开》《妹妹跟上你走呀》《挎妹妹》《哭成个泪人儿怎送哥哥走》《丢不下妹子再站住》《哥哥走了你莫伤心》《留亲亲》《人儿一走把心拽走》《送情郎》《送哥哥》《清水河里你要操心》《听见哥哥走后套》《不估划哥哥走后山》《难说难道难分离》《打发哥哥走后山》《死在枕头上也忘不了你》《一个人走下心难话》《人家都在你不在》《尘世上苦命人少有我》《你叫妹子多操心》《摊下枕头短下一个人》《泪蛋蛋好比水推船》《七月里回来看一看我》《青苗地里落了霜》等。

　　移民活动是具有一定数量、一定距离并在迁入地居住一定时间的人口迁移运动，这种人口迁移活动对人口迁出地和迁入地都会造成一定的影响。明清以来，由于特殊社会历史原因，使得大规模的山西人口外流，不管是明初洪洞大槐树之类政府为了平衡各地人口分布不均而强制组织的移民，还是清代民国山西人迫于生计自发地走西口，对各迁入地的经济、文化、风俗、信仰等都产生了重要影响，有利于全国整体发展状态的趋好。正如葛剑雄先生所说："历史是人创造的，是人口在时间和空间中活动的结果。文化是以人为载体的，主要靠人口流动来传播和发展。从这一意义上说，移民是人类历史上最重要的活动。没有移民，就没有中华民族，就没有中国疆域，就没有中国文化，就没有中国历史。"明清以来山西持续多次的大规模移民，将晋文化带到了各个迁徙地，经历了与当地文化的碰撞、融合、重生，促进了山西文化的传承和转化发展，为后代中国历史文化留下了诸多真切的"山西元素"。

参考资料

1. 安介生,《山西移民史》,山西人民出版社,1999年。

2. 张青、范忠义主编,《洪洞大槐树志》,山西人民出版社,2012年。

3. 乔新华,《为什么是洪洞：大槐树下的文化传统与地方认同》,人民出版社,2010年。

4. 赵世瑜,《说不尽的大槐树：祖先记忆、家园象征与族群历史》,北京师范大学出版社,2018年。

5. 段友文,《走西口移民运动中的蒙汉民族民俗融合研究》,商务印书馆,2013年。

6. 刘忠和,《走西口历史研究》,内蒙古大学出版社,2010年。

思考题

1. 试述明初洪洞大槐树移民的社会背景和历史贡献。

2. 山西人走西口有几个历史阶段？

3. 山西人走西口的历史贡献有哪些？

第六讲

山右丰饶：
古代山西著名的物产和经济行业

导　读：

山西境土山环水绕，物产丰饶。河东盐池是中国著名的盐池，有 4000 年以上的开发历史，有力地支撑了早期中华文明的兴起和发展。山西境内铁矿资源丰富，冶铁历史悠久，是中国历代冶铁业最发达的地区之一。煤炭资源也很丰富，被广泛应用于生产、生活领域，对经济社会发展和民众习俗产生了深远影响。绛州所产澄泥砚为中国四大名砚之一，唐宋时即已名扬天下。平阳平水刻在中国印刷史上占据显赫地位，平阳曾长期是北方印刷业的中心。山西是我国最早养蚕制丝的地区之一，明代潞州（今山西长治）丝织业进入黄金发展期，所产潞绸名扬天下。晋人很早就开始酿酒制醋，酿造的酒和醋自古以来享有盛誉。

一、河东盐池与盐业

河东盐池位于今山西南部运城市境内，地处中条山北麓，面积132平方千米，是山西最大的湖泊，世界第三大硫酸钠型内陆湖，号称"中国死海"。河东盐池古称"鹽池"或"解池"，是中国著名且历史悠久的盐湖，已有4000多年的开发历史，出产的盐被称为苦盐、颗盐、大盐、解盐、河东盐、潞盐。河东盐池早先包括三个部分：东池——位于安邑县境内，面积最大，又称大盐池，是古河东盐池的主体部分；西池——在解州境内，又称女盐泽、女盐池，"女"是"小"的意思，现名硝池滩；六小池——永小、金井、贾瓦、夹凹、苏老、熨斗六个小盐池的总称。西池和六小池产盐条件差，一般情况下只在东池遭灾无法生产时临时产盐救急。清末六小池平毁，不复存在，西池也退化成一个蓄水滩，所以今天所说的河东盐池或运城盐池指的是以前的东池，即大盐池。

河东盐池形成于5000万年前新生代喜马拉雅构造运动时期，因地壳变化，中条山北麓断裂，形成一个狭长的自然陷落地带，从而潴水成湖，湖泊类型属于构造湖。民间关于河东盐池的形成，流传着很多传说，如王母娘娘宝镜成湖、神牛化湖、麒麟尿成湖、蚩尤血成湖等，其中蚩尤血成湖的传说影响最大。传说黄帝诛蚩尤于涿鹿之野，其血流入湖中化为制盐的母液——卤。盐是人类生存必不可少的物资，控制食盐产区是部族发展强盛的必要条件。不少研究者认为，黄帝联合炎帝击败蚩尤，其目的就是争夺河东地区的食盐资源。

河东地区史前文化遗址较多，1965年公布的山西省第一批新旧石器时期的25处古人类遗址中，就有14处在晋南，分布在距盐池50千米～200千米的范围之内。尧都平阳、舜都蒲坂、禹都安邑，都在盐池周边，除地理环境、自然条件外，丰富的食盐资源也应该是选择这些地区作为部族活动中心的重要因素。

河东盐池早期的产盐方式是天日曝晒、自然结晶、集工捞采，除捞采阶段外，其他生产环节无须投入人力，可以坐收自然之利，但出产的盐含有较多的硫酸钠（芒硝）和硫酸镁，盐质发苦，称为"苦盐"。唐代发明了"垦畦浇晒法"，人工垦地为畦，将卤水灌入畦内，再利用日光曝晒和风力吹蒸来制盐，改变了过去完全依靠自然之力结晶成盐的状况，加快了成盐速度，在晒盐过程中搭配淡水，从而提高了盐的品质。垦畦浇晒法的发明是河东盐池生产技术的重大进步和划时代的变革，当时居于世界领先地位。唐代改革盐法，鼓励盐业生产，河东盐池产量增加，盐利收入大增。唐大历元年（766），唐朝盐利收入600万缗，占全国赋税收入的一半，其中河东盐池盐利150余万缗，占全国盐利收入的四分之一，表明河东盐池之利在全国盐业收入和财政收入中举足轻重。

唐末五代社会动乱，统治者采取掠夺性政策，给河东盐池生产带来了很大的破坏。继起的宋代采取了较为合理的盐业政策，并巩固了垦畦浇晒法，使得河东盐池产量和收益大幅增长。从宋至道二年（996）至宋政和二年（1112）的116年间，河东盐池除个别年份因灾或其他原因停产外，产量大致增幅在75%～117%之间。从宋至道三年（997）至宋元丰五年（1082）的85年间，绝大多数年份的盐利收入增幅在60%～618%之间，在全国的产盐区中，河东盐利名列前茅。元时河东盐池废弃了唐宋完成并发展了的垦畦浇晒法，退回之前的生产方式，是一种历史的倒退。

明朝建立后，恢复了垦畦浇晒法，河东盐池的生产又得以恢复和发展，重新勃兴。清朝继续使用垦畦浇晒法制盐，并于顺治六年（1649）对盐业政策进行了调整，实行"畦归商种"，即政府将盐畦租给盐商晒盐，征收畦课。在这种政策下，盐商集生产者和运销者于一体，从事食盐生产运销利益更大，进一步促进了盐业生产的发展。盐商雇工经营，劳动分工细化，经营管理系统也随之建立，是一种历史的进步。

垦畦浇晒法自唐代发明以后，经过后世发展，最终成为一种独特的制盐方法，主要表现在：一是在硝板上晒盐，硝板主要由白钠镁矾组成，有利于盐的结晶和提升盐的质量，这是河东盐池独创独用的一项技术。二是在卤水中搭配淡水，可将卤水中的硫酸镁、硫酸钠析出附着于硝板之上，增加卤水的纯度，提升盐的口感，也便于后期铲收。三是晒盐借助南风，有"南风起，盐始生"的说法。

河东盐池丰富的食盐资源不仅满足了人们的食盐需求，创造了大量财富，而且带动了当地文化、教育、城市建设等事业的发展。运城盐池卧云岗上有一组以池神庙为主体的规模宏大、气势壮观的神庙建筑群，供奉祭祀盐池之神、条山神、风洞神、太阳神、雨神、甘泉神、土地神、关帝等"有功"于盐池生产的神祇。建筑群经过历代工匠的精心构筑，具有很高的艺术水平。现保存下来的池神庙主体建筑被辟作运城盐池历史博物馆。

河东盐池盐业的发展催生了中国唯一的盐务专城——运城。运城筑于元末至正年间，名为凤凰城，城池周围约4.5千米，呈正方形，开有5门（明代改为4门）。之前该地虽然也有管理盐务的官员驻扎，却一直没有筑造城池，自建造城池以后，先前的潞村（路村）被命名为"运城"。经过明清两代增修扩建，运城城池建筑更加完备、规模更大，逐渐发展成为河东名城，城内驻扎的盐务管理机构也逐渐增多，至清代有巡盐察院、盐运使署、运同（判）署、经历司署、知事署、库大使署、三场大使署、解州州判署、都司署、把总署、运学教授署等。城内建设逐渐发展，清代已有四街九坊，建有粮仓、养济院、习艺所、牛痘局、育婴堂、粥厂等设施。城内百货、手工业、饮食业、旅店、盐栈、票号纷纷兴起，形成了一个围绕食盐生产运销为核心的集农业、手工业、服务业、商业、金融业于一体的经济体系和繁荣市场。

为了保护盐池生产，明代在唐代濠篱和宋代拦马短墙的基础上，修建了"禁墙"。禁墙绕盐池一周，全长约58千米，墙外有马道，马道外有壕沟，初开一门，后增至三门。禁墙的作用有三：一是防止盗盐走私，保证盐税收入。二是隔绝外来洪水，保护池内卤水。三是加强对盐丁的管控。禁墙在全国产盐区中独树一帜、绝无仅有，是河东盐池特有的文化现象。

盐池地势低洼，容易受到洪水侵袭，各个朝代为了防洪采取了多种措施，如修筑护池堤堰堵水、建立护池滩地分水、开凿河渠导水等，其中最有效的是开凿河渠疏导洪水，著名的姚暹渠就是一条疏洪渠道，此渠还具有一定的行船运盐和灌溉作用。

河东盐池的经济发展也给文教事业提供了良好的条件，作为盐务专学的"运学"应运而生。最早的运城盐务专学创办于元大德三年（1299），就叫"运学"，它不是培养盐务专业人才的职业教育学府，而是由盐务官吏创建的，接纳盐商、盐丁子弟读书的普通学府。明代的运学占地近40亩，一应建筑设施齐全，被时人誉为"郡县学府之首"。明代还先后创办了河东、正学、宏运三所书院。除书院外，运城还办有五所启蒙的社学。运学、书院和社学的建立有力地推动了运城教育的发展，明清两代共考中进士93人。

运城虽然只是安邑县下辖的一个城镇，但经济规模和繁荣程度却远超县治，成为河东地区的经济、文化中心，是明清新兴商业市镇的典型代表。这种地位为它以后上升为统辖其他县市的地级市奠定了基础。

二、古代山西的冶铁业

山西蕴藏有丰富的铁矿资源，素称"煤铁之乡"，冶铁历史悠久。《左传》记载，公元前513年"晋赵鞅、荀寅帅师城汝滨，遂赋晋国一鼓铁，以铸刑鼎，著范宣子所为刑书焉"。铸鼎时向晋国民间征发铁原料，表明当时山西地区产铁已经不少，而且能将文字铸于鼎上，说明铸造技术也达到了一定水平。《山海经》记载的山西产铁之处有今盂县东南的白马之山、白马之山南150千米的维龙之山、维龙之山南85千米的柘山，以及今蒲县南的渿山。山西出土的秦代及以前的铁器有长治分水岭战国墓中的凿、镢、斧、铲、锤、杵，侯马东周陶窑址中的铁针，以及秦始皇元年（前221）的铁权等。《史记》记载蜀地卓氏的先祖乃赵国人，"用铁冶富"，秦灭赵以后，被迁居蜀地。卓氏在赵国已经靠经营冶铁致富，足见当时赵国冶铁业是具有一定规模的。

汉武帝元狩四年（前119），汉朝政府在全国各地设立49处"铁官"，负责管理冶铁，在山西境内的有安邑、皮氏（今山西河津市）、平阳、绛、大陵（今属山西文水县）。东汉时山西设置铁官的地区基本与西汉一致。考古发现的山西汉代铁器实物繁多，包括多种武器、生产工具和生活用品。战国时期已经发明炼钢术，到两晋南北朝，这一技术更加进步。北齐时的綦毋怀文以善于制钢刀闻名，所造宿铁刀"其法烧生铁精，以重柔铤，数宿则成刚。以柔铁为刀脊，浴以五牲之溺，淬以五牲之脂，斩甲过三十扎"。綦毋怀文"昔在晋阳为监馆"，他的炼钢活动应与山西地区有关。北齐还在各地设局主持冶炼，东道有武安（今山西沁水县东）、滏口（今河北临漳县西）、白涧（今山西阳城）三局，西道有晋阳（今太原市晋源区）、泉部（今址不详）、大邬（今山西阳曲县大盂镇）、原仇（今山西盂县）四局。

唐代山西地区见于记载的产铁之地增多，有岳阳（安泽）、翼城、昌宁（乡宁）、温泉（隰县）、交城、绵上（沁源）、玄池（静乐）、秀容（忻州）、五台、阳城等地。制铁工艺有了很大提高，并州剪刀家喻户晓，美观的铁镜与铜镜一起被列为唐代太原府的贡品。此外，唐代已能制造较大的铁佛，如交城石壁寺（今玄中寺）的铁弥勒、临汾大云寺的铁佛头等。唐代冶铁还用于巨大的桥梁工程，开元年间蒲津渡（今风陵渡）造桥，两岸各铸四铁牛，并有铁人驱牛，牛足下熔化大量的"铁山"连着铁牛，然后用56根铁柱贯穿起来。每个铁牛重数万斤，加上牛下的"铁山"和铁柱，用铁达几十万斤。铁器生产增多，铁货交易也频繁起来，潞州成为各种铁货的集散地，一些官吏也贩运铁器营利，敬宗年间昭义节度使刘从谏治潞，"徙长子道入潞，岁榷马、征商人，又熬盐货铜铁，收缗十万"。

入宋以后，山西仍是主要的产铁区之一，多地设有管理冶铁的机构，如西京云冶、晋州冶、泽州大广冶。其中记载较多的是交城的大通冶，宋于太平兴国四年（979）设大通监管理当地的冶铁事务。真宗初年，"大通监铁冶盈积，可备诸州军数十年鼓铸"，可见交城在当时是一个冶铁中心。其他产铁的地区还有榆次、五台、平定、石州（离石）、威胜军（沁县）等。无怪乎《宋史》称河东路"地有盐铁之饶"。宋代为了弥补铜钱不足，曾多次在河东路鼓铸铁钱贴补军费，鼓铸点最多达到四处。山西出产的铁还运往邻近地区以及北方游牧草原地区，沈括出使到磁州（今河北磁县）见"磁州锻坊乃山西铁也，晋铁之多钢即此可见"。宋代铁制品保存和出土的较多，如晋祠圣母殿前莲花台上的铁人、飞梁桥头上的铁狮，太原董茹村宋墓出土的铁马等。辽金时期，山西北部的冶铁业也有相当程度的发展，《金史》载有大同府"贡铁"，晋北的铁器应用较为广泛，涵盖了农业、畜牧业、交通、生活以及宗教等方面。现在遗存的辽金铁器有应县佛宫寺释迦塔上的铁刹、徐沟鄡侯祠的铁钟，以及天镇夏家沟地窖出土的铡刀、车辖、毂圈、羊毛剪、车穿等。唐宋出土铁器多在山西中部、南部，辽金山西北部出土的铁器已经不少。

元代的冶铁业主要由政府管理，集中制铁手工业者进行冶炼制造。早在元太宗八年（1236），窝阔台当政时就在西京大同冶铁，从各州县拨冶户760家归其管理。翌年又立炉于交城县，拨冶户一千家隶之。忽必烈以后，在山西地区设置过专管冶铁的官吏，至元二十一年（1284），设洞冶总管府，两年后撤销。至元二十九年（1292），在平阳等路设提举司，第二年又撤。元贞元年（1295），置河东、山西铁冶提举司，次年又下令由官府制造发卖。大德十一年（1307），元政府下令允许百姓炼铁，政府抽税，翌年又改变办法，设河东都提举司，掌管河东全路的冶铁事务，一共管理河东八个铁冶所，即大通、兴国、惠民、利国、益国、闰富和两个丰宁冶。延祐二年（1315），明令"禁民炼铁"，次年又在五台云鹫寺设铁冶提举司。冶户在官方的组织管理下从事生产，"每岁所获不偿所费"，积极性不高，生产效率低下。

明代山西冶铁业进一步发展。明初延续冶铁官办的政策，全国设十三个铁冶所，山西有五个，分别为吉州二个（富阳、丰国），太原一个（大通），泽一个（益国），潞一个（润国），每年向明政府上交的铁不下200万斤。当时交城县产的铁称为"云子铁"，品质优良，专门用来制造兵器。民间小规模的冶铁虽受政府限制，但并未完全断绝。由于官办冶铁业整体上效率不高，洪武十八年（1385），明政府撤销了上述铁冶所。随之而来的是生铁不敷应用，明政府又设立交城冶，恢复吉州等处铁冶，并允许民间自由冶炼，"令民得自采炼，每三十分取其二"。于是小规模的冶铁业逐渐发展，产铁的地区日益广泛，平定、吉、朔、潞、泽州，太原、交城、榆次、繁峙、五台、灵石、介休、临汾、洪洞、乡宁、怀仁、孝义、平遥、壶关、高平、阳城都产铁，以阳城出产最多，潞安府铸造的铁鼎还远销山东。冶炼技术上，发明了"地下土园炉炼钢法"，在干燥的红土上挖六尺深的坑，不用坩埚冶炼，方法设备简单，炼出的钢富有延展性，可以拉拔成钢丝，作为制针的材料。这种技术由潞安经阳城传到晋城。明末万历年间，政府派宦官出任各地矿监、税使，他们大肆侵吞，百般勒索，山西的民间冶铁业也在张忠、孙朝等宦官的压制下受到很大影响。

　　清初统治者认为，矿冶业"人聚众多，为害甚巨"，为了防止民众聚众反抗，禁止大规模开采冶炼。雍正禁止贩运生铁出洋，道光时规定携带不成器皿的铁50斤以上者没收，100斤以上者治罪，这些政策对山西冶铁业的发展无疑是一种限制。清政府对民间小规模的冶铁业课以重税，税卡林立，税目繁多，税额很高。各地官吏还上下其手，趁机勒索加派。清政府还向山西征用一部分铁，雍正三年（1725）以前每年征"平铁"7万斤，但当年却增至80498斤，全部由山西各地承办运解。雍正十年（1732）加征"好铁"23678斤，乾隆五十八年（1793）增为5万斤，嘉庆四年（1799）增至10万斤，嘉庆十四年（1809）改为20万斤。这些征解的铁名义上给成本和运费，但远远低于市价，差额最后只能转嫁到百姓身上。尽管有上述种种限制和负担，但因为铁是人们生产生活的必需品，有着深入和广泛的需求，所以山西的冶铁业还是缓慢地发展着。雍正年间，泽州府物产"其输市中州者，唯铁与煤，日不绝于涂"；陵川县一地有铁钉铺12家。乾隆时凤台县（晋城）产"针铁"，用于制针；乡宁县铁冶"不惟本地利用，且远资临封焉"。潞安府、隰州、保德州、绛州、平定州、长治、长子、阳城、太原、介休等县在文献记载中均产铁。晋东南地区冶铁业和铁货贸易尤其发达，乾嘉年间长治荫城镇已经成为铁货集散中心，商品行销全国，每年交易额达1000多万两白银。道光年间凤台县有生铁炉1000多座，熟铁炉100多座，铸锅炉400多座。鸦片战争以前，"有几亿的人是从凤台县取得铁的供应的"，"大阳的针供应这个大国的每一个家庭，并且运销中亚一带"。

鸦片战争以后，中国逐渐沦为外国商品倾销的市场，进口的钢铁量急剧增加，外国资本还直接在中国开办炼铁企业，或通过投资和贷款控制中国的新式炼铁企业，这是中国传统冶铁业趋于萎缩衰败的主要原因。"由于外国制成的铁器输入以后，山西铁器的销售额和总产量便大大地减少，同时为要尽量地供应原有的市场，曾经求助于降低原有的价格，因而也降低了制造的利润。""山西铁业已深深感受到外国竞争的有害影响了。铁既然是本省唯一值得注意的输出品，其销售的缩减和价格的降低就要使居民贫困。"原来行销全国的山西铁货，到19世纪70年代销路仅限于中国北部，晋城一带的铁丝和针最盛时销往全国各地，但在洋货的冲击排挤下也趋于没落。山西地区的冶铁业虽然因为有深厚的历史积淀和一定的市场并未消亡，甚至出现过短暂的复苏，但在外国铁货冲击、政府征派、官吏勒索和严重灾害的打击下，处在夹缝中生存，总体上已经难有起色了。

历史悠久的冶铁业所带来的影响，在山西一些地方民俗中也有反映，今晋东南的长治、晋城一带元宵节期间流行的"打铁花"即如此。

三、古代山西的煤炭开采

中国是世界上最早用煤的国家，是传统的煤炭大国，作为中华文明发祥地之一的山西，对煤炭认识和利用的历史也源远流长，山西的古代煤炭开发史可视为中国古代煤炭史的典型代表。

山西的煤炭，不仅资源丰富，而且煤层距地面近，有的还是露天埋藏，易于发现和利用。传说今平定县东浮山上有女娲烧煤炼石的遗灶，反映出神话时代的先民已经知道利用煤炭。《山海经·北山经》说山西南部的孟门、贲闻二山"多涅石","涅石"是煤炭的一种,这是山西最早的产煤记载。公元前513年晋卿赵鞅和中行寅在汝水之滨修筑城邑,曾用"一鼓铁"(约480斤)铸成大鼎,并把范宣子制定的一部刑法典铸于其上。铁的熔点比铜高450多摄氏度,用木炭做燃料已经难以烧熔,可能使用了煤炭。建于公元前497年之前的晋阳城,筑城所用砖瓦和宫殿铜柱据说也是用当地所产的煤炭烧制冶炼而成。东汉建安十九年(214),曹操在邺城(今河北临漳县)修筑冰井台,大量贮藏冰块、煤炭、粮食、食盐等物资。邺城靠近煤炭蕴藏丰富的晋东南地区,曹操贮存的大量煤炭应产自山西。魏晋南北朝时期,山西煤炭的开采和消费有了进一步的发展。北魏郦道元所著《水经注》记载了桑干河流域和大同一带的煤矿,其中的桑干河流域煤矿已由单眼井采煤发展到了双眼井采煤,人们利用进风口与出风口之间的高度差来构建自然通风系统,代表着中国古代采煤技术上的一项重大进步。

隋唐时期山西对煤的利用已广泛深入到日常生活之中,且消耗量较大。隋朝初年,太原晋阳人王劭说:"今温酒及炙肉,用石炭火、木炭火、竹火、草火、麻荄火,气味各不同。"反映出隋朝已经广泛使用煤炭吹爨烹饪。唐开成五年(840),日本僧人圆仁西赴长安求法,路经山西时记载了太原西山煤矿的开采利用情况:"出城西行,向西行三四里到石山,名为晋山,遍山有石炭,近远诸州人尽来取烧,料理饭食,极有火势。"《旧五代史》记载,唐末李克用部将李嗣昭被困潞州,以"盐炭自生",后"躬奠其地,立二庙,曰盐神、炭神,世崇奉之"。

到了宋朝,山西采煤业迅速发展,煤炭不仅作为燃料为人们直接取用,而且已经成为商品并流通于市场,有了专门从事挖煤和买卖煤炭的人。北宋庆历年间泽州知州李昭遘上书皇帝说:"河东民烧石炭,家有囊橐之具。"《宋史·食货志》称"河东铁、炭最盛",该书《陈尧佐传》记载泽州不少人"冒山险输石炭","仰石炭为生"。官府在产煤地区设置管理机构,向采煤、卖煤的人课税。如"并州民卖石炭者,每驮抽税十斤"。煤炭开采愈盛,政府设官课税愈多愈重，导致"煤利至微，煤户至苦"，时有为煤户请除税课者，如前文提到的陈尧佐，在他出任河东路转运使时，就曾奏请朝廷免除太原的炭税。宋代山西煤炭在冶铁、铸钱、瓷窑等众多手工业生产中得到了广泛使用。金代山西的一些墓葬把煤炭作为陪葬品，如洪赵县坊维村金代墓葬和稷山县"五女坟"遗址，煤炭进入丧葬仪式从侧面证实煤炭在当时社会生活中已具有重要作用。由于煤炭业关系到兵器、生产工具等器具的制造，并且和国家的财政收入有直接关系，因此元朝政府也非常重视，政府直接控制的矿山、冶炼炉遍布全国各地。在一张天历元年（1328）煤炭课单上记有元朝大同路和煤木所的煤炭课额："煤炭课总计钞二千六百一十五锭二十六两钱，内大同路一百二十九锭一两九钱，煤木所二千四百九十六锭二十四两五钱。"从大同路煤课征收的数量上推断，元代山西煤炭生产的规模是相当大的。

明清两代，山西煤炭的开采和运销有了长足发展。《明一统志》记载山西产煤的州县多达20个，当时的高平县（今高平市）已有"独煤甲天下"之称。从事采煤的人越来越多，"黧面短衣之人填街塞路"。采煤业中的分工进一步细化："有产煤之地，有做煤之人，有运煤之夫，有烧煤之家。"煤价、煤税的调整"关系性命"。《清一统志》所载产煤州县增至近30个。民国初年的调查显示，鸦片战争爆发（1840）以前山西开办的煤窑有25处。清代山西煤炭勘探和开采技术也有进步，乾隆《平定州志》记载："土人每视山上石脉，即知炭之有无。"矿工"凿山为穴，横入十余丈取之"，矿洞"其上支板，以防压崩"。山西所产之煤不仅供给省内，而且远销河南、陕西等地。这时煤炭已经广泛应用于金属冶炼铸造，烧制石灰、砖瓦、陶瓷和酿酒、制药等手工业生产领域。除了已经掌握炼焦技术外，还开始从煤炭中提取黑矾、硫黄等副产品。

近代以后，山西丰富的煤炭资源引起了西方资本主义国家的垂涎。清光绪二十四年（1898），英、意等国资本家成立的福公司与山西巡抚胡聘之签订《山西开矿制铁以及转运各色矿产章程》，英商通过此章程，以1000万两白银的价格获得了在山西开矿和修筑铁路的权利。光绪三十一年（1905），福公司要求"凡在条约规定范围内，中国人开办的小煤窑一概停产关闭，由英商福公司独家经营"。这种无理行径激起了一场震撼国内外、长达三年之久的山西保矿运动，最终光绪三十四年（1908），山西各界筹集银两成立"山西商办全省保晋矿务有限公司"，以270万两白银赎回矿权，并集资设立分公司，购置近代化设备，开采平定、孝义、大同等矿区的煤炭。从此，山西煤炭业进入近代化生产。

山西悠久的煤炭开发历史不仅满足了本地及周边地区的燃料需求，而且形成了与煤密切相关的民间习俗。很多地方正月十五晚上烧石炭，人们管这种风俗叫"点塔火""棒槌火""旺火"。

四、绛州澄泥砚与平阳平水刻

砚台是古代毛笔书写文字必备的工具，位列"文房四宝"之一。中国产砚之地众多，被称为"名砚"的也不少，但世人公认的只有"四大名砚"——端砚、歙砚、澄泥砚、洮河砚。澄泥砚是四大名砚中唯一一种以江河泥渍烧制而成的砚台，也是唯一一种不以产地命名的砚台。它坚硬耐磨，形如碧玉，光滑细腻，储墨不干，积墨不腐，呵气即可研墨，不伤笔毫。烧制温度介于陶和瓷之间，有多种颜色，如鳝鱼黄、蟹壳灰、豆绿青、虾虫青、玫瑰紫、鱼肚白、豆瓣沙等。

澄泥砚的制作工艺可以上溯至秦汉，此后逐渐发展。1955年西安东郊郭家滩工地唐墓中出土一方东魏武定七年（549）的澄泥砚，是目前发现的最早的澄泥砚实物。澄泥砚产地有多处，如河南虢州（灵宝）、山西绛州和泽州等，乾隆钦定的《西清砚谱》载录砚品240方，澄泥砚占51方，其中铭文中题名绛州的有11方。

至唐代，澄泥砚制作工艺趋于成熟，一鸣惊人，唐宋两代皆将其列为贡品。唐著名书法家柳公权曾说："蓄砚以青州为第一名，绛州次之。"青州所产为红丝砚，绛州所产即澄泥砚。南唐进士张洎记载："绛县人善制澄泥砚，缝绢囊至汾水中，逾年而后取，泥沙之细者已实囊矣。陶为砚，水不涸。"

澄泥砚的制作过程十分复杂，有几十道工序，先将采集的河泥过滤为极细的泥土——澄泥，再放置一年以上才能作为制砚的原料。宋初苏易简详细记述了澄泥砚的制作方法："以墐泥令入于水中，挼之，贮于瓮器内。然后别以一瓮贮清水，以夹布囊盛其泥而摆之，俟其至细，去清水令其干，入黄丹团和溲如面。作二模如造茶者，以物击之，令至坚，以竹刀刻作砚之状，大小随意。微阴干，然后以利刀手刻削如法，曝过，间空垛于地，厚以稻糠并黄牛粪搅之，而烧一复时，然后入墨醋，贮米醋而蒸之五七度。含津益墨，亦足亚于石者。"可见澄泥砚的制作工艺流程到宋代时已经十分规制，因此品质上优于前朝。宋代出现了澄泥砚的制作高手，其中最著名的是山西泽州的吕姓道人，苏轼曾记载说："泽州吕道人澄泥砚，多作投壶样，其首有'吕'字，非刻非画，坚致可以试金。道人已死，砚渐难得。"

元代澄泥砚基本维持宋代状况，没有大的发展和创新。明代澄泥砚制作达到炉火纯青的地步，材质考究，质地坚密，色彩艳丽，为唐宋所不及，各色名品至明朝齐备。经历明末清初的战乱之后，清代澄泥砚制作工艺几乎失传，乾隆朝曾仿绛州澄泥砚制作方法烧制，但效果不理想，直到20世纪80年代，新绛县才又重新试制成功。

澄泥砚存在产地之争，竞争最激烈的两家即虢州和绛州。从文献记载来看，虢州澄泥砚出名早于绛州澄泥砚，中唐杜佑《通典》记载虢州贡品中有"砚瓦十具"，且"虢州澄泥，唐人品砚以为第一"。从前文所引柳公权的评价来看，绛州澄泥砚虽然中唐已经出现，并且有一定的影响，但真正出名是在宋代，当时青州红丝石资源断绝，红丝砚逐渐退出历史舞台，澄泥砚才"递补"成为"四大名砚"。但从质地上讲，绛州所产澄泥砚比虢州更加细腻，宋初文人吴淑曾称赞"汾水精奇，墐泥妙绝"。自宋以后至明清，绛州澄泥砚享誉的时间更长，可谓后来者居上。两者应该同列为澄泥砚的代表。

山西出版业一度在中国文化史上占据显赫位置，临汾"平水刻"是中国印刷史中绕不开的话题。唐代发明了雕版印刷术，用以刊刻佛经、历书、医书、占卜等类书籍，至宋代雕版印刷普及开来，有力地支撑和推动了文化事业走向繁荣。宋金时期形成了四个雕版印刷中心，浙江杭州、福建建阳、四川眉山、山西平阳，其中平阳是唯一位于北方的印刷中心。金朝占领平阳地区较早，因而社会秩序和经济恢复较快。金灭北宋时，从开封掳掠大量工匠北上，其中一部分雕版刻工留于平阳，给当地雕版印刷业发展带来了先进的技术和人力资源。平阳及其周边还盛产印书所需的优质枣木、梨木以及纸、墨等材料。如绛县、稷山、安邑等地可提供雕版所需的枣木和梨木，且质量上乘。平阳出产的白麻纸虫不蛀、不变色，历史悠久，举世闻名。太原、潞州、绛州等地出产作为贡品的优质墨。凭借这些优势，平阳崛起为北方雕版印刷业的中心。平阳之南有平水，于是平阳一带雕版印刷的书籍被称为"平水刻"。

金朝在平阳设置了全国最大的主持雕版印刷书籍的管理机构——书籍所。官刻之外，还有众多的家刻、坊刻，从业工匠达500多人。官刻多为儒家经典、佛道经藏和类书，家刻多为经、史、文集，坊刻多为商人出资，刊刻医书、类书和民间流行的说唱话本、诸宫调等。平阳一时刻书、印书蔚然成风，"家置书楼，人蓄文库"。金代流传下来的刻本不多，基本上都是坊刻。解州刻过一部《大藏经》，世称《金藏》，字体风格和平水刻很像，应出自平阳刻工之手，原藏赵城县（今属洪洞）广胜寺，故又称《赵城金藏》，是中国仅存的一部金代孤本佛经。

元代北方有两个雕版印刷中心，一为大都，一为平阳。元太宗八年（1236），窝阔台应中书令耶律楚材的请求，在平阳设"经籍所"，作为管理书籍印刷业的官方机构。元代平水家刻本有："平阳张存惠堂""平阳梁斋""尧都梁斋""平水徐斋""平水高昂霄""尊贤堂"等。

金元平水刻的突出优点是：所据多为宋代善本，书写工整，雕刻精致，页面布局美观，纸墨精良；题识牌记谨慎求实；所刻版画由佛像转为人物，是中国版画史的转折。

张存惠是金元时期平阳著名的刻书家,本邑人。元海迷失后元年(1249),增补校勘医学名著《重修政和经史证类备用本草》30卷,加注各种药物的异名俗称,刻印药物图像,极大地方便了读者识别药物,后被多次翻刻、影印,收入《四库全书》,并流传到日本,中华人民共和国成立以后又影印出版,成为中药学经典。元宪宗三年(1253),鉴于《资治通鉴》篇幅浩繁,一般读者不易读,他又整理刊刻《增节标目音注精义资治通鉴》,两书刊刻质量精良,被视为上乘平水本。

五、明清潞州的潞绸

中国是世界上最早发现和利用蚕丝的国家。今天一提到古代丝织业发达的地区,人们往往会想到南方的苏州、杭州、成都、南京、广东、福州等地,却容易遗忘一个曾经的北方丝绸重要产地——潞州(今山西长治市),以及这里所生产并畅销于国内外的丝绸名品——潞绸。

传说黄帝的元妃嫘祖发明了养蚕制丝,因此被尊奉为"蚕神""蚕祖"。今夏县城北的西荫村是传说中嫘祖的故乡,1926年考古工作者曾在西荫村遗址发掘出新石器时代的半只蚕茧化石,是中国新石器时代遗物中仅有的蚕茧化石,说明中国的蚕桑业在世界上开始最早,而夏县西荫村一带又是中国发展蚕桑最早的地方之一。位于太行山区的长治与夏县距离不远,应当也是蚕桑业最早的兴始地之一。

《隋书》载:"长平、上党,人多重农桑。"可见蚕桑生产在高平、长治等地兴盛已久。中唐著名诗人李贺曾到潞州,留有《染丝上春机》诗一首,形象地描绘了家庭丝织业从浸丝到染丝、从上机纺织到绣花的全过程。

明代潞州的丝织业进入黄金发展期。朱元璋的第21子朱模于永乐六年(1408)就藩潞州后,除了组织本地的潞绸机户,还从外地征集了许多机户来潞州织造潞绸,从而有力地促进了潞绸生产的繁荣。由于大量机户涌入,原材料不敷,不得不从山东、河南、四川等地调运,其中以四川的"阆茧"

居多。

明弘治四年（1491），朝廷在潞州设"织造局"一所，负责管理潞绸生产、调剂、运输、上贡等事宜。潞绸机户主要分布在所属各县生产，机户并不赴府当班，而是在当地分造交纳，再由地方政府派员解送赴京，向工部交纳。机户是散处分头织造，因而在劳动时间的分配上，比轮班匠和住坐匠有较多的自由，除完成上供织造外，还有条件从事家庭纺织，从而将潞绸生产从上贡生产扩大到商品生产。到明朝中叶，潞绸的生产已具相当规模，并以色彩鲜艳、质地牢固畅销全国，与湖绸、吴绫、蜀锦并称当时的四大绸缎。明人郭子章说："潞城机杼斗巧，织作纯丽，衣被天下。"徐光启记载："西北之机，潞最工。"吕坤也说潞绸"士庶皆得为衣"。潞绸已成为士民的喜好之物，故明代小说中多有穿用和馈赠潞绸的记载，如《醒世恒言》《醒世姻缘传》，名著《金瓶梅》中对潞绸的描写更是多达17处。潞绸不仅在中原内地受到士民喜爱，北方蒙古族牧民和西北少数民族也十分喜爱潞绸，明王朝便时常将潞绸作为给他们的赏赉之物。

明代潞绸花色十分丰富，有天青、石青、沙兰、月白、酱色、油绿、秋色、真紫、艾艳等10余种。其规格有大绸、小绸两种：大绸每匹长68尺，宽2尺4寸，重61两；小绸长约36尺，宽1尺5寸。

明初潞绸原无坐派，随着声名鹊起，皇家开始对其坐派，并且数额越来越多。嘉靖时280匹，万历三年（1575）2840匹，万历十年（1582）4730匹，万历十八年（1590）5000匹。坐派额增加势必要占据机户的商品生产时间，机户就难以用商品生产所获利润补偿坐派造成的损失。潞绸机户终岁辛苦劳作，夜以继日，获利最微，而差官差役"催绸有费，验绸有费，纳绸有费，所得些许，尽入狡役积书之腹，化为乌有"。万历二十八年（1600）内监孙朝来到山西，"捆打平民，索取绸缎毡绒"，致机户赔累，连县官都要求乞休。潞州地处太行，种桑养蚕的条件远不及南方。潞绸生产大规模兴起后，织造所需的大量原料，除本地供给一部分外，每年还需从外地大批购进。为了解决原料不足的困难，当地官员和百姓曾设法多种桑树，但只能缓解一时，不能从根本上解决问题。明代的棉纺织业发展很快，南方的棉布销至山西，价格低廉，对包括潞绸在内的丝织业冲击很大。明朝末年，农民起义此起彼伏，崇祯十七年（1644）李自成部将刘芳亮攻陷潞安府城。清顺治六年（1649）清军复潞安，五六年间，社会动乱，战争不断，直接影响了潞绸业的发展。

总之，朝廷的坐派、气候限制、官吏勒索、棉纺织业的冲击和战乱的影响五种因素使得明代潞绸走向衰败。

入清以后，潞绸未能再现明时的辉煌。清初受朝代更替的影响，潞安"百物凋耗，丝价几倍于当年，工料俱踊，价既不能增，则为者何利？不得不减料，遂渐趋于薄恶，堆积难售，货死于市"，当时"仅存织机三百有奇"。但清政府依然向潞安坐派潞绸，自顺治四年（1647）开始，每年3000匹，给机户造成了沉重的负担。顺治九年（1652），巡按御史刘嗣美疏请减造贡纳。顺治十五年（1658）工部议复前后减造2600余匹，顺治十七年（1660）机户终因难以维持出现"焚机罢市"的现象。即便如此，潞绸的坐派也未取消，只是在数量和规格上有所调整。

乾隆朝统一新疆之后，与沿边藩部开展互市贸易，从内地调运丝绸，山西因距离较近，成为丝绸供应地之一。乾隆三十一年（1766）新疆办解潞绸600匹，乾隆三十三年（1768）200匹，乾隆三十五年（1770）120匹，呈现出逐年递减的趋势，说明潞绸生产力正在逐渐萎缩。至清末，潞绸生产已是强弩之末，光绪十年（1884）巡抚张之洞奏准"潞绸改归本省铁捐局制造"，至此曾经荣光一时的潞绸退出了历史舞台。

六、古代山西的酿酒与制醋业

中国的酿酒历史可以追溯到新石器时代，酒的历史与中华文明一样悠长。山西地区早在周代就开始酿酒，《诗经·唐风·山有枢》云："山有漆，隰有栗，子有酒食，何不日鼓瑟？"可见当时酒类饮品已经进入山西士民的日常生活。

自北魏时期开始，山西酿酒业逐渐走向繁荣，出现了著名的酒品、酒工和成熟的酿造工艺。北魏时的"桑落酒"（又称"索郎酒"）是山西第一个享誉四海的品牌，它的创制者是平阳民人刘白堕，主要产于晋南的蒲州和平阳。北齐武成帝高湛喜饮"汾清"，它是一种产于汾州的名酒。当时的酒类都是米酒，酒精度低，多不易保存。刘白堕解决了米酒容易酸败的技术难题，酒质长期稳定，能够携带远行，于是"京师朝贵，出郡登藩，远相饷馈，逾于千里。以其远至，号曰'鹤觞'，亦名'骑驴酒'"。而且酒度提高，使人少饮辄醉，"醉而经月不醒"。《齐民要术》中记载的"河东神曲方""作桑落酒法""笨曲桑落酒法""河东颐白酒法"等，反映出北魏时期山西地区制曲和酿造技术的成熟完备。

隋唐时期，蒲州仍是山西的名酒产地。隋文帝杨坚曾说"蒲州出美酒"，唐代还在河中府设立了芳酝监，专门负责酿酒。唐代山西的名酒称为"乾和酒"，又称"乾酢酒"，闻名于大江南北。同时，葡萄酒酿造业兴起，主产地有河东和太原，其中太原出产的葡萄酒被列入贡品。

宋灭北汉以后，将河东酿制葡萄酒、白酒的技术引入京师开封，宫廷和京城士庶皆用晋南地区的技术酿酒。北宋山西的名酒数量显著增加，见于记载的有太原府玉液酒、静制堂酒、河中府天禄酒、舜泉酒、汾州甘露堂酒、隰州琼浆酒、代州金波酒、琼酥酒、潞州黎城酒等。元代产于山西的名酒有蒲州酒、太原酒、羊羔酒、平阳襄陵酒和潞州珍珠红。

明清山西酿酒业规模更大，蒲州、太原、潞州、襄陵、汾州是这个时期最重要的酿酒基地。蒲州是山西境内最古老的产酒区之一，至明朝仍然维持着昔日的繁荣风貌。太原是山西酿酒业的龙头，失传多年的桑落酒又在太原出酿，明代的桑落酒产地很多，以关中和太原所产为上品。潞州之酒有米酒和烧酒两类，烧酒即蒸馏酒，元朝时兴起，首在潞州酿造成功，称为"珍珠红"，明朝又称"鲜红酒"，色红如胭脂。襄陵酒曾被明人赞为"天下之酒，襄陵为最"，属于黄酒，酿造时酒曲中加入草药来增加曲母的酵力和酒的香味。汾州也出产多种品类的美酒,有羊羔、玉露、豆酒、火酒之名,羊羔、玉露尤美。羊羔酒别具一格,位列汾州酒品之首,此酒以羊肉为料,以羊脂入酿,配以草药,作为一种特殊酒品,开拓过较大市场。

清代汾州出产的火酒十分出名,通称"汾酒",已稳夺酒类冠冕。它以汾阳县(今汾阳市)为正宗产地,并以杏花村为酿造中心。民间一直传说,现在所谓的"国酒"茅台也是康熙四十三年(1704)引入汾酒的酿制工艺后再经多次改良而成名的。1915年在美国旧金山"巴拿马万国博览会"上,杏花村义泉泳生产的高粱汾酒荣获最高荣誉——甲等金质大奖章,是中国唯一获此殊荣的白酒。中华人民共和国成立以后,在五届全国评酒会上评选出的"四大名酒""八大名酒""十三大名酒""十七大名酒"中,汾酒都赫然在列。

汾酒属于大曲酒,以高粱为主要原料,采用传统的"清蒸二次清"、地缸、固态、分离发酵法等技术,酿出的酒色泽晶莹剔透,香味悠远绵长,口感爽朗清新,长期储存不浑浊、不沉淀,且储存愈久口味愈加清洌可口,是人们心目中毫无争议的中国名酒。

山西是中国食醋的发祥地之一,素有"醋乡"的美誉,山西酿醋业的产生、发展和进步,同中国饮食文化一样源远流长,自成体系,独树一帜。醋在汉字中最初作"醯",后写为"酢"。

酿醋与酿酒一样需要经历发酵的过程,战国成书的《周礼》一书中已有酿造发酵全过程的记载,所记"醯人"一官就是专为皇室酿醋的官职。西汉《礼记》一书总结了一整套较为科学完整的酿造经验,并记载了酿造的几个要点。北魏贾思勰的《齐民要术》详细记述了包括今山西在内的北方地区的20余种酿醋法,至今山西醋的酿造工艺和基本要素仍是从那时的"粟米曲作酢法""秫米酢法""秫米神酢法"演变而来的。到宋代,山西酿醋业遍布城乡,连地处太行深处的壶关县也出现了"家家有醋缸,人人当醋匠"的盛况。

经过长期的发展演进,山西地区的酿醋业在明清时期达到鼎盛,各地醋坊林立。太原城内有一条叫宁化府的巷子，在明代是太祖之孙宁化王朱济焕的王府，此地有家专为王府酿醋的作坊"益源庆"。明代以前，太原地区即出产陈年白醋，呈白色或黄酱色，明初介休人王来福到清源县（今清徐县）做了"美和居"的大师傅，他不断探索革新酿醋工艺，创造性地在酿造过程中加入一道"熏醅"工序，使醋的颜色变为酱色，并加入了熏香味。清初美和居又采用"夏伏晒""冬捞冰""隔年陈酿"工艺酿醋，醋色黑紫醇香，久存不腐。从此山西老陈醋横空出世，成为王室贡品，闻名中外。1924年，清徐县"福源昌"生产的山西老陈醋荣获巴拿马国际商品博览会优质商品一等奖。民国时人称："我国之醋最著名者，首推山西醋与镇江醋。镇江醋酽而带药气，较之山西醋稍逊一筹。"这是世人对山西醋的最高评价。

第六讲　山右丰饶：古代山西著名的物产和经济行业

知识链接

1. 关公战蚩尤——民间传说宋代时，曾被黄帝杀死的蚩尤的精灵在河东盐池作乱，影响盐业生产。宋朝皇帝祈告已经成为天神的三国名将关羽的神灵下凡除妖。后来，关羽果然率天兵天将来盐池讨伐蚩尤，经过激战将其再次杀死，这才使生产恢复正常，所以关帝在运城盐池也受到特别的奉祀。人们为关帝建造祠宇，敬奉他的画像和神位，祈求得到庇佑，祛除作祟的妖邪力量，保护盐业生产。

2. "针都"大阳——大阳冶铁历史悠久，至明清时期手工制针业迅速崛起，成为"户分五里，人罗万家，生意兴隆，商贾云集"的著名商业市镇。生产的钢针行销大半个中国，并远销国外，因而有"针都"的美誉。大阳卖针人在集市上用娴熟的"甩针"技艺和口中即兴诙谐的小曲儿来吸引顾客。其中《卖针歌》部分歌词云："小小钢针做得精，卖遍天下四大京，东京卖到汴梁地，西京卖到长安城，南京卖遍应天府，北京卖到顺天城。东京军师苗光义，西京军师徐茂公，南京军师刘伯温，北京军师喇嘛僧，四大军师合一处，不如蜀汉一孔明。"

3. 朱弁的《炕寝》诗——朱弁（1085～1144），字少章，徽州婺源（今属江西）人，南宋文学家，朱熹叔祖。建炎初，以太学生擢通问副使赴金国，至云中（今大同）看望被金人俘虏的徽、钦二帝，金人迫其仕伪齐，他不屈于金人的诱胁，被扣留十六年，至宋金议和才被放还。在大同时写下了《炕寝》诗，歌颂当地煤炭，诗云："西山石为薪，黝色射惊目。方炽绝可迩，将尽还自续。飞飞涌元云，焰焰积红玉。稍疑雷出地，又似风薄木。"

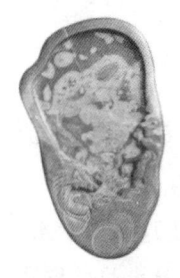

4. 红丝砚——用红丝石加工而成，产于山东益都的黑山和临朐的老崖崮。"纹理红黄相参，理黄者其丝红，理红者其丝黄，注水满砚池，庶不渴燥。"红丝砚质嫩理润，色泽华美，拭之如膏，发墨如泛油，墨色相凝如漆，实属珍品。因矿层较薄，佳材难得，颇为珍重。宋以后，因矿源枯竭，红丝砚制作日渐式微。

5. 李贺《染丝上春机》

玉罂汲水桐花井，茜丝沈水如云影。
美人懒态燕脂愁，春梭抛掷鸣高楼。
彩线结茸背复叠，白袷玉郎寄桃叶。
为君挑鸾作腰绶，愿君处处宜春酒。

6. 中国名酒评选——1952年，中华人民共和国举行第一届全国评酒会，评选国家级名酒。全国数以万计的酒厂、公司选送产品样酒，经筛选确定103种供会议品评。来自全国的酿酒专家、品酒专家从这些样酒中评选出八种国家级名酒，其中白酒四种，分别是茅台、汾酒、泸州老窖特曲酒、西凤酒，称为"四大名酒"。此后，20世纪60～80年代，又先后举行了第二届至第五届全国评酒会，推选出"八大名酒""十三大名酒""十七大名酒"。

参考资料

1. 柴继光，《河东盐池史话》，山西人民出版社，2001年。

2. 胡忠贵编著，《山西煤炭工业简史》，山西科学教学出版社，1988年。

3. 秦瑞杰,《山西煤炭开采史略》,《文史知识》1990 年第 7 期。

4. 张培富、王淑萍,《山西古代对煤的认识和利用》,《科学技术与辩证法》2000 年第 1 期。

5. 乔志强,《山西制铁史》,山西人民出版社,1978 年。

6. 杨秋梅,《山西历史与文化》,三晋出版社,2008 年。

7. 周征松编著,《临汾史话》,山西人民出版社,2006 年。

8. 张舒、张正明,《明清时期山西的潞绸业》,《第十三届明史国际学术研讨会论文集》,湖南人民出版社,2011 年。

9. 沈琨、田秋千,《潞绸史话》,《山西档案》2008 年第 6 期。

10. 王赛时,《山西酿酒史话》,《沧桑》1995 年第 2 期。

11. 颜景宗,《浅议山西老陈醋的文化与传承》,《食品工程》2015 年第 2 期。

12. 宋小乐,《山西醋文化的初探》,中央民族大学 2009 年硕士学位论文。

思考题

1. 古代山西有哪些著名的物产和经济行业?这些著名的物产和经济行业与晋商兴盛有何关系?

2. 运城崛起为晋南区域中心城市的原因有哪些?

3. 潞绸业走向衰败的影响因素是什么?

第七讲

通济天下：
明清山西的商帮与票号

导　读：

　　山西商人是中国最早的商人之一，他们很早就凭借着本地优势资源和与多方连通的区位优势从事商品营销贩运活动，但在明代以前，山西商人在全国商界中的地位尚不突出，还未形成商人集团，也没有一定的组织形式。明代开中制实行以后，山西商人以"极临边境"的优势逐渐兴起于商界，明中叶以后，晋商进入第一次大发展时期，商人的组织性也开始紧密起来。清代晋商进一步发展，催生出享誉世界的山西票号。明清晋商称雄商界500年，涌现出一大批著名的商号、票号和商人家族，他们凝练成的晋商精神是晋商走向成功的宝贵精神财富，值得继承和发扬。

一、明代以前的晋商及其商业活动

人的生活离不开盐，盐是最早商品化的资源之一，中国早期商业的起源发展与盐密切相关。夏、商、周三代的核心区域都在河东盐池的消费区，盐池与盐业构成了三代文明的经济基础，以池盐为经销对象的山西商人应该是中国最早的商人之一。

（一）汉代以前的山西商人

春秋晋文公称霸之时，为了发展商业，采取"轻关易道，通商宽农"政策，以致晋南绛邑富商之资财"能金玉其车，文错其服，能行诸侯之贿"。春秋末期鲁国人猗顿徙居晋南，靠发展畜牧业和开发河东盐池累成巨富，成为与陶朱公范蠡齐名的富商大贾。战国时期的段干木原是"晋之大驵"，即市场经纪人，却被魏文侯遵奉为师。这些都说明晋地具有良好的商业发展环境和社会氛围。晋北塞外草原向为游牧部族所居，生产结构单一，很多物资依赖南部农耕民众易换输入，于是晋人利用地理上的毗邻之便，与戎狄等部族积极开展边境贸易，1963年阳高县发现的战国"晋阳布"可为这种边境交易提供佐证。

入汉以后，汉匈虽屡有冲突，但双方民间仍然保持着贸易往来，山西商人继续在长城一线与匈奴贸易，史载"匈奴自单于以下皆亲汉，往来长城下"。武帝欲在马邑伏击匈奴，使邑人聂壹"间阑出物，与匈奴交易"，诱使其贪图马邑财物而出击。表明聂壹是经常与匈奴交易的山西大商人，可以诈取匈奴上层贵族的信任。马邑伏击战无果而终后，双方再次决裂，但匈奴自上而下都离不开汉地的各种物资，而汉朝为了减轻匈奴对北部边地的滋扰袭掠，也通过互市满足其交易需要，从而使双方之间的贸易得以延续。匈奴通过互市购买汉人的农产品和手工业品，以解决日常生产和生活中的需求和贵族阶层对奢侈品的需求，汉人则向匈奴购买皮革、马匹等畜产品。丝绸之路凿通以后，山西商人又加入与西域贸易的行列，清末曾在灵石县发掘出年代相当于中国汉代的古罗马钱币16枚,此县至今尚有贾胡堡村,与"西域贾胡到一处辄止"的记载契合,应是因西域商贾聚集而来的地名遗存。汉代山西商人还到东北地区经商,《后汉书·独行传》中有太原人王烈避黄巾、董卓之乱,迁徙辽东经商做贾的记载。三国时,鲜卑部族首领到魏国朝贡,请求通市,曹操封之为王,其部众曾到并州互市贸易。

(二)魏晋北朝至元代的山西商人

魏晋北朝时期,山西人经商的传统得以延续。《魏书》记载繁峙人莫含"家世货殖,资累巨万"。后赵政权的建立者武乡羯人石勒,年少时亦曾"随邑人行贩洛阳"。北朝时山西从商之人众多,有"河东俗多商贾,罕事农桑"之谓。迨至隋唐五代,山西的商贸活动进一步发展。隋唐文水人武士彟以经营木材生意致富,资助李渊晋阳起兵反隋,唐朝建立后官至工部尚书,获封应国公。中国历史上唯一的女皇帝武则天,就是他的女儿。唐代晋阳成为北都,拥有发达的交通网络:西南通国都长安;南可达东都洛阳;东可至幽州,并联系靺鞨、渤海诸部,以及高丽、新罗、日本等国;北抵忻州、代州、朔州、云州,通突厥、回纥诸部。晋阳政治地位的上升和交通网络的完善无疑有利于山西工商业的发展。闻喜人裴伷先被武则天流放到北庭,"货值五年,致资财数千万"。契丹的上京临潢府(今内蒙古巴林左旗林东镇以南的波罗城)"有邑屋市肆,交易无钱而用布",各行从业者"皆中国人,而并、汾、幽、蓟之人尤多"。五代时期对藩镇的约束较为宽松,对藩镇的经商行为限制较少。后周时太原人李彦颛本以商贾为业,太祖郭威镇守邺城时跟随左右,即位后受封绫锦副使、榷易使等职,世宗时改任外官武职,到任后仍"颇以殖货为意"。

宋元时期,山西地区的商业活动继续发展。宋代并州阳曲人张永德家世饶财,在太原时,曾令亲信贩茶获利,然后出塞市羊。他财大气粗,出手阔绰,太祖迎娶孝明皇后时,出金帛缯钱数千作为贺礼,所以太祖对他一直恩渥有加。金代晋南地区的商人多以贩盐为业,即所谓的"解、绛民多贩盐"。

元代山西商贾也很活跃，马可·波罗称晋陕豫黄河三角地带"有大批的商人从事广泛的贸易活动"，山西"商业相当发达"，"这一带的商人遍及全国各地，获得巨额的利润"。

总之，山西商人很早就凭借着本地优势资源以及与多方相通的区位优势从事商品营销贩运活动，是贸易活动中较为活跃的一支力量。但明清以前的山西商人在全国商界中的地位尚不突出，也没有一定的组织形式，还未形成商人集团。

二、明代晋商的崛起

山西商人历经元代以前的长期积淀，终于在入明以后以"开中制"为契机逐渐崛起。

（一）开中制与晋商崛起

明朝建立以后，为了抵御蒙古残余势力的南下侵扰，在北部边境相继建立了九边重镇，即辽东、蓟州、宣府、大同、山西、延绥、宁夏、固原、甘肃，总计驻军约80万人，使得长城一线形成了一个巨大的军事消费区。为了供应驻军粮饷，明朝政府让边镇驻军就地垦殖，但沿边一带土地瘠薄、气候寒干，所产军粮物资远不能满足所需，因而政府还要从内地调运粮饷加以协济。由于供给线崎岖漫长，运输成本高昂，而且由农民应差也妨碍了他们的正常生产活动，从而给明政府和百姓带来了巨大的负担。为了节约运费和民力，洪武三年（1370），明政府按照山西行省的建议开始推行开中制。

开中制又称"开中法"，指的是明政府以给予食盐运销权来鼓励富商大贾将粮草等军需物资运往边镇交纳的制度。这项制度大致分为三个步骤：报中——官府出榜招商，商人应招，将粮食等物资运到边镇，换取相应数量的盐引；守支——商人凭政府发给的盐引，到指定的盐场等候支盐；市易——商人将领到的食盐运往指定区域销售。明中期以后，开中制逐渐被破坏，弘治五年（1492），纳粮开中改为纳银开中，万历四十五年（1617）以后，开中制又被"纲法"（又称"纲监制"）取代。

山西地处长城内侧，开中制实行以后，山西商人便以"极临边境"的优势捷足先登，纷纷进入北方边镇市场。九镇中的山西、大同均在山西境内，而宣府镇距离山西也不远。大同镇与宣府镇驻军最多，所需粮饷物资也最多，开中盐引量也最大，为晋商的发展提供了极为有利的条件，于是晋商集盐商、粮商于一体，逐渐兴起于商界。他们的经商范围并不局限于山西沿边各镇，而且向周边各镇辐射延伸，延绥、宁夏、甘肃等镇也有晋商贸易的足迹。

明初晋商的崛起除了开中制的制度背景和山西地域上沟通中原与塞外的区位优势外，还有三点重要的原因。

第一，盐、铁、绸等手工业商品生产的发展为晋商崛起提供了物质基础，这些内容前文已有叙述。

第二，山西南部地狭人稠，是晋人外出谋生经商的重要原因。元明鼎革之际山西受战乱影响较小，人口较多，据明洪武十四年（1381）的数据，当时山西总人口有400多万，比邻近的河北、河南两省人口总和还要多。明政府在洪武、永乐年间先后从山西组织移民18次，将近百万的人口迁往北京、河北、河南、陕西、山东、宁夏、甘肃、江苏、安徽等地，所迁之民多数来自晋南和晋东南地区。这里地狭人稠，生存压力大，单靠农业不足以资生，所以很多人选择外出经商。明代蒲州人张四维就说："吾蒲介在河曲，土陋而民伙，田不能以一援，缘而取给于商，计其挟轻资牵车走四方者，则十室九空。"

第三，晋人勤俭、礼让、诚实的民风是晋商兴起的人文因素。山西自然条件较差，灾害频发，农业收入无多且不稳定，所以晋地民风古朴，人多勤俭、礼让、诚实，这些是经商所必需的精神品质。

（二）明代中期以后晋商的特点

明中叶以后，随着社会商品经济发展，晋商进入第一次大发展时期。明代晋商及其经营活动有如下特点：

1. 资本雄厚

明初开中制推行以来，晋商一度垄断北部边镇的开中特权，从中获取了高额利润，积累了大量财富。明人沈思孝曰："平阳、泽潞豪商大贾甲天下，非数十万不称富。"宋应星说：扬州"商之有本者，大抵属秦、晋与徽郡三方之人"。林希元亦云：南京晋商"挟资大者巨万，少者千百"。明代商人中以晋商和徽商实力最为雄厚："富室之称雄者，江南则推新安（即徽商），江北则推山右。新安大贾，鱼盐为业，藏镪有至百万者，其他二三十万，则中贾耳。山右或盐，或丝，或转贩，或窖粟，其富甚于新安。"明代著名的晋商多出自山西南部的平阳、蒲州、解州，即今天的临汾、运城地区。

2. 积极推动和参与蒙汉和议互市

入明以后，明朝与蒙古的关系很不稳定，双方时常爆发战争，边境互市贸易亦时断时续。隆庆四年（1570），蒙古俺答汗之孙把汉那吉因婚姻纠纷而弃蒙降明，晋商出于贸易需要，主张以此事为契机，推动蒙汉和议和开通互市，时任宣大总督王崇古提出"封俺答，定朝贡，通互市"的"朝贡八议"。此议得到内阁大学士高拱、张居正、张四维等人的支持，史称"隆庆和议"。王崇古和张四维都是晋商家庭出身的高级官僚，《明史》记载"关市议案，古独成之"，"俺答封贡议起，朝右持不决，四维交关于拱，款事遂成"，可见二人在蒙汉达成和议一事中发挥了巨大作用。隆庆和议后，明蒙结束近200年的敌对状态，"自是边境休息，东起延、永，西抵嘉峪，七镇数千里军民乐业，不用兵革，岁省费什七"。和平环境下，官方主持的官市和民间自发的民市都很快发展起来，晋商广泛参与互市，获利巨大。

3. 经营活动中有四个战略转移

（1）盐业经营由边商转变为内商。弘治五年（1492）开中制由纳粟改为纳银以后，内商可于扬州、杭州等地直接向盐运使司纳银换区盐引，边商囤积大量粮食却无法获得盐引，于是边商逐渐衰落，内商逐渐兴盛，部分晋商及时调整经营策略，迁居淮浙，由边商转为内商，专门经营盐业。

（2）由盐商转为多种经营。明初开中法以盐业为中心，明中叶以后，开中制废弛，晋商经营的行业不再局限于食盐，而是扩大到粮食、棉布、棉花、丝绸、茶叶、毡绒、颜料、煤炭、铁货、木材、烟草、油脂、人参、纸张、干货等商品。

（3）活动范围由纳粟开中区发展到全国各地。受纳粟开中的影响，明初晋商活动地域主要在北部边镇和两淮、长芦、河东等盐区，明中叶以后除上述地区外，又逐渐向全国各地发展，"西到秦陇甘凉瓜鄁诸郡，东南达淮海扬越，西南则蜀"，黄河流域、长江流域乃至于国外都留下了晋商活动的足迹。襄陵县商人万历时曾"贩于海外"，崇祯年间有商船私自出海与日本贸易，"其贾多晋人"。

（4）出现了朋和为邦的组织形式。明初晋商的经营方式有独资、贷金等形式，为了应对激烈的商界竞争，中叶以后晋商开始加强内部组合，形成商帮，有三种组织形式：一为行帮，以商人的籍贯区分，《长芦盐法志》记载的五个行帮中晋商就占了四个。二为朋和营利，资本雄厚的晋商将资本交于当地商人，订立契约，合作营利，"有无相资，劳逸共济"。三为伙计制，出资人择品行端正之人做伙计，给予资本，代为经商营利，双方以信义为本。

总之，明初晋商崛起，至中后期已经发展为资本巨大、活动区域广泛、经营项目繁多的地方商帮，在全国商界占有举足轻重的地位。这既受益于明代商品经济的发展，更是晋商抓住时代机遇、积极开拓、因时而变的结果。

三、清代晋商的新发展

清代是疆域空前辽阔的大一统王朝，蒙古、新疆、西藏、台湾、东北等边疆地区都在清王朝的版图之中，和平、统一、稳定的环境为商业活动的发展提供了重要保证。水陆交通网络的建立与扩展为晋商走向全国奠定了基础。清政府采取的发展生产、鼓励商业贸易的政策推动了商品货币经济的发展。基于以上原因，清代晋商进一步发展，主要表现在以下几个方面。

1. 北部和西北边疆贸易的主力军

康熙年间，清朝在对准噶尔的战争中为了解决军需问题，允许商人随军贸易，晋商以此为契机进入蒙古草原，除供应粮马等军需品外，还与蒙古人进行交易。乾嘉以前，清政府对旅蒙商人限制较严，如课以重税、指定贸易地点或范围、凭票交易等。乾嘉以来，限制政策有所放宽，旅蒙贸易得以快速发展，贸易范围由近及远，从漠南逐渐深入漠北、漠西地区。清朝统一新疆后不久，晋商就通过蒙古草地开辟了一条通往新疆的商路，转运销售内地和新疆的各色商品。晋商在北部和西北边疆地区的贸易中采取物物易换、游动经商、集镇交易等形式，以驼马运输商品，结成驼帮，携数犬巡逻，雇镖师护卫。

2. 垄断恰克图国际贸易

雍正五年（1727）中俄签订《恰克图条约》，将恰克图作为双方边境贸易地点，允许两国商民建造房屋、商店，免除关税，自由贸易。中俄分别在己方边境建买卖城和恰克图城供两国商人居留贸易，清政府禁止妇女在买卖城居住，城内定居的都是单身商人和他们带来的年少男孩。晋商是最早前赴恰克图进行贸易的商人，从开埠以来到清末一直垄断当地贸易，经营的出口货物以烟草、茶叶、布绸等为大宗，主要进口皮张毡片等物。

3. 范围遍及全国，项目广泛

明代晋商活动区域虽然广泛，但总体来说是"半天下"，清代晋商足迹则在明代的基础上进一步拓展，深入全国各地，在北部和西北地区尤其活跃，京师、天津、张家口、汉口、南京、苏州、广州等地是活动较为集中的地方，西南、东北地区也有晋商活动，同时还把业务扩展到了中亚、俄国、日本等国外地区。经营的商品也有了新的扩充，有绸布行、纸张行、皮裘行、油酒行、盐茶行、典当行、粮食行等。

4. 商人的集团性进一步增强

明代山西商人已经形成地方性商帮，入清以后晋商商帮又获得了长足发展。商帮指商人利用地域、宗族、姻亲、师徒等关系联合起来组成的松散的商人群体。清代山西商人集团性加强有三点表现。

第一，晋商会馆的发展。会馆是中国明清时期都市中由同乡或同业组成的封建性团体，它的主要作用是联系乡情、互帮互助，维护同乡或同行商人的利益，兼有举行祭祀和庆典的功能。清代山西会馆遍布全国各工商业城镇，京师最多，据不完全统计有40多处。

第二，联号制形式的出现。联号类似于西方资本主义企业的子母公司，多由一个财东（或以一个为主）出资，对所经营的各地不同行业的商号以子母形式进行管理的一种体制。山西商人联号的总号均设在山西，分号则遍布全国各大城镇和商埠。

第三，股份制的实行。股份制又称"股俸制"，有银股、身股二种，以资金投资者为银股，凭资历、能力入伙者即为身股。不论银股还是身股都可以按股分红。晋商通过银股吸收投资，扩大商业资本，通过身股把商号经营与商号职员的利益密切联系起来，调动了经理、职员和学徒的积极性，从而增强了晋商在同业中的竞争地位。

四、清末金融界的翘楚

道光以后晋商进入第三次大发展阶段，突出表现就是山西票号的创始与发展。票号是中国古代的一种金融机构，也称"票庄"或"汇兑庄"，是汇兑银票的处所。早期票号以承担汇兑业务为主，而后许多票号又增加了存放款服务，具有类似近代银行的功能。

（一）票号兴起的原因与时间

票号的出现有着深厚的历史背景。入清以后商品经济持续发展，对货币金融提出新的要求，促使封建金融机构突破单纯的兑换范围，逐步过渡到信贷阶段。商品流通幅度扩大，不同地区间债务清算和现金平衡等新问题也需要汇兑专业化。明代中期以来，银币开始广泛使用，万历初年"一条鞭法"

的推行使得赋役征收银钱更加普遍。清代赋役征收和薪饷发放也多用银，而且货币地租也有新的发展。社会上的商品货币交换日趋频繁，客观上需要专业经营汇兑和存放款业务的金融机构。雍正年间北方已经出现账局，经营者多为山西人。乾隆时已经出现经营银钱兑换的钱庄。乾隆以后钱庄业务逐渐由银钱兑换向信贷转化，由钱庄签发的钱票已在一些地区流通使用。清嘉道以来部分商业资本转化为高利贷资本，使得典当铺经营日趋活跃。账局、钱庄、典当铺等类型的早期金融机构为山西票号的产生创造了条件。随着商品交易范围的扩大，异地采购业务不断增多，现银调动的次数和数额越来越大，传统的镖局运现时间长、成本高、风险大，已经不能适应货币交割的需要。由于以上种种因素，以经营汇兑业务为主的票号便应运而生。

山西票号产生的具体时间存在争议，有明末清初、康熙朝、乾嘉时期、道光初年等多种观点，通行的说法认为山西第一家票号是道光初年的日升昌，由雷履泰首创。日升昌的前身是平遥达蒲村李氏在县城和北京开设的颜料商号——西裕成颜料庄，嘉庆后期雷履泰出任总经理。当时白莲教教徒起义，加上灾荒不断，社会动乱不安，商号之间调运现银用镖局护送费资耗时，且很不安全，所以雷履泰就以汇票代替运现，后来兼营汇兑业务，道光初年又把西裕成颜料庄改组成专营汇兑的日升昌票号。

（二）山西票号的繁荣

日升昌票号成立后，业务迅速发展，至清末分号遍布全国各大城镇商埠，获利巨大，仅光绪三十二年（1906）北京等14个分号就获利58万余两。在日升昌的带动下，山西商人纷纷投资票号。总体来说，道光年间是山西票号的兴起时期，有票号十来家，咸丰年间受太平天国和捻军战争影响，票号发展受挫。同治时期开始，山西票号又进入新的发展阶段，至光绪年间达到鼎盛，票号数量从咸丰十年（1860）的14家发展到光绪十九年（1893）的28家。光绪二十六年（1900）庚子之乱虽令山西票号有所损失，但尚未伤及元气，各家票号齐心协力应对兑现者，反而借机"信用益彰"，"名誉著于全球"。山西票号设立的国内分号由 20 余家发展到 80 余家，并将分号设到了国外，如朝鲜新义州、仁川和日本大阪、神户、横滨、东京等。随着业务的发展，山西票号内部形成了以总号所在地区别的三大帮，即总号设于平遥县的平帮、太谷县的太帮（谷帮）、祁县的祁帮。在山西票号的影响下，江浙、云南等地也在同治年间开始设立票号，如浙江钱塘人"红顶商人"胡雪岩同治二年（1863）设立的阜康票号，云南人李氏（一说王氏）光绪元年（1875）设立的天顺祥票号，江苏洞庭人严信厚光绪九年（1883）设立的源丰润票号。

山西票号主要经营汇兑和存放款业务，顾客最初以内陆商埠的个人和商号为主，咸丰以后又承担起为清政府大量汇兑公款的业务。其业务活动大体依据客户对象分为两类，一是对私业务，即办理各地商号和钱庄的存放款业务，支持其经营活动，为近代民办企业收存股款、代招股金等。二是对公业务，此类业务涵盖内容广泛，包括对近代官办工矿业、铁路交通业发放贷款，汇兑各省京饷、海防经费、汇解协饷、汇兑河工经费、赈灾款、借垫款于各省和税关、汇兑庚子赔款、承办"四国借款"等。

山西票号是从商业中分离出来的金融机构，适应了商品交换和货币流通扩大的需要。19 世纪 50 年代以后，山西票号业务逐渐以大额的汇兑和借垫公款为主，对普通商人和百姓的汇兑业务不再热衷，规定 500 两以下的汇兑业务概不办理。他们通过汇兑公款掌握了大量不计利息的资金，获得了巨大利益。光绪三十年（1904）清政府规定公款发商生息办法后，利率年息不过 4 厘到 5 厘，票号占用公款仍然获利巨大。据统计，光绪三十二年（1906），票号掌握着户部近三分之一的存款，其利益与清政府的利益联系紧密，以至于走上畸形的繁荣道路。

五、著名的商号、票号与商人家族

明清五百年是晋商繁荣发展的黄金时期，涌现出很多著名的商号、票号,以及精明能干的商人家族。

(一)著名的商号与票号

1. 大盛魁商号

大盛魁商号由随清军贸易的三个小贩——太谷人王相卿和祁县人史大学、张杰创办,初名吉盛堂,康熙末年改为大盛魁。总号初设于乌里雅苏台,后迁至归化城,主要经营砖茶、生烟、绸缎、糖、铁器、畜产品、药材等。大盛魁商号极盛时,几乎垄断了蒙古牧区市场,是清代晋商开办的对蒙贸易的最大商号,有员工六七千人,商队骆驼二万头,不仅对蒙贸易,而且将业务扩展至俄国,资本十分雄厚,号称可以用50两重的银元宝铺一条从库伦到北京的道路。清末民国逐渐衰落,1929年倒闭。

2. 广升药店

太谷广升药店的前身是广盛药铺,约创办于明朝嘉靖年间,由别处到太谷行医的大夫开办,后被当地地主侵夺,清嘉庆年间药店改组,更名为广升药店。以出售自制的中成药龟龄集(滋补药)和定坤丹(妇科药)著名,至今仍享誉海内外。光绪初年快速发展,先后在全国药材主产地和进出口岸建立分店。光绪四年(1878)至十一年(1885),先后进行第二次、第三次改组,药店分裂成广升远、广升蔚两家。前者经营有道,从成立到1930年获利在70万两以上;后者经营不善,每况愈下,光绪三十三年(1907)又吸收新股金,更名为广升誉,但仍连年亏损,虽经1918年再次改组,仍不能挽回颓势,营业一直处于劣势。

3. 日升昌票号

日升昌票号是清代开办最早的票号,财东为平遥县达蒲村李氏,前身是西裕成颜料庄,总庄设在平遥,在北京设有分庄。道光初年在总经理雷履泰的主持下改组成专营汇兑业务的日升昌票号。生意兴隆,获利巨大,据估计,从道光至同治50余年时间内,财东李氏从票号分红达200万两以上。日升昌票号营业中心地点在南方,受清末民初战乱的影响较大,活跃于金融界 90 余年后倒闭。

4. 蔚泰厚、蔚丰厚票号

这两个票号均为介休侯氏开办。蔚泰厚的前身是侯氏在平遥开办的绸缎店，与日升昌票号相邻。侯氏羡慕日升昌票号的红火，遂拉拢其副经理毛鸿翙入伙，于道光十四年（1834）改组成票号。毛氏锐意进取，使得业务蒸蒸日上，又聘请超山书院山长徐继畬制定严格的号规，依据章程经营，规章制度较为完善，声势更加显赫。咸丰九年（1859）有资本 30000 两，获利近 82500 两，每股分红 4660 两。光绪五年（1879）有资本 135000 余两，获利 214000 余两，每股分红 6066 两。1916 年前后歇业倒闭。

蔚丰厚票号创始于道光十九年（1839），有资本银 17 万两，总号亦设于平遥，分号遍布全国各地，光绪年间年获利 20 万两左右。1921 年受时局变化影响，宣告停业。

5. 合盛元票号

合盛元票号前身是茶庄，道光十七年（1837）改组成票号，财东是祁县人郭源逢和张廷将（大盛魁商号创始人张杰后裔）。最初股金 6 万两，总号设在祁县，先后在全国各主要城镇设立分号，股金发展到 10 万两，至 19 世纪 80 年代又发展到 50 万两，公积金 650 万两，加上存款，周转资金达 1000 万两。甲午战争后，在东北与日俄竞争，并向国外发展，在朝鲜新义州设代办所，开始国际汇兑业务，代办所在光绪二十六年（1900）改称合盛元支庄。光绪三十三年（1907）在日本神户成立合盛元神户银行，半年内又在东京、横滨、大阪及韩国仁川等地设分庄。在日本的机构主要承担清朝留日学生学费汇兑业务。合盛元票号光绪三十三年（1907）、光绪三十四年（1908）的汇兑额达 2000 万元以上。清朝覆灭后，合盛元于 1914 年歇业倒闭。

其他著名的商号和票号还有六必居酱园店、天成亨票号、大德通票号、协同庆票号等。

（二）著名的晋商家族

1. 蒲州张氏和王氏

蒲州张氏和王氏是以商起家、官商结合的显赫家族。张氏先世原居于解州盐池之南，元朝避乱迁居蒲州，至张允龄时开始经商，足迹遍布西北、东南、西南各地，他笃信重义，为众商敬服。长子张四维中进士后官至吏部侍郎，与王崇古、高拱、张居正等人促成了隆庆和议。四维以经商致富，素与张居正交好，往来不断，在其援引下入阁，并在张居正死后出任内阁首辅。张允龄之弟张遐龄、张四维之弟张四教亦以经商为业。张氏姻亲也多是商人或官宦之家。

王氏是与张氏联姻的蒲州另一商人家族。王氏原居汾阳，明初迁至蒲州，传至王现、王瑶兄弟时开始经商，获利巨大。王瑶长子王崇义是盐商，三子即王崇古，官至宣大总督、兵部尚书。王崇古的大姐嫁给蒲州商人沈江，二姐嫁给了张允龄，即张四维之母。王崇古最大的功绩是与张四维一道促成了隆庆和议。

2. 平阳亢氏

平阳亢氏，清初人称"亢百万"，终清一代，资产丰饶，据清末民初的《清稗类钞》记载，亢氏家族资产高达数千万两，堪称山西首富，富可敌国。家族中第一个发迹者是亢嗣鼎，生活于明末至清代康熙年间。亢氏是一个大地主，拥有大量田宅，号称"上有老苍天，下有亢百万。三年不下雨，陈粮有万石"。在平阳府"宅第连云，宛如世家"。商业上主要经营食盐、典当行和粮食。在扬州经营食盐获巨额利润，购置大片房产，如著名的"亢园"，在两淮盐场中与安氏齐名，称"南安北亢"。在平阳府开有一家大当铺，是经营典当业的大富商。同时在北京从事粮食贸易，经营粮店，批发、零售兼营，是京师资本最雄厚、规模最大的粮店。

3. 介休范氏

介休范氏以范毓馪时代最盛，其祖父范永斗明末就从事张家口贸易，并进出辽东。清军入关以后，赐给范永斗张家口房地，隶内务府籍，仍互市塞上，从此成为皇商。他与儿子范三拔挟内务府威权，一方面继续经营边疆贸易，另一方面深入内地市场从事绸、布、茶、粮贸易。康熙到乾隆早期是范氏家族政治、经济发展的黄金时期，三拔子毓馪与其他兄弟在清政府平定准噶尔的战争中运送巨量军粮，并发私财支援军饷，出力巨大。清廷投桃报李，给予范氏很多褒奖，家族中有20多人被授予官职，其中不乏总兵、提督、道员、知府等大员，科举方面有进士二人、举人三人、武举一人等。范氏家族经营项目广泛，包括铜、食盐、木材、马匹、人参、玻璃等，资财雄厚。乾隆十年（1745）以后，家族开始衰败，至乾隆四十八年（1783）因亏欠官帑过多，被革除各部门官职，并查封财产。

4. 祁县乔氏

乔氏家族始祖乔贵发父母双亡，佣工为业，乾隆初年与秦姓结为兄弟，一同走口外，几经周折，合伙创立广盛公商号，后改为复盛公，经营粮、油、米、面等，生意日渐兴隆。乔家子弟恪守祖训，家业兴旺，而秦家则挥霍浪费，基本将股金抽出花光，后来乔氏股金越来越多，几乎独占。乔氏掌管商号以后，在包头开设商号和门面，雇工四五百人，是包头开办最早、实力最雄厚的商号，有"先有复盛公，后有包头城"的说法。乔氏又向内地大中商埠扩展，商号遍布全国，《清稗类钞》说乔家资产有四五百万两，实际应该有数千万两。乔氏在经营中注意交结官府作为靠山，上自皇室勋贵，下至府州县官。庚子事变中资助慈禧40万两白银，解决西逃过程中的花费。清廷则投桃报李，给予乔氏各种照顾和方便。乔致庸是家族中出类拔萃的人物，为乔家兴盛做出了巨大贡献。乔家还注重子弟教育，家族中人多有功名在身。清末政府设立户部银行以后，乔家开始衰败，票号业务多被官办银行夺走，清朝灭亡时，依附于政府的乔家受损严重，民国以后又经历几次打击，中华人民共和国成立前已经奄奄一息。

其他著名的晋商家族还有介休侯氏、冀氏，祁县渠氏，榆次常氏，太谷曹氏、孔氏，平遥李氏等。

六、晋商精神及其成功之道

明清山西商人称雄国内商界 500 年，在国际商界也具有一定的影响力，他们的成功令人瞩目，成功的秘诀更值得探究。晋商之所以能筚路蓝缕、不畏艰险、艰苦创业、走向辉煌，是因为他们自觉或不自觉地发扬了特殊的精神力量，这种精神力量就是"晋商精神"，它体现在晋商的经营意识、组织管理和心智素养之中，凝结成为晋商的成功之道。

（一）晋商精神

1. 不畏艰险，吃苦耐劳

借助明清商品经济发展的历史机遇，晋商大显身手，运销国内外商品，足迹遍及全国和海外部分地区。他们常常栉风沐雨，负货远征万里，具有坚韧不拔的意志和不畏艰险的进取精神。清代的随军贸易中，晋商"虽锋刃旁舞，人马沸腾之际，未肯裹足，轻生而重利"，全然把生死置之度外。对蒙古、新疆以及中亚和俄国的贸易商品多从福建、安徽、两湖等地采购，中途水陆兼程，披荆斩棘，严寒酷暑、天灾人祸在所难免。晋商中赴外求利、一去不回、埋骨他乡的人屡见不鲜。他们正是以这种"辟开万顷波涛，踏破千里荒漠"的开拓精神取得了巨大成功。

2. 以义制利，崇尚信誉

晋商在"义"和"利"的认识上具有独特的理解和行为规范，他们身入财利之场而不污，轻财尚义，业商而无市井之气，经营以诚信取胜，行事以道德信义为根本。贸易中"重廉耻而惜体面"，奉行"平则人易信，信则公道著，到处树根基，无往而不利"的准则，以做"善贾""良贾"为荣，将严守商业信誉作为家训，代代相传。祖辈破产欠债，若干年后子孙发达后主动还债的事迹屡见不鲜，受一事、诺一言，即终生不渝，所以能长久发达于商界。洁身自好也是晋商的良好风尚，几乎无人舞弊，一旦失信舞弊，遂为同乡、同行所不齿，等同自绝生路，故而人人戒之，做到了"以义制利"。

3. 团结协作，同舟共济

明清时期商业竞争加剧，单打独斗很难立足，遑论发展，晋商很重视发挥群体的力量，以血缘、乡情和姻亲关系为纽带，组成地域商帮集团，互相提携，互相帮扶，维护共同利益，一致应对行业竞争。晋商热衷组织同乡会和会馆，此类组织遍布全国城镇商埠，边远省份也不例外。他们通过同乡会和会馆联络感情，分享商业信息，管理协调经营活动，避免内部争斗损耗，集中力量一致对外竞争，维护团体的共同利益。

4. 因势利导，应变图存

晋人刚毅务实，养就了遇挫折不气馁、变不利为有利的应变图存精神。同治年间，俄商凭借不平等关税条例的庇护和本国政府的支持，来中国贩运茶叶、土货去恰克图贸易，晋商之利被其侵夺，陷入困境。他们由恰克图假道俄边行商，进而打入俄国腹地，与俄商争夺利源，一度反败为胜。太平天国运动期间，晋商在福建武夷山的茶业进货渠道受阻，遂迅速转向湖南采购，在气候条件优越的两湖交界地区指导民众栽培成功，既解决了货源问题，又为当地培植了新的产业，促进了经济发展。

（二）晋商成功之道

1. 经营意识

明清晋商之所以成功，与其经营谋略使用得当和拥有良好的经营作风密切相关。经营谋略包括：审时度势——"屯得应时货，自有赚钱时""人叫人观望不前，货叫人点首即来"。审时度势，以独到的眼光精准地把握商机是经商成功的必要条件。灵活机动——根据市场需求，组织顾客最需要的货源，供给与需求精准对接，从而实现购销两旺。薄利多销——在保证货品质量的前提下，以相对低廉的价格出售，不仅能吸引顾客，而且能加快资金周转。慎待相与——"相与"就是有往来业务的商号，"慎待"就是不随便建立相与关系，慎重选择信义可靠的商号建立业务往来。相与关系一旦建立，就要善始善终、同舟共济。重视商情——"买卖赔与赚，行情占一半"，晋商非常重视通过各种渠道获取市场供求状况以及各地军政实况、工农生产、商界与政界人事变动等相关信息，及时采取应对措施，把握主动权。

经营作风包括：诚信至上——晋商认为经商是"陶朱事业"，须以"管鲍之风"为榜样，对所有顾客一律真诚相待。售货应货真价实，不缺斤短两，童叟无欺。如货质低劣，宁肯赔钱也绝不抛售。深知一旦信誉丧失，必然招致失败。俭约自律——"勤俭为黄金本""晋风多俭，积累易饶"，晋商在开源的同时，注重节流，富而若贫，不豪奢浪费。

2. 组织管理

（1）经理负责制：晋商聘任商号经理，用人唯贤，唯才是举，一旦聘定，即将资本、人事等全权委托经理负责，一切经营活动概不过问，用人不疑，让其放手经营，只以年终决算报告评判经营成效。即便结算时亏损，只要不是人为失职或能力欠缺所致，财东非但不会责怪经理，还会多加慰勉，让其重整旗鼓，来年扭亏转盈。

（2）学徒制：店员、学徒的录用也十分严格，多选五官端正、举止大方、家世清白、吃苦耐劳、精书写珠算的青少年。入号前测试其智力和文字，入号后选资深教师进行业务技术和职业道德两方面的培养训练。严格的学徒制为晋商培育、储备了不少人才，成为日后晋商的骨干力量。

（3）人身顶股制：晋商商号中的资深掌柜、伙计可以自己的智力和劳动力顶股份，与财东的银股一起分红，并且不承担亏赔责任。身股多少按照个人的工作能力和效率确定。此举将店员个人利益与商号、财东利益紧密联系在一起，在协调劳资关系、调动店员工作积极性方面发挥了很大作用。

（4）号规与账簿："家有家法，铺有铺规"，晋商号规严格，上下需一体遵守，内容包括分号与总号的关系、经营原则、对工作人员的要求等内容，从制度上规范经营。晋商账簿分类众多，登记详密，有万金账、流水账、汇兑账、存款账、放款账等十几种，从财务管理方面规范商业经营。

3. 心智素养

（1）儒贾相通观：明清时期一般认为"儒为名高，贾为利厚"，儒、贾追求目标不一致。一些晋商却认为儒、贾相通，儒可贾，贾亦可习儒而入仕。明代蒲州商人王瑶"虽挟资远游，所至必以篇简自随"，著《日用录》一书。明代代州商人杨近泉"独喜与士人游，更相过从"，后人中多有中科举、仕显宦者。河津商人史记言在运城为诸生所辱，发奋读书，竟然考中万历戊戌科进士，知河南济源县。

（2）义利相通观：明清晋商讲究见利思义，不发不义之财，"仁中取利真君子，义内求财大丈夫"，义利相济相通。先义后利、以义制利成为晋商经营理念的核心。他们崇祀关羽不仅因为关羽是同乡，更重要的是看中他以义气为重。在义利相通观念的影响下，诚信不欺、重视信誉成为晋商的从业道德观。康熙时介休商人范毓馪代死去的王某赔补亏帑83万两。清代介休商人范永斗因"久著信义"受到清政府青睐，当上皇商，获得厚利。

（3）科技应用观：明清晋商很注重数学等科学知识的运用。明代蒲州商人张四教精通《九章算术》，将数学知识用于经商，"末年业用大裕，不啻十倍其初"。明代晋商王文素长于算法，著《新集通证古今算学宝鉴》，内容丰富、科学性强，胜过很多同类著作，是一部优秀的应用数学著作。此外，清代晋商还在《生意世事初阶》的基础上，编著《贸易须知》一书，总结坐贾经商和培养学徒等方面的经验，是一部内容丰富的应用经商著作。

总之，晋商精神与成功之道集中体现了晋人经商的思想品质、经营意识、文化观念等，是晋商成功的宝贵精神财富，值得继承和发扬。

知识链接

1. 猗顿——真实姓名和生卒年已无可考。原为春秋末期鲁国人,耕读为业,因家境困顿,衣食乏资,遂决定弃农经商,向徙居陶丘的范蠡请教经商之道,遵照范蠡的建议从事畜牧业,来到今山西南部临猗一带广蓄牲畜,因经营有道,资产累至巨万,超过晋国的王公大臣。后又利用畜力之便,大力开发河东池盐,从事池盐生产贸易,成为名扬天下的大富豪。因其于猗氏顿居经商成名,故后人称之为猗顿。后世常用"陶朱、猗顿之富"来形容一个人资财丰厚、富可敌国。今临猗县牛杜镇王寮村有猗顿墓、猗顿祠。

2. 纲法——由袁世振创制,是一种官控、民制、商收、商运、商销的食盐专卖制度。在纲法之下,签商认引,划界运销,按引征课,食盐分区销售,各地所产食盐,皆划一定区域为其引地。销盐区一经划定,生产区与销售区之间就形成固定关系,被签选且已认引的盐商只能在规定的盐场买盐,在规定的引地内销售,一旦越界,即被认定为私盐,属于违法,将受到政府的追查缉拿。

参考资料

1. 张正明、张舒,《晋商兴衰史》,山西经济出版社,2010年。

2. 刘建生、刘鹏生等,《晋商研究》,山西人民出版社,2005年。

思考题

1. 晋商崛起的条件和动因有哪些?

2. 晋商成功之道对当代山西经济发展有何借鉴意义?

3. 现在"晋商即晋中商人"的观念较为流行,谈谈你的看法。

第八讲

晋学之源：从子夏到荀卿

导　读：

　　三晋学术，源渊有自。就学术思想而言，子夏西河设教，创立了三晋儒学。同时，作为战国第一个学术重镇，西河之学并非单纯的儒家学术团体，而是儒、墨、法、兵等俱存于内，这为繁荣、推动三晋学术做出了巨大贡献。三晋也是法家、纵横家、名家荟萃之地，各个学派的著名代表人物多出自三晋，这与三晋自身的文化性格，以及地缘政治与环境有着密切的关系。三晋文化最终孕育了先秦最后一位大儒——荀子。荀子深邃的思想，对中国文化产生了深远的影响。

三晋学术思想，源渊有自。传说时代的炎帝、帝尧等人文始祖，山西皆有其传说与文化遗存；信史时代的晋国卜偃、董狐、叔向、师旷、董安于等，在各个方面皆有突出贡献。晋学真正形成自己的特色性格，是在两周时期。两周时期是中国思想文化的大变革时代，也是奠定中国文化格局与走向的时代，晋学也在这时期定型，形成自己的性格。就学术思想而言，子夏西河设教，是三晋儒学的开端，而西河之学是战国出现的第一个学术重镇，其成员涵盖儒、墨、法、兵等众多流派，一时蔚为大观，其文化资源孕育出了先秦最后一位大儒——荀子。

一、子夏与三晋儒学的创立

儒家学派，创自孔子。孔子去世后，其弟子游于四方，儒学在发生分化的同时，也得以四处传播。近年来，新出土文献让我们对先秦儒学的发展与流变有了新的认识，而三晋儒学（狭义）则是儒学在北方传播的集中表现。子夏开创的西河之学是战国第一个学术中心，为三晋积累了丰富的学术资源，也为战国学术思想纵深发展做出了贡献。正是三晋儒学在战国的不断发展、沉淀，才最终孕育了先秦最后一位大儒——荀子，这也使三晋儒学突破了地域限制，从三晋走向了全国，影响了后世儒学的发展方向。

首创于孔子的儒家学派，在孔子生前死后，情形大为不同。孔子在世时，以其为核心，形成一个非常有凝聚力的学派；及其死后，其后学没有一个能像孔子那样作为学派的核心，遂四分五裂，散于四方。此种情形，作为一个学派，未免不是一桩憾事，但对于一派之学说，又未免不是一桩幸事。孔门弟子的分散，使得儒学向各个不同方向纵深发展，也使儒学思想更臻完善，影响更加显著。关于早期儒学的发展演化，历来不乏探讨者，最显著的莫过于对"儒分为八"的探讨。对韩非关于"儒家八派"的划分，近于情理的解释可能是：韩非只是记录了当时所存在的儒家流派和他自己听说过的且他认为能够称得上流派的儒家学派。因为韩非是法家人物，故他未对儒家流派的内在传承渊源做详尽的考证，也是合乎情理的。

图 8-1　杏坛礼乐图

孔子去世后，弟子传其学于四方。在孔门弟子中，最初对儒学的传播贡献突出者至少有子夏、曾子、子张、子游、漆雕开、澹台灭明等。但随着时代及环境的变化，子张、子游、漆雕开、澹台灭明等所传之学在后世无重大影响。出现此种现象的原因有二：一是其无著作，或有而亡佚；二是其弟子中无突出表现者。无著作，后世则不能观其学；弟子无突出表现者，则不能对其学说进行继承、批判、总结和发扬，以至于其思想为他派所吸收而不彰或趋于消亡。而子夏、曾子则不同。二人皆有著作，虽曾有亡佚，但各有大批弟子，且弟子及其后学有突出者。荀子、孟子受到他们的影响，而荀、孟又与后世儒学发展的格局息息相关，这就奠定了子夏、曾子在儒学史中的地位。清人陈玉澍在《卜子年谱自序》中说："吾尝谓：无曾子则无宋儒之道学，无卜子则无汉儒之经学。宋儒之言道学者，必由子思、孟子而溯源于曾子；汉儒之言经学者，必由荀、毛、公、谷而溯源于卜子。是孔子为宋学、汉学之始祖，而曾子、卜子则为宋学、汉学之大宗也。"陈氏所述的儒学传承源流似还有考证的必要，然陈氏所述却反映了汉、宋大多数儒者的认识：子夏对汉学和曾子对宋学的贡献是孔门其他弟子无法比拟的。子夏、曾子所做的努力,到战国末期由荀子、孟子分别进行总结。新出土儒家材料使我们认识到,儒学在战国的传播远比陈氏所论复杂,但子夏、曾子的贡献依旧巨大。三晋儒学的创立,便自子夏始。

子夏,姓卜名商,孔门四科十哲之一,晋地温邑(今河南温县)人,三家分晋后属魏。儒家创始人孔子曾有入晋打算,《史记·孔子世家》载:"孔子既不得用于卫,将西见赵简子。至于河而闻窦鸣犊、舜华之死也,临河而叹曰:'美哉水,洋洋乎!丘之不济此,命也夫!'子贡趋而进曰:'敢问何谓也?'孔子曰:'窦鸣犊、舜华,晋国之贤大夫也。赵简子未得志之时,须此两人而后从政;及其已得志,杀之乃从政。丘闻之也,刳胎杀夭则麒麟不至郊,竭泽涸渔则蛟龙不合阴阳,覆巢毁卵则凤皇不翔。何则?君子讳伤其类也。夫鸟兽之于不义也尚知辟之,而况乎丘哉!'乃还息乎陬乡,作为《陬操》以哀之。"孔子临河而返,终未入晋,也使儒学在孔子时代并未能传入三晋大地。孔子去世后,子夏回到魏国,设教西河,儒学始在三晋传播开来,子夏或为三晋儒学的创始人。

图 8-2 子夏像

子夏对传播儒学有着非常关键的作用,不仅使儒学传播到三晋大地,也使儒学第一次以国家的力量进行推广。梁启超先生说:"当孔子在世时,其学未见重于时君也,及魏文侯受经子夏,继以段干木、田子方,于是儒教始大于西河。文侯初置博士官,实为以国力推行孔学之始。儒教第一功臣,舍斯人无属矣。"事实确如梁氏所说,孔子周游列国,推行其学说主张,未能受到当时诸国君的重视,儒学只是当时流行的诸种学说中的一种。且由于时代环境所致,各国国君都不接受儒家的学说,更谈不上推行,从"累累若丧家之狗"的记载中,便不难想见。魏文侯"师卜子夏,友田子方,礼段干木",以国力推行孔学,确曾对儒学的发扬光大起了不可磨灭的作用。子夏设教西河,广泛授徒,加之其弟子魏文侯以国力推行儒学,使儒学得到了很大的发展。子夏对儒学发展的贡献,不仅表现在开启了三晋儒学的先河,创立了西河学派,以及其弟子魏文侯以国力推行儒学,更表现在他对儒家经典的传授上。

子夏传经,历史上虽有多种不同说法,但大多皆以肯定为主。宋代洪迈曾言道:"孔子弟子,惟子夏于诸经独有书。虽传记杂言未可尽信,然要于他人不同矣。于《易》则有传,于《诗》则有序。而《毛诗》之学,一云,子夏授高成子,四传而至小毛公;一云,子夏传曾申,五传而至大毛公。于《礼》则有《仪礼·丧服》一篇,马融、王肃诸儒多为之训说。于《春秋》,所云'不能赞一辞',盖亦尝从事于斯矣。公羊高实受之于子夏;穀梁赤者,《风俗通》亦云子夏门人。于《论语》,则郑康成以为仲弓、子夏等所撰定也。后汉徐防上疏曰:《诗》、《书》、《礼》、《乐》,定自孔子,发明章句,始于子夏。'斯其证云。"梁启超也曾据古代文献,对子夏到汉代的学术传播有过梳理,但其言:"所表传授人,只据故书,其真伪非著者的责任。"洪迈所言,多出于汉魏之人的说法,梁启超也未专门对此问题进行考证,只是借助传世文献所载,梳理学术变迁之大势。也有学者极力质疑传统孔门传经之说,如钱穆曾言:"孔门传经系统见于史者惟《易》,而《易》之与孔门,其关系已最疏,其伪最易辨。其他诸经传统之说,犹远出史迁后,略一推寻,伪迹昭然矣。"战国学术发展情况,与两汉经学传授情况迥异。汉代经学传授,因其经学博士的设置,师法、家法的强调,故传授系统多可考知。战国时期的经典传授,还未形成如此周密的制度,也未受到国家的重视,只是民间自由传播,故其传授情况多有缺失,也频遭学者质疑。

子夏传经的具体情况,由于史有缺载,无法详考,但从子夏本身对儒家经典的熟悉以及汉魏之人的追忆中,仍可考察子夏对儒家经典传播的贡献。首先,子夏属于孔门弟子中对"六经"最熟悉的弟子之一。孔子分其学为"四科",共列十位代表弟子,"文学"科仅举两位代表,子夏赫然在列。

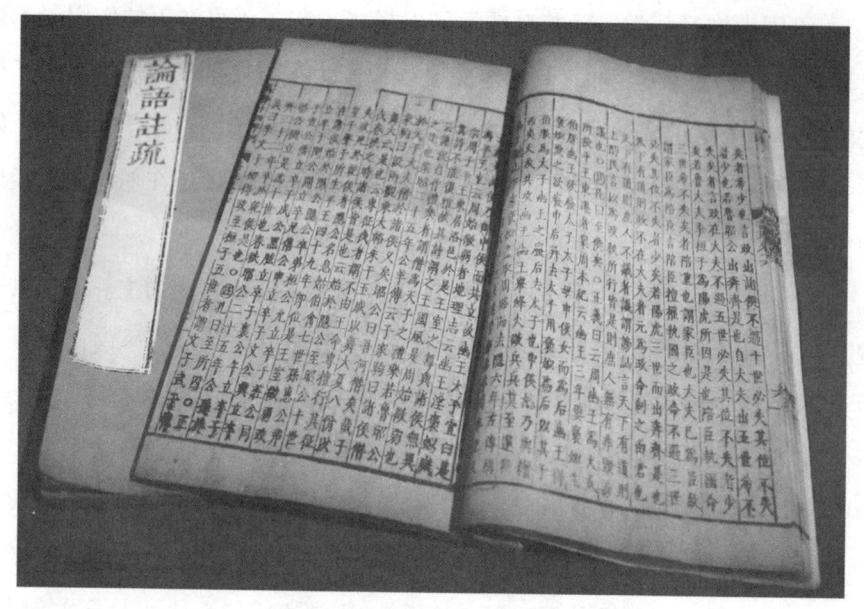

图 8-3 《论语注疏》书影

这是子夏传经的前提,也为其传经提供了可能性,更是儒家传经重任落在子夏这样弟子身上的理由所在。在可靠的传世文献中,可以发现子夏对"六经"皆有掌握,且相当熟悉。《诗》,子夏是孔门弟子中对《诗》极有心得的弟子。《论语·八佾》中子夏问孔子:"'巧笑倩兮,美目盼兮,素以为绚兮。'何谓也?"子曰:"绘事后素。"曰:"礼后乎?"子曰:"起予者商也!始可与言诗已矣。"起者,发也。孔子的"礼后于仁"的思想受到了子夏的启发,因此大加赞赏。孔子只对两个弟子谈论《诗经》时有过赞赏,一为子贡,一为子夏。子贡因对《诗经》意思能做到举一反三,受到夫子赞赏。孔子对子夏的评价是"起予者",这是不同的。《礼记·孔子闲居》《韩诗外传》皆有子夏向孔子学诗请教的记载。《书》,《韩诗外传》《尚书大传》有子夏研习《尚书》的记载。《礼》,子夏言礼,文献多见,如《论语》《礼记·檀弓上》《孔子家语》中的《论礼》篇和《子贡问》篇,皆有记载。《易》,子夏写有《易传》,但后来亡佚,今存《子夏易传》,学人多认为乃后人伪造。《孔子家语》中《六本》篇和《执辔》篇皆有子夏与孔子谈《易》的记载。《乐》,《史记·乐书》载魏文侯问"乐"于子夏,子夏详细解释了古今之乐的不同,对乐的功能有进一步的解释,对后世乐论影响较大。《春秋》,《史记·孔子世家》:"至于为《春秋》,笔则笔,削则削,子夏之徒不能赞一辞。"此本以说明孔子修《春秋》之精准,即使最优秀的弟子也无法增删一字,但从中也可以反映出,子夏对《春秋》特别熟悉。汉儒认为《公羊传》和《穀梁传》皆由子夏传授而来,大致可以相信。《公羊传》《穀梁传》皆口耳相传,至汉初才著于书帛,而口耳相传的过程中,连同内容及其传承所自皆一并传授,是情理中之事,也较为可信。其次,两汉去古未远,其所言更值得我们重视。在汉代人论列的儒家经典传承系统中,列于首传的,大多是子夏的弟子,且都有史可考,这也使我们确信子夏对儒家经典的传播做出了巨大贡献。再次,从两汉人的言论中,也可察觉到一些子夏传经的痕迹。《后汉书》记载徐防言:"《诗》、《书》、《礼》、《乐》,定自孔子,发明章句,始于子夏。"章句之学,起于子夏。而章句之学,又是两汉经学的主要形式,这也为子夏传经提供了佐证。综上所述,正是由于子夏对儒家经典的熟练掌握,使其受到魏文侯的礼遇,以师礼相待,以国力推行儒学,形成了战国第一个学术重镇——西河之学。

二、西河之学对三晋学术的推动

子夏西河设教,不仅使儒学在三晋开始传播,更促成了战国第一个学术重镇的出现。西河之学名人咸聚,声势甚大。《史记》载:"孔子既没,子夏居西河教授,为魏文侯师。其子死,哭之失明。"《礼记·檀弓上》载曾子为来吊时指责子夏:"商!女何无罪也?吾与女事夫子于洙、泗之间,退而老于西河之上,使西河之民疑女于夫子,尔罪一也。"可以想见当年西河之学的规模。西河之学的规模浩大,当于魏文侯的礼贤崇文有密切关系,正是在这样的环境中,造就了西河之学的规模,《史记·魏世家》:"文侯受子夏经艺,客段干木,过其闾,未尝不轼也。"《吕氏春秋·察贤》:"魏文侯师卜子夏，友田子方，礼段干木，国治身逸。"魏文侯以师礼待子夏，西河之学当以子夏为核心而组成。《后汉书》徐防言"发明章句，始于子夏"，唐代李贤等注："《史记》，孔子没子夏居西河，教弟子三百人，为魏文侯师。"今本《史记》不见有"弟子三百人"之语，清人陈玉澍在《卜子年谱》中认为，今本无是脱漏，章怀太子李贤等人所见为古本。当代学者也有认同此种看法者。从曾子指责子夏的罪状之一，使子河之民将子夏比作孔子，可以推知西河之学弟甚众，见于文献记载者，有魏文侯、李克、田子方、段干木、禽滑厘、公羊高、穀梁赤、曾申、吴起、魏成子、子伯先等人。作为儒家传人的子夏，其众多弟子则儒、墨、道、法、兵俱存于西河之学。这一方面表现出西河之学的特点，开放进取，兼容并蓄；另一方面，也与子夏本身的思想特色有关。

儒学是一个开放的体系，这在孔子创立儒学之时就可以看到，孔子正是在吸取前人思想的基础上，加之自己的创造，才建立了儒家学派。这样一个开放的体系，自然在其发展过程中也会以开放的胸怀来迎接不断面临的挑战。一个开放的体系就不可能要求学派成员的思想保持高度一致，而恰恰需要来自不同声音的探讨和辩论，在不同的思想中寻求共同的进步。孔门弟子之间，思想也有很大的差别，子夏的思想便颇具特色。

第一，学以致用的经世思想。《论语·子张》："子夏曰：'百工居肆，以成其事，君子学以致其道。'"学以致道是儒家一贯的追求，其中"致道"包含了学以致用的思想。子夏言"学而优则仕，仕而优则学"，更体现了"问道"与"经世"的并驾齐驱，也正是儒家"内圣外王"之道的全面实践。

第二，注重务外的实践思想。《论

图 8-4　魏文侯像

语·学而》："子夏曰：'贤贤易色，事父母，能竭其力；事君，能致其身；与朋友交，言而有信。虽曰未学，吾必谓之学矣。'"事父母、事君、交友，并非一心问道，而是具体生活中切实的事务，子夏认为这也是学，强调实践的重要性。《论语·子张》："子夏曰：'虽小道，必有可观者也。'"所谓"小道"即农、工、商、医等小的技艺。可观处，即是值得学习借鉴的地方。从外在世界的实践中学习，强调实践对于致道的重要性，是子夏思想的重要特点。

第三，儒法思想并蓄。子夏为孔门高足，儒家思想在其身上的体现，文献记载很多，但其思想中也透出法思想的倾向与内容。首先，子夏较重视功利。《论语·雍也》："子谓子夏曰：'汝为君子儒，无为小人儒。'"何谓"小人儒"？朱熹在《四书章句集注》中引谢氏言："君子小人之分，义与利之间而已。"小人儒便是注重功利的人。子夏在具体实践中，较重视功利，这与其思想重经世、注务外的特点是相符合的，孔子察觉到子夏思想的这个特点，才有《论语·子路》所载："子夏为莒父宰，问政。子曰：'无欲速，无见小利。'"重视功利被后来的法家所强调并执行。其次，子夏对"势"较重视。《韩非子·外储说右上》载子夏言："善持势者，早绝奸之萌。"韩非承认子夏有重"势"的思想，而"势"后来成为法家重要组成理论之一。对"势"的强调，以法家慎到为代表。慎到是赵国人，距子夏较近，很有可能受到子夏学说的影响。再次，子夏对"信"较为重视。《论语·学而》载子夏言："与朋友交，言而有信。"《论语·子张》："子夏曰：'君子信而后劳其民；未信，则以为厉己也，信而后谏；未信，则以为谤己也。'"不论是君子，还是民众；不论是治国，还是与人交，皆应有信。示民以信的思想，经常被后来的法家、兵家使用。

在子夏法思想中不仅有儒家法思想，而且有后来被认为是法家的法思想，这是儒学在西传过程中的一大突破，也正是子夏思想的特色所在。子夏颇具特色的思想，使其开创的"西河之学"也呈现出别样的风采，培养出一大批经国济世之才，而不仅限于儒家。此种现象之形成，无不和子夏独特的思想有密切关系。子夏思想中的法思想，对三晋法家产生了较为深远的影响。子夏颇具特色的思想，除了接受孔子教诲之外，还与三晋文化密不可分。晋国"启以夏政，疆以戎索"的治国根本大法，从根本上规定了晋文化的格局，这也使三晋文化体现出不断进取与创新的特点。晋国法律的不断制定与完美，在诸侯国中走在前列，这也使三晋地区成为法家的策源地，子夏生于晋属温邑，三晋文化对其的影响便不言而喻，这也是子夏身上表现出儒法思想并蓄的原因所在。

魏国儒学环境深厚，以至大儒孟子不远千里拜见梁惠王，欲使儒家学说行之于世。作为法家代表的商鞅，他见秦孝公时，便以"帝道""王道"献言，这表明其受到儒家学说的影响，对儒家学说非常熟悉。晋武帝太康二年（281），汲郡汲县的一座战国大墓因被盗而出土了一大批战国竹书。房玄龄等《晋书·束晳传》载："初，太康二年，汲郡人不准盗发魏襄王墓，或言安釐王冢，得竹书数十车。……初发冢者烧策照取宝物，及官收之，多烬简断札，文既残缺，不复诠次。武帝以其书付秘书校缀次第，寻考指归，而以今文写之。"所得之书有《纪年》《易经》《易繇阴阳卦》《卦下易经》《公孙段》《国语》《名》《师春》《琐语》《梁丘藏》《缴书》《生封》《大历》《穆天子传》《图诗》《周食田法》《周书》《论楚事》《周穆王美人盛姬死事》等七十五篇，后世统称为"汲冢书"。墓主的身份历史上曾有十余种说法，或言为魏王，或言为魏臣，或言为魏太史，争论颇多。可以确定的是，墓葬为魏国墓，年代约为战国晚期。"汲冢书"的发现，表明魏国书籍颇丰，类目甚众，其中许多都是与儒家有关的典籍，这与子夏的西河之学在魏国的盛行有很大的关系。从中也可以看到，儒学在魏国一直被传承发展。

子夏西河之学，不仅使魏国崇尚儒学，也使儒学传播到了三晋大地。中山国为白狄建立之国，公元前407年，被魏灭，二十余年后又在中山桓公带领下复国，直到公元前296年，最终被赵武灵王所灭。《战国策·中山策》载："主父欲伐中山，使李疵观之。李疵曰：'可伐也，君弗攻，恐后天下。'主父曰：'何以？'对曰：'中山之君所倾盖与车而朝穷闾隘巷之士者七十家。'主父曰:'是贤君也,安可伐?'李疵曰:'不然!举士则民务名不存本,朝贤则耕者惰而战士懦。若此不亡者,未之有也。'"中山国崇尚儒学,以至一国之君遍访读书之人。《战国策》所载,也可以得到出土文物的佐证。20世纪70年代,河北平山中山王墓被发掘,其中"平山三器"(中山王方壶、中山王鼎、中山王圆壶)的铭文引起学界关注。在近1200字的内容中,引用《诗》类的词句达12处,且文中体现出以儒家正统自居的情况。李学勤先生曾指出:"这三篇铭文的一个突出特点,是反复引用了儒家典籍,主要是《诗经》。""魏国二十余年的统治,起了把华夏文化进一步传播于中山的作用。魏文侯时,魏国是儒家的重要中心……李克正在魏国统治中山的时期任中山相,所以平山器铭文所反映《诗》在中山的风行,很可能与此有关。"西河之学的影响弥久深远。

赵国与魏相邻,儒学在赵也有传播。《史记·赵世家》:"牛畜侍烈侯以仁义,约以王道,烈侯遒然。"牛畜以王道仁义侍奉赵烈侯,烈侯态度变

图 8-5 中山王方壶

得缓和。牛畜所说,便是儒家学说。《史记·赵世家》载赵武灵王改胡服时,公子成劝谏道:"臣闻中国者,盖聪明徇智之所居也,万物财用之所聚也,贤圣之所教也,仁义之所施也,《诗》《书》、礼乐之所用也,异敏技能之所试也,远方之所观赴也,蛮夷之所义行也。今王舍此而袭远方之服,变古之教,易古人道,逆人之心,而怫学者,离中国,故臣愿王图之也。"公子成所言,皆为儒家学说核心思想,虽然最终赵武灵王未采纳公子成的意见,但儒学在赵国的发展情况,由此可见一斑。

新出土简帛使我们对早期儒学的发展状况不断进行重新认识,尤其是郭

店楚简和上博简的发现，使大量久已亡佚的儒家文献重新面世，让我们对孔孟之间儒学的发展线索看得更加清晰。儒家文献在楚地的大量出现，也让我们开始重新思考儒学在当时的传播情况。司马迁虽然提到儒学南传，但传世文献中对此并没有太多的论述。从出土的儒家文献来看，战国时期儒学在南方的传播已较为广泛，但从后来历史记述中南传儒学传承的缺载来看，南方儒学在发展过程中，因创新不足，最终被淹没在北方儒学的势力之下，直至新材料的出现，才让我们深入了解到南方儒学的面貌。我们把子夏放到早期儒学发展史中重新认识时，可以发现，子夏在传承儒家经典过程中的

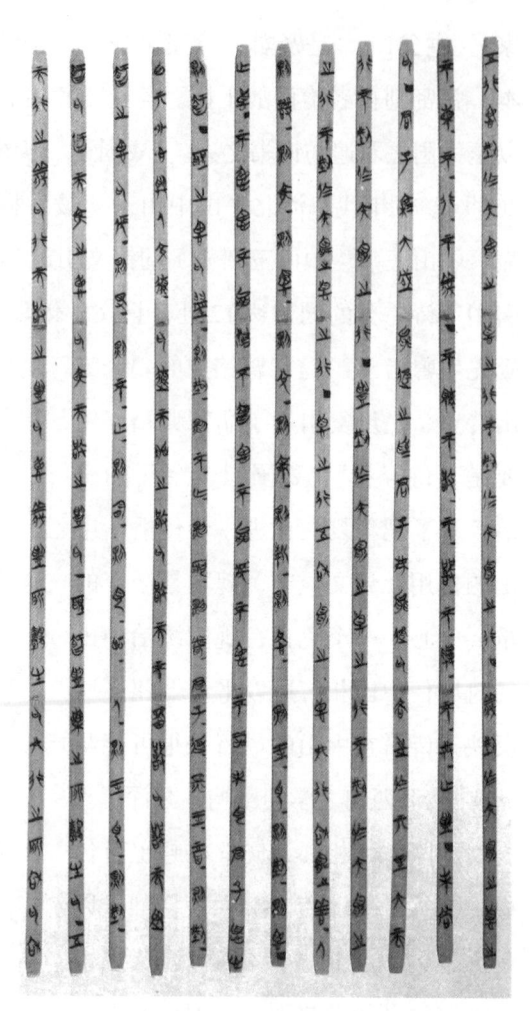

图 8-6　郭店楚简《五行》

贡献最为突出。子夏及其开创的西河之学在儒学史上占有极其重要的地位。儒学在北方的传播当以西河之学为起点，以魏国为中心，辐射三晋大地，惠泽周边区域。

三、荀子的伦理秩序

荀子的思想是一个博大精深、逻辑严密的体系，其中所论证的诸多观点

对现代社会治理仍具有借鉴价值。荀子思想立论的前提是对人性和人情的深邃透析。荀子断言人性是恶的，社会上的道德礼义和善都是人为（"伪"）的结果。而作为"恶"存在的人性或人情，实际上指的是人的各种生理机能和欲望，归根到底就是"欲"。"欲"之所以成为"恶"，原因并不在"欲"自身，盖因"欲"会造成恶劣的、破坏性的后果。荀子思想的一个重大主题就是研究"欲"的本体以及对"欲"的控制与引导，荀子以伦理秩序和法律秩序为主体的社会秩序构想也基于对"欲"的控制与引导。

在荀子看来，人的活动由"欲"推动，人的思想和行动中蕴含着各种各样的"欲"。何为"欲"？荀子说："性者，天之就也；情者，性之质也；欲者，情之应也。"（《荀子·正名》）易言之，"欲"是人的各种情感的反应和体现。在荀子那里，"欲"的内涵和表现十分广泛，涵盖了人们从物质欲求到精神欲求、从个人生活到天地宇宙的各个方面。荀子关于"欲"有一些经典表述，内涵都比较深刻真实。"人之情，食欲有刍豢，衣欲有文绣，行欲有舆马，又欲夫余财蓄积之

图 8-7 荀子像

富也；然而穷年累世不知不足，是人之情也。"（《荀子·荣辱》）荀子所说的"欲"表现在各个方面，包括大的欲望如天下国家，也包括小的欲望如吃饭穿衣、日常生活。"欲"是无穷无尽的，"欲"的对象也是无穷无尽的。荀子对人性、人情的认识是很深刻的，他对人性的内在机制进行了淋漓尽致的剖析。在一定意义上说，性恶论比性善论更接近人性的真实，更有利于人们理解和把握人类生活与人际交往的本质。但资源毕竟是稀缺的和有限的（"物不赡也"），人们之间对有限的资源必定要进行激烈的争夺。围绕"欲"的实现，人们展开了激烈的争夺和斗争，整个社会事实上变成了一个为"欲"而角逐的大舞台，由此就造成了一系列的恶果。不加控制的欲望必然导致社

会秩序的混乱和人的堕落，就像不受约束的权力必然导致腐败一样。荀子认为，为"欲"而进行的争夺给社会造成了极大的混乱。"人生而有欲，欲而不得，则不能无求；求而无度量分界，则不能不争；争则乱，乱则穷。"（《荀子·礼论》）欲望使人争夺，争夺使社会混乱和失序，混乱和失序导致社会穷困。荀子说："今人之性，生而有好利焉，顺是，故争夺生而辞让亡焉；生而有疾恶焉，顺是，故残贼生而忠信亡焉；生而有耳目之欲，有好声色焉，顺是，故淫乱生而礼义文理亡焉。然则从人之性，顺人之情，必出于犯分乱理，而归于暴。"（《荀子·性恶》）这里的论述带有总纲性质，可以视为荀子对不受控制之"欲"所造成恶果的一个总括表述，是"欲"导致之结果的总论。

荀子并不是直接断定"欲"本身就是"恶"的，而是认为"从人所欲""顺人之情"会导致十分严重和恶劣的后果，因而断定人性是"恶"的。从伦理学理论上看，这是一种典型的目的论或效果论的证明，是以行为的结果证明行为之善恶价值的论证方法。西方传统伦理学家很擅长这种论证方法，近代功利主义伦理学的基本论证方法就是这样的逻辑。应当说，荀子的论证有其充分和合理之处。首先，荀子观察到了"欲"在人类生活中的普遍存在和重大作用，并对其进行客观描述，揭示了社会生活的一部分真实。"欲"和需求的确是人的行为的基本动力，构成人的各种行为的深层动机。没有"欲"和需求的作用，人的行为就会变得无法解释。这是一个基本事实和真理，荀子在一定程度上揭示了这一真理，值得肯定。其实，人的欲望、需要和追求这一问题，是研究人和社会的理论绕不开的问题，古今中外的很多思想家都对此进行过深入辨析。18世纪法国哲学家霍尔巴赫对人的欲望和需要就有深刻洞察，他认为，作为有感觉、有理性的社会成员，人有各种各样的需要和欲望，正是这些需要和欲望推动人去不断追求、活动和劳动。人的需要建立在人的本质之上，是人的幸福所不可缺少的东西。在霍尔巴赫看来，即使有些神学家自己也感到了情欲的必要性。德国哲学家黑格尔认为，人类社会是一个相互需要的体系；马克思也肯定，人们奋斗所争取的一切都是为了他们自己的利益，事实上也肯定了人的欲望和需求在个人行动中发挥着重要作用。现代哲学社会科学中专门研究人的欲望和需要的理论很多，并产生了十分广泛的影响。其次，荀子也观察到了"欲"的滥用和失控会造成极大的危害和混乱。这也是千真万确的事实。无论在历史上还是在现实中，人的各种贪欲、权势欲、金钱欲、财富欲、名利欲等，都导致了众多恶行的发生，给社会生活造成了严重的危害。贪欲是一切罪恶的渊薮，荀子所指出的相关后果也是真实存在的。

图 8-8　荀子文化园（山西安泽）

当然，荀子在讨论"欲"及其后果时，也有两个不足之处：其一，将"欲"泛化，甚至将人的某些生理机能也作为危险的"欲"加以谴责和防范，如"耳聪""目明"之类。其二，没有看到"欲"的积极方面和有益作用。事实上，并非所有的"欲"都必然导致有害的后果，只有不加控制的贪欲、权势欲、金钱欲、财富欲、名利欲才会导致恶劣的后果。而一些积极进取的合理之"欲"和追求则会产生非常有益的结果，推进人类社会的文明进步。如对商业的追求可能造就一个商业帝国，从而造福人类；对音乐和绘画的追求可能产生伟大的艺术作品，丰富人的生活，提升人的境界等。

在荀子的分析中，"欲"的后果是"争""乱""穷"。这样的局面是不能任其自由发展下去的，必须对其加以控制和引导，使社会和人际关系走向秩序（"治""善""道"）。"圣王"的责任就是恢复秩序，荀子的责任也是恢复秩序。荀子非常重视社会秩序的建构，恢复秩序和走向秩序可以说是荀子理论的一个坚定目标。荀子所向往和追求的秩序包括政治秩序、伦理秩序和法律秩序。在荀子那里，"礼义"和"法度"是控制"欲"的两大手段和杠杆，礼法并举是荀子社会统治思想的基本内容。法律秩序以"法""刑"为核心纽带，伦理秩序以"礼义"为核心纽带，二者之间存在着相互支撑、相互依赖的关系。荀子强调礼法并重，与孔孟不一样。孔孟只强调礼和德，荀子则同时强调礼和法，以礼法并重来加强对人的控制，尤其是对人的"欲"的控制，礼法所管控的对象主要是人的恶劣的"欲"。

在荀子看来，要建构新的社会秩序，前提是必须对"欲"加以澄清。秩序是相对于混乱和无序来说的，秩序其实就是某种或某些规则和理想的实现。孔子和孟子对待"利"和"欲"的态度都比较简单、片面，一味强调仁义的价值而忽略或否定利、欲的价值。荀子对待义利关系和"欲"的立场则比较切合实际，具有更多的合理元素。荀子不一般地、笼统地反对"欲"，他主张对"欲"进行管控和引导，"礼义"就是控制和引导"欲"的根本标准，用荀子的话说就是"以道制欲"。从这里看，"礼义"就是控制，就是引导，"礼义"划定了人类生活的界限，划定了善与恶、是与非、君子与小人之间的界限。扩而言之，文明就是控制，文明就是引导。对"欲"的控制和引导贯穿于人类生活的始终，是人类生活的一个永恒主题。

荀子关于"礼义"和"法度"或"礼"与"法""刑"之作用的论述十分丰富深刻，我们在这里做一个粗线条的勾勒。荀子说："治之经，礼与刑，君子以修百姓宁。明德慎罚，国家既治四海平。"（《荀子·成相》）"听政之大分：以善至者待之以礼，以不善至者待之以刑。两者分别，则贤不肖不杂，是非不乱。贤不肖不杂，则英杰至，是非不乱，则国家治。若是，名声日闻，天下愿，令行禁止，王者之事毕矣。"（《荀子·王制》）这是国家治理的总纲。在荀子看来，国家统治、人的管理需要"礼"与"刑"两种杠杆，需要礼法并举；控制和引导人的"欲"，也需要礼法并举。"礼"与"刑"分别使用，"礼"与"刑"有各自的适用范围，"刑"与"法"只对犯禁之人和"不善至者"使用。

在荀子那里，"礼"的作用非常广泛，从天地宇宙、社会制度、国家治理到个人修身，时时处处都贯通着"礼"的作用。荀子的理想秩序有如下特征：其一，在这一秩序中，等级分明，贵贱有序，下不犯上，君君臣臣父父子子上上下下，礼法通行，令行禁止。这是秩序的基本前提，是基本制度，是制度框架，无论如何不能改变这一框架。易言之，在这个理想世界中，等级划分是决不能动摇的。荀子曾说："少事长，贱事贵，不肖事贤，是天下之通义也。"（《荀子·仲尼》）而反对等级制的观点被荀子视为"不祥"行为。"人有三不祥：幼而不肯事长，贱而不肯事贵，不肖而不肯事贤，是人之三不祥也。"（《荀子·非相》）对荀子而言，这是一个各安其位、各尽其力、各守本分、各得其宜的等级制的和谐蓝图，等级制是必然的、合理的。维护等级秩序也是荀子的重大任务，是荀子建立新秩序的目的。其二，在这一秩序中，不同阶层、不同等级、不同职业的人，各就各位、各载其事、各司其职、各尽其责、各尽其能、各得其宜。每个人都通过这一秩序得到自己应得的份额，因而个个心满意足、心安理得。这是一个最公平的、"至平"的世界，类似于《礼记》中的"大同"。然而事实上，在荀子的时代，这样的"至平"理想是无法实现的，既维护严格的等级制，又希望人们各安其位、和谐一致，荀子太理想化了。

四、荀子的贡献与影响

荀子，战国晚期赵国人，先秦最后一位大儒。思想家思想的形成，有源于对经典文本的学习，有源于前期思想家思想的影响，也有源于对现实问题的思考。荀子的思想来源极其广泛，如荀子政治思想，有来自对孔子"礼"学思想的继承、发展；有基于现实环境对思、孟学说的修正；有融摄、借鉴战国诸子的政治思想。清代汪中在《荀卿子通论》一文中认为："知荀卿之学，实出于子夏、仲弓也。"荀子具体的师承关系已不可考，荀子曾批判子夏氏之儒为"贱儒"，这应是指子夏后学而言，并非针对子夏本人。相反，荀子受"西河之学"学术资源的影响，是可以进一步思考的。荀子"年五十"去齐之前，一直生活在赵国。"汲冢书"的发现让我们看到三晋地区有着丰富的儒学资源，荀子距子夏年代未远，且与子夏设教的西河相距亦不远，生活在西河之学的文化圈内，不可能不受其影响，但这并不否认荀子受其他学说影响。正是在这个意义上，我们把荀子看作三晋儒学发展史上最后一位大儒。

图 8-9　稷下学宫

荀子不仅是三晋儒学的杰出代表，更是整个儒学史上卓越的代表人物。荀子对儒学做出了巨大的贡献，至少在以下几方面值得我们深度挖掘。

第一，荀子对先秦诸子的批判继承。荀子是一位思想深邃的思想家，其对先秦诸子的批判，见于《荀子》一书的《非十二子》《解蔽》《天论》《正论》《礼论》《王制》《王霸》《富国》《儒效》等篇。荀子在《非十二子》篇中，把十二子分成思想相近的六组进行了批判。荀子批判它嚣、魏牟：放纵性情而无节度，不足以合于文理，使天下归治。批判陈仲、史鳝：违矫性情、违欲自洁、离世独立，不能与社会合群，不足以分辨大是大非。批判墨翟、宋钘：不知建国家、一天下之权称，只是崇尚功用、提倡节俭，而疏忽礼制等差，不能形成国家的有效治理。批判慎到、田骈：尚法而不知法之大分乃是礼，以致其法典终无最后的依归，不能成为治国安邦之据。批判邓析、惠施：善于言辩而于事无补，更不能效法先王，尊崇礼义，不足以为治国纲纪。批判子思、孟子：只言效法先王，而不识其真正统类，依据以前的旧说，创造了思孟五行，但无类无说又无解。荀子认为"老子有见于诎，无见于信……有诎而无信，则贵贱不分"，认为"庄子蔽于天而不知人"。先秦诸子，除了孔子外，几乎都受到了荀子的批判。荀子指出诸子理论的缺陷，同时也看到其可取之处，荀子对诸子思想的批判与继承，使他不仅集儒学之大成，更集诸子之大成，是战国晚期学术思想发展的高峰。

第二，荀子对人性论的贡献。对人性的探讨是思想家首要面对的一个问题，这不仅关涉到对人的本质的认识与思考，更关系到现实中的"成善"与治世，应该选取什么样的途径。孟子和荀子正是由于对人性认识的不同，才导致了两种不同的修养途径与治世方案。后儒在人性论上，多尊奉孟子的"性善"，而对荀子的"性恶"多有指摘。孟子的性善，将作为万物之灵的人之价值、意义与尊严，突显出来，从人类自身发展而言，是对人类自我的充分肯定与认同，是人自觉区别于禽兽，是人类进步的体现。荀子"人性恶"思想深刻之处在于：警惕着人欲无节度的放纵，抑制着伪道德、伪善的泛滥成灾，促使制度的建立与有序治理，使人们保持清醒，不被伪道德绑架。荀子对人性论的思考，尤其是在防范伪道德方面，值得我们深思。

第三，荀子对"礼论"的贡献。孔孟皆有关于礼的论说，但荀子更加强调礼，乃至我们可以用"礼治主义"来概括荀子的思想。《荀子·成相》："治之经，礼与刑，君子以修百姓宁。"《荀子·君道》："隆礼至法则国有常。"隆礼重法也成为荀子思想的标识，将"法"提到如此高度，这在儒家中确实前所未有，这也是荀子"人性恶"思路一路延伸的必然结果。荀子虽然重"法"，但仍将其纳于礼之系统，《荀子·劝学》："礼者，法之大分，类之纲纪也。"这是荀子思想最后归属所至。《荀子·大略》："礼之于正国家也，如权衡之于轻重也，如绳墨之于曲直也。故人无礼不生，事无礼不成，国家无礼不宁。"先秦儒家的"礼论"，至荀子得以总结完善，并深深地影响了后世中国的礼乐文明。

图 8-10 《荀子》书影

第四，荀子对儒家"学论"的贡献。儒家向来重学，无论是孔子所言"十室之邑，必有忠信如丘焉，不如丘之好学也"，还是孟子强调"谨庠序之教，申之以孝悌之义"，皆是儒家重学的表达。但如何学？各人确又有不同。《论语·学而》："学而时习之，不亦说乎？"梁皇侃《论语义疏》："《白虎通》云：'学，觉也，悟也。'言用先王之道，导人情性，使自觉悟，而去非取是，积成君子之德也。"释"学"为"觉"，突显的是自我内心的觉悟，也即意味着"学"之根本内容，在于我心，不需外求，此即孟子之人皆生有"四心"（恻隐之心、羞恶之心、辞让之心、是非之心），后天学习的目的，即把本有之"四心"扩充，成为现实中的"四德"（仁、义、礼、智），重在"成德"，而忽略"求知"。朱熹释此章之"学"为"效"，朱子曰："学之为言效也。人性皆善，而觉有先后，后觉者必效先觉之所为，乃可以明善而复其初也。"（《四书章句》）"或问：学之为效者，何也？曰：所谓学者，有所效于彼而求其成于我之谓也。以己之未知，而效夫知者，以求其知；以己之未能，而效夫能者，以求其能，皆学之事也。"（《四书或问》）效即是向外仿效，以未知效于知者，以未能效于能者，强调的重点在"求知"。荀子"学论"的内涵正是开启的朱子这一解释，只是后世儒学对荀子这一途径没有充分重视，这也是导致中国古代没有"科学"的重要原因。

第五，荀子对汉代经学的贡献。荀子非常强调儒家经典的意蕴，认为天地间的道理皆在其中，《荀子》一书中对儒家经典多有阐释，如《荀子·儒效篇》："圣人也者，道之管也。天下之道管是矣，百王之道一是矣。故《诗》、《书》、《礼》、《乐》之归是矣。"《荀子·劝学篇》："《书》者，政事之纪也；《诗》者，中声之所止也；《礼》者，法之大分，类之纲纪也。故学至乎《礼》而止矣。夫是之谓道德之极。《礼》之敬文也，《乐》之中和也，《诗》、《书》之博也，《春秋》之微也。在天地之间者毕矣。"儒家经典，不仅是人世间知识的囊括，更是天地间智慧的结晶。荀子对经典的重视以及其对经典的熟悉，为其传统提供了可能性。清人胡元仪在《郇卿别传》中言道："郇卿尤精于礼，书阙有间，受授莫详。由是汉之治《易》《诗》《春秋》者皆源出于郇卿。郇卿弟子今知名者，韩非、李斯，陈嚣、毛亨、浮丘伯、张苍而已，当时甚盛也。至汉时，兰陵人多善为学，皆卿之门人也。汉人称之曰：'兰陵人喜字为卿，法郇卿也。'教泽所及，盖亦远矣。"汉初传授经典者，多出于荀子。清人汪中在《荀卿子通论》中列出《毛诗》《鲁诗》《韩诗》《左传》《穀梁传》《大戴礼记》《小戴礼记》等儒家经典，由荀子至汉初的传授线索，并得出如下之结论："盖七十子之徒既殁，汉诸儒未兴，中更战国，暴秦之乱，六艺之传赖以不绝者，荀卿也。周公作之，孔子述之，荀卿子传之，其揆一也。……盖荀卿于诸经无不通，而古籍阙亡，其授受不可尽知也。"汪中认为，荀子之学源于孔子，尤其对儒家经典的传授，厥功至伟。周予同先生认为，汪中考证的荀子传经问题近于事实。虽然对于汉初诸经的传授系统学界还有不同的看法，但一个基本的共识是，荀子对汉代经学产生了深远的影响。

五、三晋学术余论

三晋是先秦法家重要的策源地之一。尧舜时期的皋陶，被认为是司法鼻祖，相传是山西洪洞县甘亭镇士师村人，三晋有着浓郁的法文化传统。三晋是法家产生的摇篮，法家始祖李悝是三晋魏国人。法家权、术、势的代表人物，皆为三晋思想家，集三派于一身之法家集大成者韩非，亦为三晋之人。

法家着眼于现实的需要，以"法治"为核心思想设计出治世方案，强调"法"为治国的根本，主张以法治国，凡事一断于法。法家在人性论上整体倾向于"性恶"论，因此在制度方面多有建树，不相信由人自身的善导致社会良好局面的展开，而以权术支撑着管理。法家在历史观上，多主张厚今薄古，积极推行变法。在法家理论中，强调君主集权的重要性，维护君主权力集中。富国强兵是法家的一贯主张。强兵是时代的主旋律，只有兵强，才能在战国兼并的时代免于

图 8-11　李悝像

灭亡，实现崛起。强兵背后的有力支持是富国，只有国富，才可持久地实现兵强。法家强调农耕的重要性，这是保证国富的基础，因此法家多提倡耕战而抑制工商。

三晋法家，有专注于理论研究的人物，如慎到、申不害，也有实践型人物，如吴起、商鞅，而集法家理论之大成者是韩非。韩非总结先秦法家思想，形成一套"法""术""势"相结合的理论体系。在韩非以前，法家对"法""术""势"已有论述，但并未结合为一体，如商鞅重"法"、申不害重"术"、慎到重"势"。韩非完整的法治理论代表着先秦法家政治思想发展的高峰。

三晋的地缘以及复杂的政治格局，为战国时期纵横家与名家提供了滋生土壤，三晋多出纵横游说及名辩之士，为三晋思想文化的繁荣做出了巨大贡献，也为整个中国原创文化做出了巨大贡献。《史记·张仪列传》云："三晋多权变之士，夫言纵横强秦者，大抵皆三晋之人也。"如著名的张仪、公孙衍皆出于三晋，即使是出生于东周洛邑的苏秦，其与三晋也渊源颇深。

图8-12 韩非像

春秋战国社会的巨变使原有的许多事情都发生着变化，即使是名实问题也出现了"名实散乱""名实相怨"，乃至"名存实亡"的情况。于是便有一些思想家，提出"以名正实""按实定名""循名责实"的主张。专门研究"名实"问题的思想家被称为"名家"，三晋名家以惠施、公孙龙为代表。惠施主张"合同异"，以善辩著称于世；公孙龙主张"坚白石"，以"白马非马"闻名于世。

图 8-13　陈云岗雕塑《白马非马——公孙龙子》

整体来看，三晋学术渊源有自，从早期的炎帝、帝尧等人文初祖始，三晋便是重要的文明起源地之一。两周时期的晋国，奠定了三晋文化的性格与基调。三晋自身文化特点以及地缘结构与环境，使三晋学术表现出繁荣的局面。三晋儒家、法家、纵横家、名家，皆在中国学术史上占有重要的地位，共同促进了中国学术思想文化的繁荣。

知识链接

1. 儒家——司马谈在《论六家之要旨》中云:"夫儒者以六艺为法。六艺经传以千万数,累世不能通其学,当年不能究其礼,故曰'博而寡要,劳而少功'。若夫列君臣父子之礼,序夫妇长幼之别,虽百家弗能易也。"儒家,创自孔子,经过孔门弟子、孟子、荀子的发展、完善,臻于成熟。原为先秦诸子百家之一,汉武帝"独尊儒术"之后,儒学与政治紧密结合,成为中国古代官方指导思想。儒学,是中国传统文化的核心和主流,至今仍有一定的生命力,值得现代社会学习和借鉴。

2. 法家——司马谈在《论六家之要旨》中云:"法家不别亲疏,不殊贵贱,一断于法,则亲亲尊尊之恩绝矣。可以行一时之计,而不可长用也,故曰'严而少恩'。若尊主卑臣,明分职不得相逾越,虽百家弗能改也。"法家主张"以法治国",强调君主的作用,以"法""术""势"为重要的理论支撑。法家渊源甚早,早期国家刑法之事,可视为法家之雏形。作为一个学派的法家,其始祖一般被认为是魏国的李悝,其代表有商鞅、慎到、申不害等人,其集大成者为韩非。汉代以后中国古代社会虽以儒学为官方指导思想,但法家思想依然运用于社会治理当中,对中国文化产生着重要的影响。

3. 名家——司马谈在《论六家之要旨》中云:"名家苛察缴绕,使人不得反其意,专决于名而失人情,故曰'使人俭而善失真'。若夫控名责实,参伍不失,此不可不察也。"名家以善于辩论、富于逻辑而著称,是针对社会出现名实不符的情况而出现的一个学派,为先秦诸子百家之一。惠施、公孙龙为名家重要代表。名家学派为中国古代逻辑学做出了重要贡献。

4. 纵横家——《汉书·艺文志》将其列为"九流"之一,是先秦诸子百家之一，在战国有着重要的影响力。纵横，即合纵连横，本是战国时期秦国与六国彼此采取何种战略时的不同外交、军事谋略。合纵者，主张六国联合抗秦；连横者，主张六国与秦结盟。其著名代表人物为苏秦、张仪、公孙衍等人。纵横家善于游说，主张谋略、权术，促进了语言艺术的发展，但对战国社会风气产生了非常不好的影响。

📖 延伸阅读

1. 侯外庐等，《中国思想通史》（第一卷），人民出版社，1957年。

本书集中论述了中国古代思想的发端，上起殷商，下至战国。上篇论述了中国古代思想的特征及殷商时期的思想发展史；中篇以孔墨显学为主要内容，集中论述了春秋时期的思想大变革；下篇分流派详述了战国百家争鸣时期的思想学术。这部通史对中国民族丰富的遗产做出了科学的总结，是研究中国思想史的必读书目。

2. 冯友兰，《中国哲学史新编》（上），人民出版社，2007年。

本书是著名学者冯友兰的重要代表作。在指导思想上，作者"不依傍别人"，在自身对马克思主义理解的基础上，独立地开展对中国哲学和文化的研究。在内容结构上，以共相与殊相、一般与特殊问题为基本线索贯穿中国哲学史，广博而不芜杂，严谨而又生动，达到了文与质、博与约的统一。上册内容自商周的宗教天道观和古代朴素唯物主义开始，论述了春秋战国时期的重大历史事件与该时代的哲学剧变的联系，从马克思主义哲学观的角度分析了中国上古时代哲学思想的演变。书中着重探讨了中国哲学中的精神境界学说，使得本书具有探究人类精神发展史的世界意义。

3. 徐复观，《中国人性论史》（先秦卷），生活·读书·新知三联书店，2001年。

本书就"生与性""周初宗教中的人文精神""孔子、孟子、荀子、《中庸》《易传》关于性的问题"以及先秦儒家思想等问题为中心,以"性"为经,采用归纳法,完整地考察了周初以迄战国诸子中的相关论述。作者认为,人性论是中国哲学思想史中一种重要的思想,而且是中华民族精神形成的原理和动力。通过此书,可以进一步了解古代的思想文化。

4. 梁涛、刘宝才,《中国学术思想编年》(先秦卷),陕西师范大学出版社,2005年。

《中国学术思想编年》由张岂之主编,全书统摄融合了"学术史"和"思想史"两大方面。这部综合性著述内容的确定,既避免了学术史的主题泛化和思想淡化,又克服了分门别类地从哲学思想、史学思想、政治思想、法学思想、美学思想、伦理思想等某一个视角研究中国思想的狭窄化。从而,使中国历史上的学术与思想以及思想的各个门类能够从综合、整体上予以呈现。《中国学术思想编年》(先秦卷)由梁涛、刘宝才编辑,从先秦典籍出发,按照编年的顺序将中国先秦时期学术思想的形成过程予以展现,使研读者可以完整地比较先秦思想的演进历程。

参考资料

1. 陈玉澍,《卜子年谱自序》,《雪堂丛刻》,北京图书馆出版社,2004年。

2. 梁启超,《论中国学术思想变迁之大势》,上海古籍出版社,2001年。

3. 洪迈,《容斋续笔》,上海古籍出版社,1978年。

4. 钱穆,《先秦诸子系》,商务印书馆,2001年。

5. 李学勤,《平山墓葬群与中山国的文化》,《文物》1979年第1期。

思考题

1. 论述子夏在三晋学术史中的地位。

2. 简述荀子对中国文化的影响。

3. 试析三晋学术繁荣的原因。

第九讲

三教会通：
王通与河汾道统

导　读：

　　在中国思想发展史上，山西哲人的贡献非常突出。尤其是中古时期，隋人王通所开创的"河汾道统"即是这一时期的代表思想。王通，字仲淹，河东郡龙门通化（今山西万荣）人。王通家学渊源深厚，精通儒学。他一生以弘扬儒学为己任，力倡儒学正统，企图重借"道"建立儒家本体论，既是对正统的继承，又是自觉地拨乱反正，以开一代道统为己任，为宋明理学道统本体论开了先河。他曾在山西河汾之间著书传道，明确提出了"三教可一"的主张，以积极的态度吸收佛道思想及方法之长，来丰富和充实儒学。当时，门人数千，远近闻名，被时人称为"王孔子"。而他的门徒，后多为隋唐之际历史舞台上的主要角色，故有"河汾道统"之誉。

一、王通的家世与生平

王通是隋末非常重要的一位思想家,但可惜的是,《隋书》《北史》《旧唐书》《新唐书》均未为其立传,这就缺失了相对可靠的研究基础。幸好曾是王通弟子,又在唐太宗贞观初年做到宰相的杜淹撰写了《文中子世家》,可以让我们较为详细地了解王通的家世与生平。

图 9-1 王通像

(一) 王通的家世

王通是中国古代高门望族太原王氏的后裔,其家族累世为宦、家传儒学。《文中子世家》说:王通的先人最早可追溯到西汉末年、东汉初年的著名隐士王霸,"其先汉征君霸,洁身不仕"。王霸的儿子,王通的十八代祖王殷,做到云中郡太守,后迁家至祁县,成为太原王氏祁县分支的始祖。王殷"以《春秋》《周易》训乡里,为子孙资"。王通的十四代祖王述"著《春秋义统》,公府辟,不就"。可见王氏家族在东汉属于经学世家,这种家风一直影响到后代。

王通的家族世系开始有明确并不间断的传承是从其九代祖王寓开始的。王寓遭遇了西晋末年的永嘉之乱,王氏家族与很多北方的门阀大族一样,为躲避战乱南迁到江南。王寓生王罕,王罕生王秀,父子二人都是东晋有名的文士。王秀生王玄则,后者是南朝刘宋的大儒。王玄则生王焕,王焕生王虬。52 岁的王虬看到南朝的乱政和北魏的汉化和开明,于北魏孝文帝太和三年 (479),即南齐代宋的那一年,率领全家投靠北魏,并受到重用,被任命为并州刺史。王虬生王彦,王彦生济州刺史王一,王一生王通的父亲王隆。王隆在隋文帝时期曾做过三任县令,之后便不再做官,传授王氏家传儒学,教授门徒达千余人。

王通的祖上从东汉初年的王殷算起,到隋朝立国,在将近五百年的时间里,王氏家族都以儒学见长。虽然历经魏晋南北朝的大动乱,但王氏家族的家学并未失坠。王通能开创"河汾道统",成为儒学大家,正与其家族数百年的家学积累密不可分。

王氏家族并不是空谈儒学,而是追求实行王道,即以儒家仁义思想统治天下的政策。但这种政治诉求在大动荡时代并不可行。王通在《中说》开篇就讲:"王道太难实行啦!我祖上六代,未尝没有笃行王道的,但也未尝得到君主的宣扬和行用。于是六代都退而有所著述,来记载他们的王道思想。"据《中说》,将王通祖上六代的尊号、著作及其内容列表于下:

人　物	尊　号	著　作	著作内容
王玄则	王先生	《时变论》六篇	化俗推移之理
王　焕	江州府君	《五经决录》五篇	圣贤制述之意
王　虬	晋阳穆公	《政大论》八篇	帝王之道
王　彦	同州府君	《政小论》八篇	王霸之业
王　一	安康献公	《皇极谠义》九篇	三才之去就
王　隆	铜川府君	《兴衰要论》七篇	六代之得失

王通随后感慨:"余小子获睹成训,勤九载矣。服先人之义,稽仲尼之心,天人之事,帝王之道,昭昭乎!"他用九年的时间认真学习祖上六代的相关著作,叹服先人的观点,拜服孔子的思想,对天人之事、帝王之道有了自己深刻、清晰的认识。这便是王通家世、家学对他的影响。

(二)王通的生平

王通的家乡是在今山西省运城市万荣县通化镇,隋代叫作河东郡龙门县万春乡。山西省长治市沁县,古代叫作铜鞮县,则可能是王通的出生地和他童年生活过的地方。

王通的生年存在争议,一般有两种观点:第一,出生于北周静帝大象二年(580);第二,出生于隋文帝开皇四年(584)。王通的卒年,根据他的学生薛收撰写的《隋故征君文中子碑碣》，他的弟弟王绩撰写的《游北山赋并序》和杜淹的《文中子世家》，是在隋炀帝大业十三年（617）。另外，也有记载说王通的卒年是"江都难作""江都失守"之年，即大业十四年（618）。这年宇文化及发动政变，隋炀帝被缢杀在江都（今江苏扬州）。司马光《文中子补传》也说王通卒于大业十四年（618）。不管哪个观点，王通的年寿都是三十余岁，可谓英年早逝。

图 9-2　山陕交界禹门口（龙门）

王通三岁便开始接受家学教育。开皇九年（589），隋灭陈，统一天下。感于时事，这年父亲王隆开始教授王通史学方面的知识。开皇十八年（598），王通有四方之志，开始游学。他受《书》于东海郡的李育，学《诗》于会稽郡的夏琠，问《礼》于河东郡的关子明，正《乐》于北平郡的霍汲，考《易》于族父王仲华。在坚持求学六年之后，王通已经20岁左右，不久便考上州中的秀才。

隋文帝仁寿三年（603），王通怀揣"济苍生之心"，西游长安，期望步入仕途。他见到隋文帝，奏上自己撰写的《太平十二策》，内容主要是"尊王道，推霸略，稽今验古"。隋文帝看到后大悦，说："朕得你晚了。你是上天赐给朕的啊！"隋文帝让公卿讨论王通的政治主张是否可行，却引起公卿们的不满。王通因此没有受到重用。之后大约是由于同乡著名文人薛道衡的推荐，王通才被授以蜀郡司户书佐、蜀王侍郎。后来王通因对当时朝政不满，自己也得不到重用，所以就作《东征歌》弃官归乡。《东征歌》如下：

> 我思国家兮，远游京畿。忽逢帝王兮，降礼布衣。
>
> 遂怀古人之心乎，将兴太平之基。时异事变兮，志乖愿违。
>
> 吁嗟！道之不行兮，垂翅东归。皇之不断兮，劳身西飞。

隋文帝听到《东征歌》后再次征召王通赴朝任职，但此时的王通已经对现实政治心灰意冷，便一口拒绝，从此之后，便以著书讲学为业。大业元年（605），隋炀帝即位，又征召王通，但王通以身体有疾为由再次拒绝。王通开始续《诗》《书》，正《礼》《乐》，修《元经》，赞《易》道。大业九年（613），完成《续六经》。大业十年（614），尚书省征召王通做蜀郡司户，他再次拒绝。大业十一年（615），又先后征召王通做著作郎、国子博士，他还是拒绝。大业十四年（618）江都之变后，王通病重，寝疾七日而终。他的数百学生经讨论后，定王通的谥号为"文中子"。

（三）王通的兄弟与子孙

王通的兄弟留下材料多的主要有两位：王凝和王绩。王凝是王通的弟弟，唐太宗贞观初年做到监察御史，后因弹劾侯君集和长孙无忌，得罪了朝中权贵，被贬官为观州胡苏令。不久解印归乡，整理王通的遗著。贞观十六年（642），王凝教授其兄弟的子孙研习王通的《续六经》，王氏家族的家学就此延续。贞观十九年（645），王凝又被任命为洛州录事。之后又做到太原县令。

王绩也是王通的弟弟，字无功，在唐初非常有名，《旧唐书》和《新唐书》中有传。隋大业年间，应孝悌廉洁举，被授予秘书省正字。后因疾病被免职，又被任命为扬州六合县县丞。但王绩由于嗜酒如命遭到弹劾，便解职还乡。之后在龙门县老家以"琴酒自乐"。王绩曾躬耕于东皋，故当时人称"东皋子"。他常常乘牛经过酒肆，数日不离开，往往题壁作诗。唐高祖武德初，以六合县县丞待诏门下省。门下省长官侍中陈叔达听闻他好酒，便日给一斗，时称"斗酒学士"。贞观初年，又因疾罢官。之后经过吏部铨选，王绩再次有了做官的机会。但他主动要求做太乐丞，因为当时的太乐署史焦革家善于酿酒。之后由于焦革和夫人离世后，家中不再酿好酒，王绩便弃官而去。贞观十八年（644）去世，留有《王无功文集》五卷。

据现有研究，王通有三个儿子：王福祚、王福郊、王福畤。王福祚做到蔡州上蔡县主簿。王福郊，生平不详。王福畤是王勃的父亲，出生于隋炀帝大业八年（612），曾先后做过太常博士、雍州司功参军、交趾县令、六合县令、齐州长史、泽州长史。

王福畤有三个儿子：王勔、王勮、王勃。此三子被其好友杜易简称为"王氏三株树"。王勔最后做官至泾州刺史。王勮，20岁进士登第，武周时期做到凤阁舍人，之后加弘文馆学士，兼知天官侍郎。武后万岁通天二年（697），綦连耀谋逆的事情泄露，王勮由于与綦连耀关系紧密，和弟弟王勔都被武则天下令处死。

王勃是王通的亲孙子，6岁就懂得作文，构思毫不迟滞，文辞美好豪放。不到20岁，就考中"幽素举"，具备了做官的资格。唐高宗乾封初，诣阙上《宸游东岳颂》。当时东都造乾元殿，又上《乾元殿颂》。武则天的二儿子沛王李贤闻其名，命其担任沛府修撰，很看重他。诸王斗鸡，各有胜负。王勃戏作《檄英王鸡文》。英王是武则天的三儿子，即后来的唐中宗李显。高宗看到此文后非常生气，认为是挑起诸王纷争的开端，就当面斥责王勃，不再让他进入王府。过了很久，王勃才被补授虢州参军。王勃恃才傲物，遭到同僚的嫉恨。有个叫曹达的官奴犯罪，王勃把他藏匿起来，又惧怕事情泄露，就杀死曹达灭口。事情败露后，王勃本应被诛死，但恰逢大赦只被除去官籍。当时王福畤任雍州司户参军，受王勃的牵连被贬为交趾县令。高宗上元二年（675），王勃去交趾看望父亲，途中不仅写了绝唱《滕王阁序》，还作《采莲赋》以表心意，言辞很美。但不幸的是，归途中渡南海时，王勃落水而卒，时年28岁。

二、王通的著作及其门人

（一）王通的著作

王通的著述主要有《太平十二策》《中说》《续六经》等多种。王通因对隋代现实政治不满，于是决定不再出仕，退居西河，开始著书立说，聚徒讲学。王通以"圣人"自居，模仿孔子，他的门人也叫他"王孔子"。他也模仿孔子作"六经"，即《续六经》。《续六经》包括《续书》《续诗》《礼论》《乐论》《易赞》《元经》六种。其著作今仅存《中说》与《元经》两种，其他皆亡佚。

《续六经》（又称《王氏六经》）是王通的心血所在，用了将近十年的时间才完成。所有著述共80卷675篇，其中《续书》25卷150篇，《续诗》10卷360篇，《礼论》10卷25篇，《乐论》10卷20篇，《易赞》10卷70篇，《元经》15卷50篇。关于撰写《续六经》的目的，王通在《中说》中有明确表达："吾续《书》以存汉晋之实，续《诗》以辩六代之俗，修《元经》以断南北之疑，赞《易》道以申先师之旨，正《礼》《乐》以旌后王之失，如斯而已矣。"

《续六经》中虽然仅有《元经》存于今日，但基本内容却保留在《中说》中。朱熹曾言："文中子之遗书虽不可见，然考之《中说》，而得其规模之大略。余惟《元经》见存，义例具在，而所谓续《诗》《书》，正《礼》《乐》，赞《周易》者，故舍《中说》莫由考见者也。"我们从中也可了解其概略。朱熹对王通文所论甚多，他评价王通："以发经言之余蕴，而开后学于无穷。"

《续书》就是续《尚书》。任继愈在《中国哲学发展史》中认为：《续书》是比照《尚书》的体例，选编从汉高祖到晋武帝时期的政府文件。凡以皇帝名义发出的文件，按制、诏、志、策四类编排。王通认为，两汉虽不及三代，但一些帝王能"以仁义公恕统天下"，"其役简，其刑轻。君子乐其道，小人怀其生"，是相当不错的，如果在礼乐方面有所建树，就可与三代媲美了。书中分制、诏、志、策、训、对、赞、议、诫、谏等十类文件，可以充分显示两汉的初级王道政治。

《续诗》就是续《诗经》。汉以后，经学家们更多的是在对《诗经》进行注释疏解，但唯独王通是继承圣人之业，续写《诗经》。在时段上，《续诗》采集作品的时间包括晋、宋、北魏、西魏、北周、隋六代，即王通所说的帝王之道不明、风俗不正的时期。王通认为，魏晋南北朝时期与孔子所处的时代性质相近，也是兴衰之际，而写《续诗》可以达到正风俗人心的目的。一些学者认为《续诗》是一部六代时期的乐府诗歌总集。《诗经》分为"风""雅""颂"，《续诗》也依《诗经》之分类，分为"化""政""颂""叹"四部分。

《礼论》。这里的"礼"是指《周礼》《仪礼》《礼记》。"论"是一种文体。《文心雕龙》卷四《论说》云："圣哲彝训曰经，述经叙理曰论。论者，伦也；伦理无爽，则圣意不坠。"王通在《中说·礼乐篇》说："吾于《礼》《乐》，正失而已，如其制作，以俟明哲，必也崇贵乎。"因此《礼论》的内容可能是对"三礼"的修正，而不是创造性的著述。

《乐论》。由于作为"六经"之一的《乐经》早已亡佚，王通关于乐的思想理论主要来自于《礼记》中的《乐记》，或者是前人对乐的认识。儒家认为音乐有教化功能，可以善人心，使百姓和睦、社会和谐，还可以塑造出一个人完整的人格魅力。王通作《乐论》就是希望以乐这种方式来警示皇帝的过失。他的真实愿望还是希望他的政治主张能得到当朝皇帝的采纳，从而实现清明的儒家王道政治。

《易赞》。"赞"是一种文体。《文心雕龙》卷二《颂赞》云："赞者，明也，助也。"《易赞》可能是对《易》的褒奖或理论注释。《易》学是王氏家族的家学。王通十几岁的时候，就曾向族父王仲华学习《易》。一些学者认为，从晋阳穆公受关朗易学影响一直到王勃，基本上传承了北方易学的阴阳象数之学，王氏易学即带有以卦爻变化推知人生穷通的特点。《易赞》的内容是侧重于从卦象、爻位和数理方面去探求《周易》的玄秘含义和对未来的启示。

《元经》。初唐四杰之一的杨炯在《王勃集序》提到《元经》："自晋太熙元年，至隋开皇九年平陈之岁，褒贬行事，述《元经》以法《春秋》。"《元经》是仿《春秋》体例，运用"春秋笔法"撰写的行褒贬、论赏罚的编年体史书。从王通的家世可知，"《春秋》"学和"《易》"学也是王氏的家学。

王通的《中说》一书非常重要，已经成为研究王通思想的主要材料。《中说》全书十卷，分为王道、天地、事君、周公、问易、礼乐、述史、魏相、立命和关朗十篇，每篇一卷。有人怀疑其为伪作，但经过考证，大多数学者认为，此书非王通所作，而是由王通的弟子姚义、薛收汇编而成，内容上是弟子们对其师言行的回忆和追录。《旧唐书·王勃传》就说："又依《孔子家语》、扬雄《法言》例，为客主对答之说，号曰《中说》。"《中说》的内容模仿《论语》，实际上是王通的言行录。在《论语》中孔子被称为"子"，在《中说》中王通也被称为"子"。王通被弟子们认为是孔子第二，虽然他做的已经很好，但他的狂妄还是遭到唐代文人的诟病。《中说》到了王通的儿子王福畤手里后，王福畤对此书重新分类编排，在这个过程中，也加进了许多吹嘘王通的不实之词，以至于后人疑其为伪作。然而，《中说》还是有一定价值的，朱熹就讲过："《中说》一书如子弟记他言行，也煞有好处。虽云其中是后人假托，不会假得许多，须具有个人坯模，如此方装点得成。"

（二）王通的门人

王通回龙门退隐后，在著述《续六经》的同时，他也开始在家乡白牛溪聚徒讲学。四方知名之士多来求学，往来受业者达千余人。

《文中子世家》描述了王通河汾授学的壮观场景。"门人自远而至，河南董常、太山姚义、京兆杜淹、赵郡李靖、南阳程元、扶风窦威、河东薛收、中山贾琼、清河房玄龄、巨鹿魏征、太原温大雅、颖川陈叔达等，咸称师北面，受王佐之道焉。如往来受业者，不可胜数，盖千余人。隋季，文中子之教兴于河汾,雍雍如也。"

《中说·关朗篇》则叙述了王通门人的受学情况。"门人窦威、贾琼、姚义受《礼》,温彦博、杜如晦、陈叔达受《乐》,杜淹、房乔、魏征受《书》,李靖、薛方士、裴晞、王珪受《诗》,叔恬受《元经》,董常、仇璋、薛收、程元,备闻《六经》之义。"需要注意的是,叔恬就是王通的弟弟王凝,《续六经》中《易》学无传人。因此王通弟子虽然众多,但作为家学的"《春秋》学"和"《易》学"却不轻易教授他人,还是以家学形式传授。如其孙王勃的"《易》学"功底就比较深,《新唐书·王勃传》记载:"尝读《易》,夜梦若有告者曰:'《易》有太极,子勉思之。'寤而作《易发挥》数篇,至《晋卦》,会病止。"

王通的弟子主要出现在《中说》中"《论语》式"的对答中。这些人当中有很多人声名赫赫,可以说是建立唐王朝的功臣和缔造贞观之治的贤臣。李靖曾南平萧铣、辅公祏,北灭东突厥,西破吐谷浑。窦威不仅是唐高祖李渊妻子窦氏的堂叔,还是唐朝立国后的第一任宰相。温大雅曾随李渊太原起兵,深得李渊信任,长期职掌机要。他弟弟温彦博也是王通的弟子,贞观初年做到宰相。李渊曾感激地说:"我起晋阳,为卿一门耳。"陈叔达出身于陈朝皇室,李唐开国元勋,唐代立国第二年做到了宰相。王珪,唐高祖时期曾长期辅佐太子李建成,贞观四年(630)做到宰相。房玄龄、杜如晦都是贞观初年的名相,长期辅佐唐太宗,有"房谋杜断"的美誉。魏征更是家喻户晓,辅佐李世民共创"贞观之治"的一代名相。

据《中说》和《文中子世家》,唐初的重臣名相很多都是王通的门人弟子,但是其弟子却很少提及自己的老师,这自然很容易引起后世的质疑。经过学者研究,王通的弟弟王凝和儿子王福畤在编撰《中说》时确实夸大了王通弟子的厉害程度,其实很多人并不是王通的弟子。

王通的弟子虽多,但能称得上重要弟子的,可能是董常、程元、贾琼、薛收、姚义、温彦博、杜淹等十余人。一般的门人有:魏征、陈叔达、王珪、裴晞等。往来受业或曾交游垂询者则包括:房玄龄、李靖、张玄素、李百药、李密、贺若弼、杨玄感、苏威、李德林、杨素、薛道衡、刘炫、虞世基、宇文化及、李播、苏夔等。就此看来，王通在隋末也是一位非常了不起的人物。

三、王通的儒学思想

（一）三教可一

三教是指佛教、道教、儒教。儒学是否是宗教尚存争议，但儒学在约束人的行为和信仰塑造方面确实具有宗教的某些功能。

佛教何时传入中国尚无确切定论，但目前一般的认识是，从东汉明帝永平十年（67）派遣使者到西域广求佛像和经典，并迎请迦叶摩腾、竺法兰等高僧到洛阳，建立了第一座官办寺庙——白马寺，为佛教广泛传入中国的开端。其实在此之前佛教就已经沿着丝绸之路传入中国，只是没有得到官方的正式认可与公开支持。

进入南北朝，中国佛教开始进入蓬勃发展的阶段。南北朝时，佛教已经遍布全国，佛教徒的数量增加很快。《洛阳伽蓝记》记载，北魏洛阳城的寺庙在鼎盛时达到1367所。北齐的很多皇帝都是虔诚的佛教徒，如太原地区的天龙山石窟、蒙山大佛都是开凿于北齐时期。南朝梁武帝萧衍晚年笃信佛教，都城建康据说就有佛寺五百余所，僧尼十余万。梁武帝自己更是曾三次出家。唐代诗人杜牧有"南朝四百八十寺，多少楼台烟雨中"之句，表示唐人也认为南朝时期的寺庙众多。到了隋朝，隋文帝杨坚因从小生长于寺院，长大后更是虔诚的佛教徒，佛教在隋代的发展也很迅速。这便是王通所处时代佛教的发展状况。

王通认为佛教存在很多理论上的缺陷，如：佛教宣扬不敬王者、不孝父母、不养妻子、不蓄头发、不纳赋税、不事农桑等理论思想都违背了中国的传统伦理道德，并不利于社会的发展，因而佛教不能在中国占有宗教统治地位。《中说·周公篇》记载:"或问佛,子曰:'圣人也。'曰:'其教何如?'曰:'西方之教也,中国则泥,轩车不可以适越,冠冕不可以之胡,古之道也。'"王通首先肯定佛是圣人,即与孔子一样崇高。但佛教在中国其实并不适合,就像轩车不可以畅行于越地,而冠冕不适合西方胡人穿戴一样,这是古之常理。在王通眼中,任何思想、任何宗教离开其本身的土壤都很难发展,佛教很好,但可能只适合西方,并不适合中国。

对于道教,王通主要是抨击道家的长生修仙之说。《中说·礼乐篇》记载:"或问长生神仙之道,子曰:'仁义不修,孝悌不立,奚为长生?甚矣,人之无厌也。'"有人问王通长生不老、得道成仙的方法,王通说:"不修仁义道德,不树立孝敬父母、友爱兄弟的风气,得到长生又能怎么样?人啊,真是太贪得无厌了。"王通认为,道教所谓的长生修仙之道都是人们贪得无厌的表现。如果人不在乎仁义、孝悌方面的内在道德修养,而只追求肉体生命的长短,那就如同行尸走肉一般。由此可见,王通都是在用儒家的价值标准来批判佛、道教之学说。

儒学发展到隋末也遇到了瓶颈。这个瓶颈在于儒家学说在两汉被经典化后,学者更多是对儒家经典进行章句的诠释,从对经文的注到对注文的疏,在儒学思想上却没有大的发展,从而造成儒学思想日益僵化的局面。而王通却是那个时代凤毛麟角敢于正视这个瓶颈并力图做出改变的人,因此,他才在龙门举起了复兴儒学的大旗。

三教融合,不仅是时代的召唤,更是大势所趋。王通很反对三教盛而亡国的说法,他认为:"《诗》《书》盛而秦(周)世灭,非仲尼之罪也;虚玄长而晋室乱,非老庄之罪也;斋戒修而梁国亡,非释迦之罪也。《易》不云乎:苟非其人,道不虚行。"(《中说·周公篇》)在隋以前,兴盛的魏晋玄学就是用老庄的思想来阐释儒家经典,即援道入儒。南北朝佛学盛行使得玄学也与佛学相互影响,或是以玄学的义理阐发佛学经典,或是以佛学的义理阐发玄学命题。其实佛教在中国的传播并非像王通说得那样格格不入,因为佛教巧妙地通过改变适应了中国的国情,即佛教的本土化。佛教作为外来的宗教，其所宣扬的出世思想与儒家学说有矛盾之处，但佛教要想在中国立有一席之地，就必须迎合本土的儒家学说。同时，佛教的进入也带来了另外一种思想，儒家也需要吸收佛教的精华思想，从而改善自身的弊端，才可以重新焕发生命活力。因此，可以说儒、释、道三家的思想既相互冲突，又相互借鉴，三者的融合是历史的必然。

王通具有深厚的历史学功底，他深知以史为鉴，认为对佛教、道教采取强制手段毁灭的办法行不通。《中说·问易篇》记载："程元曰：'三教何如？'子曰：'政恶多门久矣。'曰：'废之何如？'子曰：'非尔所及也。真君、建德之事，适足推波助澜，纵风止燎尔。'"真君，即太平真君，是北魏太武帝的年号。当时太武帝崇尚道教，毁灭佛法。建德，是北周武帝的年号。北周武帝禁止佛教、道教的传播，将经书和佛教全部毁掉，并严令僧尼、道士还俗为民。这两次是隋以前的两次"法难"，但都没有达到毁灭佛教信仰的效果。之后的皇帝很快又恢复了佛教、道教信仰。因此，以史为鉴，王通认为如果采取强制手段来灭佛毁道，只能是适得其反，于是他提出了"三教可一"的主张。

《中说·问易篇》记载："子读《洪范谠义》，曰：'三教于是乎可一矣。'程元、魏征进曰：'何谓也？'子曰：'使民不倦。'"王通虽然推崇儒学，也被称为"王孔子"，但他深明时事，并不认为当时唯有儒学可以一家独大，佛教、道教对王朝统治也有一定的意义和作用。因而，在对待儒、释、道三者的关系上，王通比以往的儒学家显得更为理性。特别要指出的是，王通所说的是三教"可一"，而不是"合一"，即王通认为三家在相互依存的前提下，可以各取所长，儒学可以吸取佛教的思辨哲学，从而增强儒学的思辨性，进而维持儒学的正统地位，所以王通的重点还是弘扬儒教。

客观公正地讲，王通的"三教可一"思想只是为解决三教关系提供了一个粗略的设想和原则，并没能做进一步的详细论述。这是由当时的社会历史环境所决定的。但此学说却为宋代理学的产生、发展奠定了理论上的基础。

(二) 王道思想

王道思想，是儒家提倡的道德政治主张。原意指先代圣王所行之正道，如《尚书·洪范》记载："无偏无党，王道荡荡；无党无偏，王道平平；无反无侧，王道正直。"到孟子时，将"王道"与"霸道"相对，指实行仁政，用道义服人为"王道"。《孟子·公孙丑》记载："以德行仁者王。"

王通的王道思想也是其家传教育。上文已经提到王通以上六代都致力于推行王道，但都没有机会施展所学。他曾感叹说："道不胜，时久矣。吾将若之何？"（《中说·王道篇》）他认为，王道不行由来已久，从西汉以来就已是如此了。他说："吾视迁、固而下，述作何其纷纷乎！帝王之道，其暗而不明乎！"（《中说·王道篇》）王通认为自司马迁、班固以后，之所以述作既繁多又纷乱的原因就是帝王之道晦暗不明，这是长久以来的事情。王通及其祖上数代人都一直在追寻王道，以努力实现"三代"王道政治局面为己任。王通迫切地希望国家能够施行王道，他上隋文帝的《太平策》中，最重要的思想就是"尊王道"。

王通所要弘扬的"王道"，就是对以仁义为核心的儒家价值理念的继承和弘扬。王通一直把"仁以为己任"（《中说·天地篇》）。薛收曾向王通问"仁"，王通回答说："仁是五常之始。"（《中说·述史》）五常即仁、义、礼、智、信。仁与义是五常的开始，也是立人之道，甚至用兵之道也在于仁义。李密曾和他论用兵之道，王通却认为这是"孤虚诈力"，要论就论"礼信仁义"（《中说·天地篇》）。隋朝的重要人物杨素也问用兵之道，王通的回答是"行之以仁义"，即以仁义用兵。杨素接着又问："怎么样才能取胜呢？"王通又回答："莫过于仁义。否则就会招致失败。"（《中说·问易篇》）

王通认为"七制之主"时代王道大盛，"七制之主，道斯盛矣"（《中说·礼乐篇》）。七制之主，是指西汉高祖、文帝、武帝、宣帝和东汉光武帝、明帝、章帝。王通这样阐述七制之主的王道作为，即："大哉，七制之主！其以仁义公恕统天下乎？其役简，其刑清，君子乐其道，小人怀其生。四百年间，天下无二志，其有以结人心乎？终之以礼乐，则三王之举也。"

（《中说·天地篇》）他认为七制之主很伟大，他们是用仁义、公正、宽厚统治天下。彼时，劳逸很少，法度清明。君子为其治道高兴，小人则安居乐业。四百年来，天下人同心同德，大概是有凝聚人心的方法吧！如果最后辅以礼乐教化，那就是三王（大禹、商汤、周文王）的作为了。王通说："古之为政者，先德而后刑，故其人悦以恕。"（《中说·事君篇》）以德为政，也是王道。

礼乐与王道相辅相成。王通认为"仁"应该放在施政的首位。温大雅曾问"如何才可以施政"，王通回答说："仁以行之，宽以居之，深识礼乐之情。"（《中说·述史》）王通又说："仁义，其教之本乎？先王以是继道德而兴礼乐者也。"（《中说·礼乐》）仁与义不仅是道德教化的根本，还是道德礼乐的源头。王通曾感叹："王道驳杂很久了，难道可以不匡正礼乐吗？"（《中说·天地》）他认为正礼乐有助于王道的施行。王通在家里研习《周礼》手不释卷，弟子问他为什么如此喜欢这本书，王通说："孔夫子认为王道尽载此书中。"还说如果有人用他，他将依此行事。（《中说·魏相篇》）房玄龄问礼乐，王通回答说："王道盛则礼乐从而兴焉。"（《中说·事君篇》）王道兴盛，礼乐也会随之兴盛。

在仁与礼的关系上，王通认为仁离不开礼，施仁须以礼节之，如果不以礼节之，仁便"不可行"。（《中说·礼乐篇》）王通认为仁、礼、道密不可分。杜淹曾问道的要旨是什么？王通说："非礼勿动，非礼勿视，非礼勿听。"杜淹说："这是仁的条目吧？"王通却说："道即在其中了。"（《中说·关朗篇》）要严格按照礼来行事，这便是体现"仁"的伦理纲常的根本法则。

当时王道的施行已经成为一种儒学理想，失去可以操作的条件。因此王通的门人很多都质疑王道，但他却是一位"卫道士"，始终坚持自己的王道理想。贾琼、薛收问："道不能施行，怎么办？"先生说："使父母安逸，使兄弟彼此友爱，使朋友相互信任，并把这种做法推行到当政者那里，这就等于行道了。怎可说道不能施行呢？"（《中说·礼乐篇》）房玄龄对薛收说:"道必定不可行了,先生何必汲汲于此呢?"薛收是王通的好学生,他说:"您难道不是先生门下的弟子吗?上失道则下修之,修道的方法是:择善而从,诲人不倦;穷而不滥,死而后已;得时则行,失时则隐。先王之道因此能够接续而不至于废弛,古人称之为继时。《诗经》里不是讲道:'纵我不往,子宁不嗣音?'怎么可以不行道而使道荒废呢?"房玄龄听后承认错误,并说:"原来行道有这样深远的意义啊!"

(三)心性论

心性,是中国古代哲学的重要范畴,主要是指"心"和"性"的关系。王通之前,孟子和荀子都提出了自己的心性论。孟子认为性在于心,为人之性的仁、义、礼、智四端,都蕴藏在人的心中。《孟子·尽心上》载:"君子所性,仁义礼智根于心。"性根系于人心,尽心就能知性。《孟子·尽心上》又载:"尽其心者,知其性也,知其性则知天矣。"荀子则强调心的作用,认为心可以改变人的本性。《荀子·正名》载:"性之好恶喜怒哀乐,谓之情;情然而心为之择,谓之虑;心虑而能为之动,谓之伪。"本性所表现的喜怒哀乐之情,由心所控制,即"择",心的思虑活动称为"伪"。因为人性的改变决定于心的"动"。"化性起伪"是心"感物而有知"的自然作用的结果。

王通提出穷理、尽性、知命的问题。《中说·问易篇》记载:"乐天知命吾何忧,穷理尽性吾何疑。"《中说·周公篇》记载:"子谓周公之道:'曲而当,和而恕,其穷理尽性以至于命乎?'"王通认为周公之道就是周全而得当,既为己也为人,探究人性物理以达于天命。"穷理"主要是指彻底认识儒家所倡导的纲常人伦。"尽性"就是要充分发挥人类天赋的善端。薛收问性,子曰:"五常之本也。"(《中说·述史篇》)即性是仁、义、礼、智、信的基础。"知命"就是要把握至高无上的客观必然性。《中说·问易篇》记载:"稽之于天,合之于人,谓其有定于此而应于彼,吉凶曲折无所逃乎,非君子孰能知之而畏之乎,非圣人孰能至之哉!"王通认为要实现"穷理",还需"正心"。因为心是"穷理"的工具,《中说·立命篇》便载:"心者非他也，穷理者也。"

因而，王通认为人应当先端正自己的思想，才能化人和自化。《中说·事君篇》记载：房玄龄问化人之道，王通回答说"正其心"，通过"正心"把自己的心纯化为"至心"。进而王通指出，所谓"心"，还有"人心"和"道心"之分。《中说·问易篇》记载："人心惟危，道心惟微，言道之难进也。故君子思过而预防之，所以有诫也。切而不指，勤而不怨，曲而不谄，直而有礼，其惟诫乎！"由于"道之难进""人心惟危"，所以君子应当"有诫"，也就是要"思过而预防之"，防患于未然。只要"有诫"就可以达到一种无过与不及的中正之德，还可以使帝王收到"居有常念，动无过事"的功效。(《中说·礼乐篇》) 王通认为"诫"是为了"思过而预防之"，人一旦有了过错，就应当善于知过、改过。人非圣贤，孰能无过，即使是古代的明王也难免有过，关键是应当知错必改。改过首先要闻过、知过。《中说·关朗篇》便载："痛莫大于不闻过，辱莫大于不知耻。"只要能"过而不文（不掩饰）"，仍不失为"君子人哉"。(《中说·天地》) 因而，君子应当"过而屡闻"(《中说·周公篇》)，"有不善争改"(《中说·魏相篇》)。王通认为，闻过、知过、改过对一个人来说是件不容易的事，但能够做到自知且自胜，就会成为"英雄"，"自知者英，自胜者雄"(《中说·周公篇》)。

四、后人对王通的评价

北宋邵伯温的《邵氏闻见录》中曾载司马光对王通的评价，他说："唐世文学之士，传道其书者盖寡，独李翱以比《太公家教》，及司空图、皮日休始重之。宋兴，柳开、孙何振而张之，遂大行于世，至有真以为圣人可继孔子者。"司马光是中国古代第一流的史学家，他的评价自然是有的放矢。在他看来，唐代的儒士传承王通学说的人很少。起码从北宋的材料来分析就是这样。因而，王通虽然弟子多达千人之众，但其学说对于唐代的儒家哲学思想的土壤来说，可谓水土不服。因此只能零星地见到王通弟子薛收、杜淹、陈叔达、魏征等对其老师的评价。

到了中唐、盛唐时期，也基本看不到后人对王通的评价。直至晚唐才看到很多对王通的评价。比如大文豪刘禹锡在给王通的五世孙王质所作的《神道碑》中说："常侍讳质，字华卿。……并州六代孙名通，字仲淹。在隋朝诸儒，唯通能明王道。隐居白牛溪，游其门皆天下俊杰，著书行于世。既没，谥曰'文中子'。……始，文中先生有重名于隋末，其弟绩，亦以有道显于国初，自号东皋子，文章高逸，传乎人间。议者谓兄以大中立言，弟游方外遂性，二百年间，君子称之，虽四夷亦闻其名字。"刘禹锡认为隋代的儒者只有王通能明王道。王通去世后两百余年，君子都称赞他，而且在四夷也听过王通的大名。《神道碑》固然有夸大之词，但若无凭据，刘禹锡胡说也是不行的。可见唐人一直未忘记王通。

但与刘禹锡同时的，曾在唐敬宗宝历二年（826）考中进士且精通儒术的刘贲，在读王通的著作时就非常气愤，他认为王通才学比不上圣贤，但却模仿孔子撰写著作，太过分了！（张洎《贾氏谭录》）

陆龟蒙在《送豆卢处士谒宋丞相序》中提到他自己曾读过王通的《中说》，并说作为王通的外诸孙的豆卢处士更"诵文中子书，不绝于口"。可见王通的著作在唐后期依然受到关注，还有豆卢处士这般的崇拜者。

杜牧的外甥裴延翰，曾为杜牧编《樊川文集》，他在序中说："故文中子曰：'言文而不及理，是天下无文也，王道何从而兴乎？'嘻，所谓文章与政通，而风俗以文移，果于是以卜。"王通认为如果文章只是华丽辞藻的堆砌，作为炫技的一种手段，而空洞无物，没有义理在其中，王道就无从兴盛。唐代科举以文取士，文章逐渐尚辞藻宏丽，这点与王通的主张相背离。裴延翰就反思此弊，并非常赞成王通的观点。王通把文与道相结合，实为宋代理学"文以载道"的萌芽。

唐末的著名文学家皮日休，对王通倍加推崇。他曾撰《文中子碑》云："后先生二百五十余岁，生曰皮日休，嗜先生道，业先生文，因读《文中子后序》，尚阙于赞述。想先生封隧在所，因为铭曰：大道不明，天地沦精。

俟物圣教，乃出先生。百氏黜迹，六艺腾英。道符真宰，用失阿衡。先生门人，为唐之祯。差肩明哲，接武名卿。未逾一纪，致我太平。先生之功，莫之与京。"皮日休还撰《请韩文公配飨太学书》，载："夫孟子、荀卿翼传孔道，以至于文中子。……文中之道，旷百祀而得室授者，惟昌黎文公。"皮日休把儒家道统的传承归纳为"孔子—孟子—荀子—王通—韩愈"，他把王通抬到了很高的地位。这种道统传承为宋代理学的道统说奠定了基础，从而诞生了一种说法，即王通开创了"河汾道统"。

唐末思想家司空图也有类似的表达，他在《文中子碑》中说："仲尼不用于战国，致其道于孟、荀而传焉。得于汉，成四百年之祚。五胡继乱，极于周齐。天其或者生文中子以致圣人之用，得众贤而廓之，以俟我唐，亦天命也。"唐末以来对王通的评价越来越高，是因为王通的思想与理学相契合。

被誉为"宋初三先生"之一的石介曾说："晋、宋、齐、梁、陈并时而亡，王纲毁矣，人伦弃矣，文中子《续经》并存之……《续经》成，王纲举。"他还认为王通是与孔子、孟子、扬雄、韩愈并列的大儒、贤人，"五百年一贤人生。孔子至孟子，孟子至扬子，扬子至文中子，文中子至吏部"（《徂徕先生集》）。

南宋著名的哲学家、陆王心学的代表人物陆九渊也把王通与孟子、荀子、韩愈相提并论，认为他们都是"以儒称于当世者"（《陆九渊集》卷一）。北宋著名的理学家和教育家程颐认为，王通的地位应在荀子、扬雄之上，"殆非荀、扬所及也"（《遗书》卷一八）。朱熹认为王通虽不可与孔、孟同日而语，但却高于荀子、扬雄、韩愈。金代著名学者赵秉文则认为王通是圣人一类的人，"文中子，圣人之徒欤！孔孟而后，得其正传，非诸子流也"（《闲闲老人滏水文集》卷一五）。

明代著名的心学家王阳明也认为王通高于韩愈，"退之，文人之雄耳。文中子，贤儒也。后人徒以文辞之故，推尊退之，其实退之去文中子远甚"（《传习录》上）。王通开创的"河汾道统"不仅对宋代儒学的影响很大，而且这种影响一直延续到明初的薛瑄及其开创的北方理学之"河东学派"。明嘉靖九年（1530），王通进入孔庙陪祀，成为东芜先儒三十九人之一，这就从官方肯定了王通对儒学承前启后发展的贡献。

　　王通之所以能得到后世宋明理学家们的肯定并给予其崇高的评价，是因为他热衷于振兴"周孔之道（王道）"，并为之大费苦心，也做出了理论建设。这些成就确立了他在儒学发展史上的地位，其学说对后世产生了重要影响。

知识链接

1. 江都兵变——大业十四年（618），隋王朝已是岌岌可危。在江都（今江苏扬州）的隋炀帝不想再回北方，而想据守江东。当时跟随隋炀帝到江都的精锐卫士被称为"骁果"，他们大多是关中人，见炀帝不想北归，很多人谋划叛逃回乡。不久，炀帝的近臣宇文化及和司马德戡等人发动兵变，将炀帝缢死，同行的隋朝宗室也被一并杀戮。这次事件，史称"江都兵变"。

2. 薛收——王通的得意门生之一，蒲州汾阴（今山西万荣）人。隋内史侍郎道衡之子。因父亲被炀帝冤杀，乃洁志不仕。后经房玄龄推荐，受到秦王李世民重用，授秦王府主簿。薛收善文辞，才思敏捷，秦府书檄表章，多出其手。曾献计擒窦建德、平王世充，迁天策府记室参军，封汾阴县男，后为秦王府十八学士之一。唐高祖武德七年（624），病卒，年三十三。李世民亲自临哭，哀恸左右。之后唐太宗对房玄龄说："薛收若在，朕当以中书令（宰相）处之。"贞观七年（633），赠定州刺史。永徽六年（655），又赠太常卿，陪葬昭陵。

3. 杜淹——王通的得意门生之一，京兆杜陵（今陕西西安）人。唐初名臣杜如晦的叔父。隋时假隐于太白山，文帝恶之，谪戍江表。之后遇赦还，授承奉郎，迁御史中丞。唐高祖时，被任为秦王天策府兵曹参军，文学馆学士，成为李世民的心腹重臣，后因卷入秦王与太子的皇位之争，作为暂时的牺牲品被流放越巂。太宗即位后，被召回授官为御史大夫，封安吉郡公，寻检校吏部尚书，参议朝政。贞观二年（628）去世。

延伸阅读

1. 张沛，北京大学中文系教授，出版《中说译注》（上海古籍出版社

2011年）和《中说校注》（中华书局2013年）是目前阅读《中说》较好的书，前者更适合阅读。另外，张沛还出版《中说解理》（北京大学出版社2013年）对《中说》进行了注释和解说，同时辑录了历代学者对文中子其人其书的评论。在解说之时，作者还阐述了《中说》中的王道论、圣贤论、经学论等儒学思想。

2. 刘小成，在博士学位论文的基础之上整理出版《文中子考论》（上海古籍出版社2008年），书中研究了王通的家世、生平、门人及其交游，并对《中说》成书的经过、王通新儒学思想出现的文化背景进行了探讨。此外，作者还辩证了《元经》的真伪，以及《续六经》的成书及其内容。刘小成还出版《中说校释》（科学出版社2017年），可与张沛的著作对比阅读。

3. 尹协理和刘海兰多年研究王通，在参考、吸收前人的研究成果之上，并纳入作者的研究心得，出版《王通评传》（北岳文艺出版社2016年）。书中对学术界长期争议的王通及其著作的真伪，王通的家世、家乡、生卒年，王通的做官经历和门人弟子等问题进行了详细考证。并在此基础之上，详细讨论了王通思想产生的历史背景及王通的政治主张、天人观、修养论、文化教育等思想。

思考题

1. 王通的家学对其个人发展的影响体现在哪里？
2. 王通的儒家学说为什么在唐前期不受重视，而在唐末、北宋才得到认可？

第十讲

自得天机：
从涑水之学到域外史地

导　读：

相较于此前文化发达、名家辈出的情形，宋、元、明、清之际山西的学术文化，行将衰落，辉煌难再。主要表现在两个方面：其一，影响全国的一流学者日渐凋零；其二，受文化重心南移之大环境影响，学者益稀，难成规模。尽管如此，山西学者在此近千年的历史中，亦有不俗的表现，于近世学术及学派不乏深刻的影响。

北宋孙复之泰山学派与司马光之涑水学派，均对近世中国学术有重要贡献。明前期以河津薛瑄为中心形成崇奉程朱之河东学派，清人称其"开明代道学之基"。明末清初，是中国思想文化的一个重要发展阶段，很多学者具有独特的思想和主张，此时能与诸家比肩者唯有傅山。进入清代，汉学盛行，山西学者虽得预流，奈何人少势孤。其中阎若璩和祁韵士最为杰出。降至清末，西学东渐，徐继畬以《瀛寰志略》跻身中国最先看世界之学者行列，从而使近代早期先进思想中出现了山西人的声音。

一、河东宋学

在北宋学术中山西学者占有一席之地。无论是理学、史学,还是经世之学,都有山西学者的身影,其中最著者当属孙复和司马光。孙复的道统论,排斥释道以及摆脱传注直面经典的治经风格均对宋代学风具有先导作用。司马光在中国历史上的影响更大,他不仅编撰了史学名著《资治通鉴》,而且由此开启了一种专门学问——通鉴学。司马光在政治上对北宋也有极大影响,他反对王安石变法,开启了元祐更化。哲学上,他提出"中和论",对宋明理学所关注的核心范畴、概念都有阐释,虽然司马光的哲学观点不为程朱所认可,却对其不无启发。

(一)宋学开山——平阳孙复

在宋明理学史上,山西学者的影响虽然不能和濂、洛、关、闽相提并论,但是在其发展源头及中期都有重要贡献。孙复是宋代理学的先行者,和石介、胡瑗并称为"宋初三先生",虽然在学术思想方面创见不多,但是他的著述中已经涉及宋代理学中的一些重要主张和观念,可以说是引领宋学风气之先。

孙复(992~1057),字明复,号富春,北宋晋州平阳(今山西临汾)人,四举进士而不第,后居泰山,在此聚徒讲学七年,人称泰山先生。孙复在学术上的发展以及学术地位的确立,曾得到范仲淹和石介的帮助和推广。孙复青年时期刻苦好学,孝顺母亲,两上睢阳谒见范仲淹,颇得青睐。范仲淹发现孙复虽然贫穷,但言语不俗,非一般读书人,于是在经济上予以资助,授以《春秋》,并为其谋得一个学官的差使。十年后孙复结识在南京做官的石介,两人关于振兴儒学、排斥佛老的观点和主张高度一致。石介对孙复极为推崇,甚至视其为能够振兴儒学道统的"文公儒师",并在泰山筑屋,让其在此安居讲学,躬执弟子礼拜其为师。此后,孙复在泰山研究经典、聚徒讲学七年,重要的学术著作如《易说》《春秋尊王发微》均完成于此时。

在此期间，先后有石介、李缊、姜潜、张洞、祖无择等从其学。在范仲淹、石介等人的大力举荐下，孙复后来出任国子监直讲，声誉渐广，翰林学士赵概等称其"行为世法，经为人师"。

孙复对宋代经学及学术风气都有重要影响，当时与其齐名者有安定胡瑗。胡瑗在教育上有著名的"苏湖教法"，治经则孙复略胜一筹。孙复继承唐代韩愈，排斥佛老，宣扬道统论。安史之乱使唐朝由盛转衰，此后一直到宋代，社会动荡混乱，战争不断，政权更迭频繁，导致了儒家道德伦理失范，士大夫不讲忠信和道义，儒家的仁、义、礼、智、信被完全抛弃。北宋初年，虽然结束战乱，社会暂时得以安定，但是信仰不再、道德沦丧的情况依然存在。与此同时，与儒学衰落形成鲜明对比的是，佛教和道教在统治者的提倡下兴旺发达，直接凌驾于儒学之上。这种状况使部分士人深感不安和忧虑。自唐中期，以韩愈为代表的儒士开始捍卫儒家道统，排斥佛、道异端，进入宋代，孙复、石介接续韩愈，推崇儒术，宣扬道统论，大力去除佛、道影响。

隋唐以来，随着佛教和道教的兴盛，儒学也不可避免地被佛、老濡染，孙复认为这辱没了儒家。实际上，儒学受辱并非从佛、老始，早在战国之时，杨墨就淆乱儒家。无论是杨墨还是佛老，都对儒家的纲常伦理和社会的等级秩序造成危害和冲击，因此，孙复强调道统，指出在此前历史上"始终仁义不叛不杂者，唯董仲舒、扬雄、王通、韩愈"，要树立道统，必须批判佛老和异端邪说。

孙复强调道统的重要性，不仅是要对抗佛教、道教对儒家信仰的破坏，而且欲重新确立儒家的道德规范和封建社会的等级制度。为此，他不但不遗余力地抬高孟子，而且撰写《春秋尊王发微》，阐发孔子"尊天子，黜诸侯"的微言大义。孙复在泰山和国子监讲学时，把尊孟思想传播给学生。孙复认为正是孟子在杨、墨"无父无君之教盛行天下"之时，慨然奋起，大力宣传尧、舜、禹、汤、文、武、周公、孔子之法去除之，才免除天下夷狄化的严重后果。除了接续韩愈崇扬孟子外，孙复在道统中还增加了荀子、扬雄和王通，并将道统的源头追溯至黄帝。他在《信道堂记》中指出："吾之所为道者，尧、舜、禹、汤、文、武、周公、孔子之道也。孟轲、荀卿、扬雄、王通、韩愈之道也。"之所以要将孟子、扬雄、韩愈也列为传递道统的圣人，是因为他们在捍卫儒术上立下了不朽之功勋："杨、墨起而孟子辟之，申、韩出而扬雄据之，佛老盛而韩文公排之。微三子，则而天下之人胥而为夷狄也。"

唐宋之际，儒学开始"经学更新运动"。宋初，佛教、道教盛行，儒家学术不受重视，学者对儒家经典的研究也只是墨守汉唐注疏，国家"积贫积弱"的局面有增无减，儒术不能为现实服务。这种情况使得当时的有识之士深为忧虑，也对经学的状况极其不满。由此，北宋庆历年间出现了一种否定汉唐注疏的学术思潮——"庆历学风"。"宋初三先生"之一的孙复在此方面起了开路先锋的作用。

孙复早就对汉唐注疏不满。他指出汉、唐诸家如左氏、公羊、谷梁、杜预、何休、郑玄、马融、范宁、王弼等并不能完全清楚地解释儒家经典，有的甚至歪曲了圣人真意，所以后人不必株守他们的解释，应抛弃汉唐章句注疏，回归儒家经典，按照自己的理解解释经典。孙复这样说，也是这样做的，《春秋尊王发微》就是其摆脱注疏、直面经典的实践成果。《春秋尊王发微》体现了孙复的两个思想主张：其一，加强中央集权，提出"尊天子，黜诸侯"。儒家的伦理纲常不可动摇。其二，宣扬儒家道统，振兴儒学。解经与时政相结合，舍传求经，断以己意。

孙复先后在泰山和国子监讲学，培养了众多弟子，讲学之余著书立说。继韩愈之后，孙复极力提倡和宣扬儒家道统，注重对《易》和《春秋》的研究，摆脱了汉唐注疏的束缚，按照自己的理解注释经典，这些学说和思想对宋代的学术和风气有很大影响，开创了儒学新风。故而黄宗羲说："安定胡先生、泰山孙先生、徂徕石先生始以师道明正学，继而濂洛兴矣。故本朝理学虽至伊洛而精，实自三先生而始。"

（二）涑水之学

司马光（1019～1086），山西夏县人，字君实，号迂夫，后改为迂叟，因世居涑水乡，人称涑水先生，《宋元学案》专列涑水学案，以述其学。司马光是北宋重要的政治家和历史学家，历仕北宋仁宗、英宗、神宗、哲宗四朝。初任签苏州判官事、国子直讲、谏议大夫、翰林学士等职，神宗时反对王安石变法，辞官居洛阳十五年，编撰《资治通鉴》。哲宗朝，被太皇太后召回，官至尚书左仆射兼门下侍郎，主持朝政，尽废新法。死后，赠太师、温国公，谥文正。

图 10-1　司马光像

司马光生前居官廉洁，于朝政敢于担当，心系百姓，不仅当时的官员学者，甚至政敌都对其评价很高，而且深受百姓爱戴，《宋史》说他"天下以为真宰相，田夫野老皆号为'司马相公'，妇人孺子亦知为君实也"。司马光家族以诗、礼传家，家教严正。父亲司马池品行端正，办事果敢练达。宋仁宗时，司马池因政绩突出被举荐，朝廷欲"召知谏院"，但他上书恳辞。司马池的清廉和淡泊名利对司马光有深刻影响，为他日后成为廉洁奉公、刚直不阿、不计个人得失的杰出政治家奠定了良好的基础。司马光对北宋时期的史学、政治和理学都有重要影响。

司马光从小勤奋好学，尤其喜欢史书，他编撰的《资治通鉴》是中国历史上影响最大的编年体通史，并由此产生了针对《资治通鉴》及其相关著作进行研究的通鉴学，在中国史学史上产生了重大影响，王应麟曾说："自有书契以来，未有如《通鉴》者。"司马光编撰《资治通鉴》的想法在宋仁宗时就已经产生，他认为从先秦到宋朝的史书浩如烟海，就想仿照《左传》《汉纪》，以时间为经，编写一部既简明扼要又能反映历代治乱得失的史书，为皇帝提供治理国家的经验。《资治通鉴》不仅在史学史上有极高的学术价值，而且取材丰富、考证精审、文字凝练，称得上是一部优美的文学作品。

《资治通鉴》初名《通志》，司马光编撰时得到了宋朝皇帝的支持。《通志》编写八卷后，司马光进呈宋英宗，得到了英宗的肯定，随后英宗命令开设书局继续编撰，并可自行选择编修人员，《通志》就由一部私修史书变为官修史书，客观上为《通志》得以顺利完成提供了重要的保障和条件。宋神宗也很重视《通志》，赐名《资治通鉴》，并亲自撰写序文。司马光编撰《资治通鉴》的目的很明确，就是要"鉴前世之兴衰，考当今之得失"，使当政者能借鉴历史，改进不足，达到天下太平。在古代，皇帝是政治的核心和决策者，《资治通鉴》是为皇帝编写的一部历史教科书，目的在于教育皇帝，提升皇帝的决策能力和政治水平，在传统社会还是有重要意义的。而在现代，人们只是把《资治通鉴》作为一部重要的史学著作，人们对司马光的认可和赞扬也主要基于历史学家这样一种身份。实际上，司马光在北宋所产生的影响主要是在政治方面，另外，他对宋代理学的创建也起了一定的作用。

宋代官、私著述对司马光的评价都很高，但是此后就褒贬不一，原因在于对司马光反对王安石变法这件事上所持之标准不同。实际上，司马光并不反对变法，在宋英宗年间，他曾多次上书要求改革，指出宋朝在政治、经济、文化、军事等方面隐藏的危机和隐患。司马光反对王安石新法，主要是对王安石所采取的变法方式以及部分改革内容不能苟同，正如他所说："光与介甫趣向虽殊，大归则同。"司马光崇奉儒家的政治伦理，坚持政治和决策要"致中和"，不赞成王安石变法以法家的手段代替儒家的政治原则。司马光多次批评王安石骤变祖宗之法，用人不当，刚愎自用，名为苏民，实则累民。北宋中期，政治弊端丛生，积贫积弱太重，在强敌环伺的情况下，不改革则难以为继。因此，王安石的改革是必须的，尤其是军事改革，但是，他的改革操之过急，王安石本人又"用心太过，自信太厚"，所用非人，导致新法变革中出现了很多问题。所以，司马光否定新法也并非迂腐和保守所能概括，很多批评还是深中肯綮。元祐年间司马光在太皇太后的支持下尽废新法，却从一个极端走向另一个极端，也背离了他一贯奉行的中庸原则。

司马光对宋代理学的创建也有贡献，主张顺从天命，恪守儒家道德规范。司马光"家世为儒"，"幼时始能言，则诵儒书"，儒家思想及其伦理纲常对其影响至深。司马光生性恬淡，清正自守，勤奋好学，唯独不喜佛教和道教，且终生未变。司马光与理学创始人邵雍、二程关系密切，他们的政治主张相近，均反对王安石变法。熙宁四年（1071）司马光辞官退居洛阳后，彼此来往更加频繁。关于司马光与理学的关系，一向众说纷纭，以程朱为首的多数学者否定司马光为理学家，认为司马光虽然也讲"诚"，但是格物功夫终有欠缺，将司马光拒于理学之外。实际上司马光无论是从理学的建设上，还是发展上，都起了不可忽视的作用。

二程的洛学是宋明理学的核心和直接源头。司马光对洛学的兴起有促进之功。南宋李心传曾经说："元祐道学之兴废，系于司马文正之兴亡。"清代学者也认为司马光在维护洛学上发挥了重要作用："司马温公之护名教之功，亦恶可少哉？"元祐年间，司马光在太皇太后支持下执政后，极力向朝廷推荐程颐，先是被任命为国子监教授，程颐力辞，后又被任命为秘书省校书郎，入见后，拔擢崇圣殿说书，为皇帝讲经。在此之前，洛学并不广为人知，不但不及王安石的新学，且不如以苏轼父子为核心的蜀学。程颐成为皇帝的老师后，声名大振，"天下倾其风采"，洛学也随之影响扩大。司马光当政时，尽废新法，为新法服务的《三经新义》等也被废除，这也有利于洛学的发展。

司马光的理学相关著作有《太玄集注》《易说》《法言集注》《潜虚》，对理学的重要范畴，如太极、无极、气、理、性、道、命等都有涉及。《潜虚》开篇即言："万物皆祖于虚，生于气。气以成体，体以受性，性以辨名，名以立行，行以俟命。"司马光对道、气、理、命等理学家常用的范畴也有阐释。他讲："此事必有此理，无此理必无此事。""易者，道也。道者万物所由途也。""遇不遇，命也。""死生，命也。""夫性者，人之所受于天以生者，善与恶必兼有之。"理学家将修身看得至为重要，司马光也对此有自己的主张和方法，即"中和论"。司马光心中的"中"就是无过与不及，即执中："君子之心，于喜怒哀乐之未发，未始不存乎中，故谓之中庸。庸，常也，以中为常也。及其既发，必制之以中，则无不中节。中节则和矣。是中和一物也。"所以，君子要做的就是"执中"，"治心养气，专以中为事。动静语默，饮食起居，未始不在乎中"。程朱及其门人，对司马光的"中和论"并不认同，批评他的修养功夫不仅无益，反而有害，司马光所讲的"中"无形无体，难以把握，只会让人陷入迷茫。就程朱理学而言，司马光的"中和论"有很大问题，但是"中和论"对北宋理学也有一些意义。首先，司马光是当时最早关注《中庸》的学者之一，而《中庸》是程朱理学言修养功夫最重要的典籍。其次，司马光在《中和论》中已经谈到《大禹谟》"十六字心传"和修养功夫的关系以及修养身心的方法——允执厥中。因此，虽然司马光不为程朱所认可，但是他对《中庸》的关注，对一些重要范畴的阐述，以及对"十六字心传"的表彰，都有助于启发理学家的思考，并在某些方面引导了理学发展的方向。

二、薛瑄与明代北方朱学

薛瑄是明代北方著名的理学家，在学理上没有重要创新，但对维护和发展北方的程朱理学具有重要贡献。薛瑄所开创的河东学派是明代北方尊崇程朱的最重要的学派。自从理学分为程朱理学和陆九渊心学后，进入明代，河东学派尊程朱发起于北方，姚江心学经阳明而盛行于南方。其时学者，基本不出二者之间。

（一）薛瑄

薛瑄（1389～1464），字德温，号敬瑄，山西河津人。薛瑄少时聪敏好学，深受其父薛贞的影响，熟读儒家经典，从小就立志要做一个"大儒"，成为"伟士"。明永乐十九年（1421）中进士，几年后先后出任湖广道监察御史、云南道监察御史、山东督学佥事、南京大理寺卿、北京大理寺卿，累官吏部右侍郎兼翰林学士。明天顺元年（1457）辞官归里，著书讲学，几年后去世，谥文清。薛瑄的著述主要有《读书录》《读书续录》，清人收集其所有文字包括年谱、诸儒论赞等，编为《薛文清公全集》。

薛瑄从政三十年，虽然在明前期的政治中没有突出成就，但是在做官的过程中也形成了自己的政治思想，即"从政以爱人为本"。薛瑄的"爱民"思想既是儒家"仁政""王道"学说的延伸，也是当时明朝由前期政治相对清明转入中期政治混乱的反映。薛瑄作为理学家，当然严守儒家的伦理纲常，从明王朝的长治久安出发，主张宽以待民，轻徭役、薄赋税，民为邦本，本固邦宁，施仁政于民。但他的"爱民"主张，也确实不乏对下层民众生存艰难的同情。

图 10-2　薛瑄像

薛瑄是明前期程朱理学在北方最重要的代表人物，弟子遍及山西、陕西、关陇一带，蔚为大宗，其学被称为"河东之学"。河东学派是明代北方最大的理学学派，传播到陕西，在明中期形成以吕柟为首的"关中之学"。薛瑄谨守程朱矩矱、躬行践履，他对宋明理学没有大的创新和发明，一本程朱，认为儒学至二程、朱熹，义理至明，后人只要严格遵守、躬行实践就可以了，不必再创建新说。尽管如此，薛瑄在学理上还是有自己的独立主张。他的理气观指出了朱熹在论证理气关系上的不足，复性论在道德修养功夫上强调道德实践的重要性。薛瑄提出"性本自然"，不仅肯定伦理纲常是人伦日用，而且提出对物质等的需求包括在人伦日用之中，"复性"就是要按照儒家道德的要求，躬行践履，修养身心，复其仁、义、礼、智之性。薛瑄在一定程度上指出程朱学说中的漏洞，并试图予以弥缝。

首先，提出与程朱不同的理气观。关于理与气的关系，朱熹认为理乘气而行，理就在气中，从本体论上讲，理先气后，理是世界的本源。薛瑄认为理和气之间不可割裂，理气"无缝隙"。理存在气之中，气中有理，有此气便有此理，二者同时存在，没有先后。但是理是永恒的，气有聚散。薛瑄在论述理气关系时还指出，理是无形无迹的，气是有形可见之物，有形之气和无形之理统一为一体，从而论证出"有无为一"的观点。

其次，提出"复性论"。理学家的最终目标是要成为圣人，因此如何达到这一终极目标的道德修养功夫就非常重要。薛瑄就此提出"复性论"，指出研究儒家经典，修养身心的目的在于"复性"。他说："圣人相传之心法，性而已。"《中庸》讲的"明德"，孔子讲的"仁"，孟子讲的"仁义"，实际上都是让人知道什么是性。薛瑄与程朱讲的性有所差异，程朱论性是"天命之谓性"，即人禀受天理谓之性，性是人得之于天。薛瑄认为性就是太极，性本自然，他指出："性本自然，非人所能强为也，顺其自然，所谓'行其所无事也'。"好利、饮食、男女都是本之自然的人性，这一点是程朱否认的。薛瑄认为性可分为气质之性与本然之性。本然之性有善无恶，气质之性有善有不善，复性就是要通过变化气质，在道德修养上下功夫，恢复到清澈纯善的本然之性。因此，薛瑄特别强调下学的功夫，也就是在人伦日用上下功夫，这种功夫就是"格物"。在日常应事接物的实践中，不断完善自己，以求至极之理，由"格物"至于"复归本然之性"。因为薛瑄重视下学的道德践履，所以黄宗羲在《明儒学案》中称其为"实践之儒"。

（二）从河东之学到关中之学

明末，高攀龙将明代的学术脉络分为两支，一支是南方的阳明心学；一支是北方以薛瑄为首的朱学——河东之学。薛瑄在做官之余，两度在家乡设帐授学，"秦楚吴越来学者以百数"。薛瑄教学生以《大学》，并将复性论的修养功夫传给学生,通过遍及山西、河南、陕西、甘肃等地的弟子们将自己的学术思想传衍开来,形成以谨守程朱为宗旨,贵践履、重力行的河东学派。薛瑄的学术思想通过弟子们的传播,从河东延伸至陕西关中,在吕柟及其弟子们的发展下,又形成关中之学。吕柟是薛瑄河东之学传至关中最杰出的后学,其学以穷理实践为主,以薛瑄为宗,强调理气"不相隔",被誉为关中之学的集大成者。《明儒学案·河东学案》所列薛瑄后学共十四人,其中九人是关中学者,可见,薛瑄学术思想在关中影响之大,直到近代这一影响仍未泯灭。晚清关中名儒李元春就是在读了《读书录》后,立志学习圣贤,遍阅程朱著述,最后成为近代关中最有名的理学家。

三、遗民傅山的世界

傅山是一位志行高洁、才华出众,对故国怀有诚挚情感的学者。他博学多才、超然物外,在诗文、书画、诸子学、史学、医学、小学等领域均有极高造诣。傅山不幸生于明季,明亡后多次参加反清斗争,失败后隐居山野,以明遗民自居。明中后期中国经济发达,市场繁荣,出现了与之相适应的反映市民利益和要求的以批判宋明理学为特征的启蒙思潮。傅山以其不落流俗的任侠行为和提倡平等自由的思想,成为明末清初颇具传奇色彩的启蒙思想代表学者。

(一)遗民傅山

傅山(1607~1684),山西太原人,初名鼎臣,后改为山,字青竹,后改为青主。字号很多,据说有五十四种。傅山30岁时从袁继咸学于三立书院,"三立"取"太上有立德,其次有立功,再次有立言"之意。傅山在此学习数年,深受书院提倡实学之影响。傅山37岁时,清朝定鼎中原,此后,他就由明朝子民变为明遗民。傅山对明朝怀有很深的感情,清军进入北京那年,他在《甲申守岁诗》说:"三十八岁尽可死,栖栖不死复何言。"傅山的一些字号如青山、侨民、霜红龛等也透露出他怀念朱明王朝，坚持民族气节，在清只为侨民的坚贞不屈的思想和感情。清军入关后，傅山在山西加入反清复明斗争。北方抗清斗争陷入低潮后，傅山南下抗清，适逢郑成功和张煌言的联合反清军事行动失败。康熙元年（1662）郑成功病逝台湾，两年后张煌言被捕殉节，反对清军的武装斗争基本结束，清王朝

图10-3 傅山像

的统治最终确立起来。此后，傅山转入学术研究，拒绝和清王朝合作，以明遗民的身份度过了剩余岁月。傅山生命的后20余年，在太原接待了很多来访名家，如顾炎武、阎若璩、屈大均、潘耒等，其中与顾炎武最为默契。顾炎武多次北上寻访傅山，二人志同道合，一起探讨学问。顾炎武对傅山的民族气节很是推崇，曾赋诗一首予以赞扬："清切频吹越石笛，穷愁犹驾阮生车。时当汉腊遗臣祭，义激韩仇旧相家。"将其比为刘琨、阮籍、陈咸、张良。康熙二十三年（1684）傅山病逝于太原。

（二）崇尚自然，抒发个性

傅山个性洒脱，不为世俗所束缚，无论是思想、艺术，还是医学，都有自己的独立见解。首先，傅山对明清统治者奉行的官方哲学——程朱理学发表了不同意见，提倡个性解放，对程朱理学的天理说、义利观等进行了批判。在理气关系上，程朱认为理是先天存在的，理是宇宙的本源，虽然理在气中，但是如果要确切区分的话，理在气先。傅山提出截然相反的观点，认为气先理后。对程朱所讲的"性即理"，傅山也提出质疑："宋儒好缠

理字。理字本有义，好字而出自儒者之口，只觉其声容俱可笑也。如《中庸注》'性即理也'，亦可笑。"傅山认为，理是事物天然之条理，引申为规律。至于程朱所讲性无不善，所以理即善，无不善之理，傅山也不赞同。在他看来，既然性有天命之性和气质之性，那么性就有善有恶，如此，理也应有善有恶，不能纯然至善。傅山反对程朱理学"以理抑情"，指出："情为天地生人之实，如上文所谓一也。复乎一而塞天地皆人。"傅山在艺术与文学创作中也反对雕琢，提倡"纯任天机"，"天机适来，不刻而工"。无论写字还是作诗，均需直抒胸臆，率意而书，"信手行去，一派天机"，情真自出上品。因此，傅山的文学艺术创作都秉持抒发个性、率性而为的原则。其次，对儒家所持的"正其义不谋其利，明其道不计其功"的义利观，傅山也提出不同主张。傅山尊重个人利益，肯定私欲，反对随意侵犯个人利益，设想在个人利益与国家利益之间设置一道防线，以保障个人利益不受侵犯。既要崇尚义，也要顾及利，不能以"义"的名义牺牲个人的利益，而应兴天下之利，以利天下之人。

（三）开创清代子学研究

自从汉武帝"罢黜百家，独尊儒术"后，诸子就衰落了。明清鼎革之际，学者们又开始对诸子予以重视，出现研究诸子的潮流，傅山就是代表人物之一。傅山关于诸子的研究在他遗留下来的著述中占有很大一部分，如对《老子》《庄子》《管子》《墨子》《荀子》《公孙龙子》等都有大量批注。傅山的诸子学思想包括两个方面：其一，反对尊儒抑子，主张经子平等。其二，兼采诸子，为当时思想僵化的学术注入新鲜血液。傅山对诸子的研究包括注释和评论，但并不是做纯学术的考证训诂，而是从中采集有益于社会、反对清朝统治的思想资料。因此，傅山在批注中提出了很多前人没有讲到的观点，如认为荀子的思想主张近墨子、法家、刑名家，而远儒家。在诸子中，傅山最喜欢老庄之学，老庄的崇尚自然、自在无为、向往自由的思想都深刻地影响了傅山，所以后人说"傅山是思想极其自由解放之人"。而傅山关于

《墨子》的研究开启了清代墨学研究,到晚清,随着西学东渐,墨学也逐渐成为显学。

四、清代山右学术

不同于宋、明,清代是讲求实事求是、反对空谈义理的汉学占统治地位的朝代。汉学又称"考据学"或"朴学",因崇尚考证训诂和学问朴实无华而得名。清代山西学术相比较宋、明,又有所落后。幸运的是,山西汉学家虽少,但有几位开创性的学者弥补了这一缺憾。

(一)汉学先导——阎若璩

阎若璩(1636~1704),字百诗,别号潜丘居士,原籍山西太原,出生于江苏淮安,在经学、地理、算学、文献学等方面有突出成就。他生而口吃,秉性迟钝,却酷爱读书。康熙元年(1662)阎若璩始游京师,后回原籍太原应试,不第。在太原期间,他结识了傅山、顾炎武,受到后者的赏识。29岁随父南下浙江时,结识了毛奇龄。康熙十八年(1679)阎若璩应博学鸿儒科试,不中,留京师。徐乾学奉敕修《一统志》,在苏州设局,聘请阎若璩参与编修。后来雍亲王(雍正)把他请进王府,不久病逝于京师。

除了顾炎武、傅山、毛奇龄外,阎若璩还与江苏学者汪琬辩论《五服考异》,与无锡顾祖禹、常熟黄仪讨论地理,与姚际恒讨论《古文尚书》。阎若璩从20岁起就着手撰写《古文尚书疏证》,此后随手增订,到死尚未完

图10-4 阎若璩像

成。《古文尚书疏证》专门辩证东晋梅赜所献孔安国传《古文尚书》。在唐代就有人怀疑梅赜所献孔安国传《古文尚书》，经过宋代吴棫、朱熹，元代吴澄，明代梅鷟等人不断怀疑辨伪，到阎若璩著成《古文尚书疏证》，终于定谳孔传《古文尚书》是东晋人的赝作。《古文尚书疏证》证明，不仅传和序不是孔安国所作，其中二十五篇也是伪作。阎若璩凭借《古文尚书疏证》奠定了其清代汉学开山之祖的地位，《四库全书》称赞他"考证之学，未知或先"。《古文尚书疏证》对于清代学术的意义有二：其一，《古文尚书疏证》考证出自东晋以来朝廷取士以及士大夫知识分子奉为经典的《古文尚书》原来是个赝品，对思想界产生了极大震动，在学界开启了怀疑儒家经典的先河。其二，《古文尚书疏证》考证极其严谨，引经据古，言必有据，是清代考据学的先导典范。

阎若璩在地理学方面也很有成就，对山川形势、州郡沿革，了如指掌，著有《四书释地》和《释地余论》。除此之外，尚有《潜丘札记》《毛朱诗说》《日知录补正》等著述。阎若璩在清代学术史上有极高的地位，尤为乾嘉诸老所推崇，江藩的《汉学师承记》就将其列居首位，这一尊崇一直持续到民国年间，民国学者支伟成在《清代朴学大师列传》中也将阎若璩与顾炎武、黄宗羲、王夫之等学者并尊为清代朴学先导大师。

（二）西北史地学

清代汉学发展到嘉道之际，其鼎盛时期已经过去，但是，这并不意味着汉学即将衰落。实际上，道光以降的汉学不再像乾嘉年间那样局限在吴皖和京师，而是逐渐发展到全国，成为一个全国性的学术派别。此后的汉学进入第二个阶段，汉学的研究领域也有很大扩展，其中之一就是西北史地学的崛起，并成为晚清显学。在西北史地学的孕育、发展中，山西学者发挥了重要作用。西北史地学始于嘉庆、道光之际，最早对西北史地进行学术研究的是山西人祁韵士。祁韵士去世后，在其遗著的影响下，张穆撰写了《蒙古游牧记》，成为晚清西北史地学派的代表学者。

1. 祁韵士

祁韵士（1751～1815），山西寿阳人。初名庶翘，字谐庭，一字鹤皋。乾隆四十三年（1778）进士，后改翰林院庶吉士。任职国史馆期间，奉旨创立《蒙古王公表传》120卷，历时八年完成，后又撰《藩部要略》18卷。祁韵士真正展开对西北史地的研究缘于其嘉庆十年（1805）受宝泉局库亏铜案的牵连谪戍伊犁，当时伊犁将军拟编撰《伊犁总志》，于是祁韵士受邀编修《西域总统事略》，并乘修志之机完成《西域释地》《西陲要略》《万里行程记》等著作。嘉庆十三年（1808）谪戍期满回籍，此后曾掌教兰山书院、莲池书院。

在清代西北史地学的发展过程中祁韵士有创始之功。在西北史地学崛起之前，也有关于西北的记述，一些到过新疆的文人官员也曾将他们在西北的所见所闻及各地的形势、物产、习俗、地理方位记录下来，如《出塞纪略》《异域录》《使准噶尔行程记》等。但是这些记述比较随意，不是经过实地考察和文献考证的学术著述，中间夹杂一些荒诞不经的传闻，正如祁韵士在《西陲要略·自序》中所说："近年士大夫于役西陲，率携琐谈、闻见录等书为枕中秘，惜所载不免附会失实，有好奇志怪之癖。山川沿革按之历代史乘皆无考据，又于开辟新疆之始末，谨就传闻耳食为之演叙，讹传犹多。夫记载地理之书，体裁近史，贵乎简要，倘不足以信今而证古，是无益之书，可以不作。"正是基于这种认识，祁韵士利用其亲历新疆的有利条件，参考见闻，取文献记载相印证，撰写了《西域释地》《西陲要略》等著作。这些著作为后来学者研究西北史地奠定了基础，标志着西北史地学作为一种严谨的学术研究正式揭开序幕。

2. 张穆

祁韵士关于西北史地的著述不仅开启了清代西北史地学，而且影响了他的姻亲——平定张穆。张穆是继祁韵士之后，西北史地学研究第二代学者中的代表人物，他对西北史地的研究正是受益于整理先贤祁韵士的遗著。

张穆（1805～1849），山西平定人，谱名瀛暹，字诵风，又字石州、石舟、硕舟，晚号靖阳亭长。道光十二年（1832）张穆以优贡生的身份考取了正白旗汉教习，道光十九年（1839）应顺天乡试，误犯场规，态度傲慢，被污蔑挟带应试，因而遭到终身禁止参加科举考试的惩处，从此绝意仕进，一心著述。少年时以文学名京师，30岁后精研汉学，兼习经世家言，尤长于西北史地。著述有《蒙古游牧记》《阎潜丘先生年谱》《顾亭林先生年谱》等。张穆是清代中后期山西学者中最负盛名的汉学家，也是道光年间京师西北史地学人圈中最活跃的学者。

图 10-5　张穆像

张穆自从道光十二年（1832）留京任正白旗汉教习后，除了回乡短暂停留外，一直到去世基本都在京师生活。在此期间，他结识了徐松、沈垚、俞正燮、龚自珍、何秋涛等人，和他们一起形成了京师西北史地学人圈，互为师友，探讨边徼史地。张穆西北史地研究最重要的成果是《蒙古游牧记》，本书是他在受祁寯藻之托整理祁韵士遗著的过程中受到启发而写的。

张穆进入京师学术圈后得到两个重要官员的提携和支持，一个是程恩泽，另一个是祁寯藻。程恩泽与张穆之间有着父祖两代交谊。程恩泽是安徽歙县人，嘉庆十六年（1811）进士，曾任贵州、湖南学政，官至工部、户部侍郎，生平好士，道光年间被奉为京师汉学领袖。张穆的祖父张佩芳曾做过歙县知县，对程恩泽的父亲程兰翘有知遇之恩。而程恩泽与张穆的父亲张敦颐是同学，关系密切，恰巧又是同科进士。因为这样的渊源，程恩泽很看重张穆的才学。祁寯藻是晚清最显赫的山西籍官员，曾任道光、咸丰、同治三代帝师，官至体仁阁大学士。祁寯藻与张穆是姻亲，张穆的三嫂就是祁寯藻的妹妹，所以张穆在京得到了祁寯藻的关照。道光十六年（1836）祁寯藻请张穆校订整理其父祁韵士的遗作。张穆先后整理了祁韵士的《西域释地》《西陲要略》《藩部要略》，在此过程中，得到了徐松、沈垚等人的帮助。在校订《藩部要略》时，张穆产生了要编撰一部蒙古地志的想法。

张穆于道光二十五年（1845）开始编撰《蒙古游牧记》，此时，中国不仅面临着王朝危机，而且出现了民族危机，内忧外患使得嘉庆以来兴起的经世思潮持续高涨。在这种形势下，张穆不仅埋首著述，而且关注时局的发展。《蒙古游牧记》就是张穆欲以此报效国家、嘉惠后学的经世之作。张穆撰述《蒙古游牧记》的重要目的在于"稽史籍，明边防"，以补"内外蒙古隶版图且二百余载而未有专书"之缺憾。这一点祁寯藻在为此书所作的序中说得很清楚："海内博学异才之士尝不乏矣，然其著述卓然不朽者厥有二端：陈古义之书，则贵乎实事求是；论今事之书，则贵乎经世致用。二者不可得兼。而张子石州《蒙古游牧记》独能兼之。"《蒙古游牧记》共16卷，最后四卷直到张穆去世尚未完成，由何秋涛补辑而成。

《蒙古游牧记》是晚清西北史地学的代表著作，它的出现填补了蒙古地区没有地志的空白。此书对蒙古各部落的地理位置、世系源流、满蒙关系、物产习俗、山川脉络、建制沿革等都有详细记述和考证。《蒙古游牧记》在编撰体例上有所创新，正文用史传体例记述，正文之外附以注释，注释征引大量文献资料，文字远多于正文。张穆是汉学家，精于考证，所以《蒙古游牧记》的撰写充分发挥了这一特长，可以说是资料丰富，考辨精审，言之有据，并且渗透了大一统的爱国精神。

（三）域外史地

道光二十年（1840）后，西方列强的武装侵略以及随之而来的西学东渐，将中国推入近代社会。第一次鸦片战争使东南沿海的官绅百姓见识了英国船炮的威力，从而在部分有识之士中萌生出"师夷长技以制夷"的近代思想，出现了第一批睁眼看世界的士大夫知识分子。要战胜列强，首先要认识西方世界，所以鸦片战争刚结束就产生了一批介绍域外史地的著作，如《四洲志》《海国图志》《康𬨎纪行》《海国四说》《瀛寰志略》等，这些著述推动了近代中国人对西方世界的了解。在最早看世界的学者中，山西五台人徐继畬以其所著《瀛寰志略》在中国近代史上留下了浓重的一笔。

徐继畬（1795～1873），字健南，号松龛，山西五台人。道光六年（1826）中进士，选庶吉士，丁忧服阙后，授编修，迁御史。道光十六年（1836）出京任广西浔州知府，次年擢福建延邵道，调署汀漳龙道。鸦片战争爆发后，次年，英军北上进犯厦门，闽海震动，漳州与厦门仅一水之隔，徐继畬积极组织军民防御，誓与漳州共存亡。道光二十二年（1842）四月升两广盐运使，五月授福建按察使。道光二十三年（1843）升福建布政使，奉命驻扎厦门，兼办对夷商务，从而认识美国人雅裨理，促成《瀛寰志略》的撰写。道光二十六年（1846）升广西巡抚，未赴任，二十七年（1847）调补福建巡抚，闽浙总督刘韵珂因病请假，徐继畬署理闽浙总督。道光三十年（1850）福州发生神光寺事件，次年徐继畬降任太仆寺少卿。咸丰二年（1852）被授四川乡试正考官。同年，吏部追责徐继畬在福建巡抚任上逮送犯人延误，遂革职，返回山西老家。咸丰六年（1856）主讲平遥超山书院。同治二年（1863）应诏返京，奉命在总理各国事务衙门行走，不久授太仆寺卿。同治五年（1866）以老病乞归。

图 10-6　徐继畬像

徐继畬在中国近代史上所产生的影响来源于其所编撰的《瀛寰志略》。《瀛寰志略》是一部向近代中国人介绍西方历史、地理的世界史地著作。作为一名来自内地的官员，徐继畬能够摆脱传统华夷观的束缚，撰写这样一部关于西方史地的著作，既和其所持经世思想有关，也是其任职海疆，与列强打交道的需要使然。道光二十三年（1843）十月，道光皇帝命令徐继畬驰往厦门办理通商事务，但此时他对西方世界一无所知，茫然不知所措，恰巧英方译员雅裨理会说闽南话，于是，徐继畲请其提供资料。雅裨理提供的书籍和图册，引起徐继畲浓厚的兴趣，撰写一部异域史地著作的想法亦油然而生。

《瀛寰志略》始撰于道光二十三年（1843），历经五年修改，增补数十次，道光二十八年（1848）刊于福州。《瀛寰志略》凡十卷，正文近15万字，介绍了世界各国的历史沿革、地理、风俗、物产、疆域、形势、制度、科技、经济等，并辅以地图，力求准确地反映各国风貌。徐继畲编撰《瀛寰志略》下了极大功夫，公事之余，所有的精力都用在修订此书上，利用26种官私文献，附以41种地图，旁征博引，将各种图书反复比照校对，考证严谨。因此，《瀛寰志略》以著述精审为学者称道，王韬对此曾有评价："近来谈海外掌故者，当以徐松龛中丞之《瀛寰志略》、魏默深司马之《海国图志》为嚆矢，后有作者弗可及也。……此二书者，各有所长，中丞以简胜，司马以博胜。"书中记录了国人从不知道的域外世界，让中国人意识到中国并不是天下的中心，除了周边国家，还有很多他们从未听说过的古老文明，如印度、希腊、罗马、埃及等。对英、法等国的先进科学技术，《瀛寰志略》也有详细记述。对于西方世界，徐继畲最感兴趣和诧异的是西方的政治制度，尤其是美国的民主制度，在《瀛寰志略》中对其做了着重介绍。徐继畲比较了欧美制度，认为美国的民主共和政体要胜于英国的君主立宪制度，他高度赞美了华盛顿："华盛顿，异人也。起事勇于胜、广，割据雄于曹、刘，既已提三尺剑，开疆万里，乃不僭位号，不传子孙，而创推举之法，几于天下为公，骎骎乎三代之意。……可不谓人杰矣哉！"

徐继畲在厦门与英国人打交道的过程中意识到了解西方的重要性，在了解西方的过程中发现了西方在经济、政治、军事等方面的先进之处，由此产生了全面认识西方的兴趣。此后，徐继畲不放过任何一个向外国人了解西方的机会，利用任职海疆之便，向传教士、译员、商人等询问欧美的情况。《瀛寰志略》的资料很丰富，涉及很多初版《海国图志》所没有的内容。因此，再版《海国图志》从《瀛寰志略》中节录了四万字的内容。《瀛寰志略》

是近代中国士大夫知识分子了解西方的重要著作，也是近代中西文化碰撞之下的重要产物。道光二十年（1840）后，随着西方文化的进入，晚清学术呈现出多元化状态，中国传统文化逐渐向近代过渡，徐继畬及其《瀛寰志略》在这一转变过程中扮演了重要角色。

五、结　语

山西学者在中国学术由宋至清的各个发展阶段皆有重要参与，伴随着宋明理学、明清启蒙思潮、清代汉学、近代化思潮的盛行，从而形成了山西学术的发展脉络。纵观宋以降近世山西学术，显然在全国学术的发展中难居主流，几位卓越之名家亦如点点星辰散落在学术史的长河之中。明清两朝，影响及于全国的山右学者屈指可数，与此相反，晋商却在此时闻名天下，此或为山西学术文化衰落的重要因素之一。山西地处黄土高原，民风淳朴，这种环境中孕育出的山西学术亦不免朴实无华。山西学者虽然所处时代不同、所属学派各异，但有一点是相同的，就是讲求经世致用，这一共性也成为近世山右学术的显著特征。

知识链接

1. 程朱理学——儒学发展到宋代，进入一个新阶段，吸收佛学、道教思想，讨论"性与天道"等哲学问题，将"理"看作世界本源，主张存天理，去人欲，思辨性增强，在继承孔孟的基础上，提出新的学术观点，人称宋明理学、新儒学或道学，成为元以后中国传统社会的统治思想。程朱理学是其中最主要的学术派别，与心学相对，主张性即理，由二程奠定基础，经过杨时、罗从彦、李侗，到朱熹集大成，确立了理学的规模与学术体系。程朱理学从元至清被奉为官方哲学。

2. 汉学——即乾嘉考据学，或称为朴学，是清代的主流学术派别，也是儒学在清代的重要学术派别，与理学相对立，在其发展的最高峰的乾嘉年间，汉宋之争成为主要学术思潮。之所以称为汉学，刘师培曾加以解释："是则所谓汉学者，不过用汉儒之训诂以说经，及用汉儒注书之条以治群书耳。故所学即以汉学标名。"

3. 西北史地学——汉学发展到嘉道之际，在原有领域的基础上，又有了新的拓展，即西北史地学、诸子学和今文经学。西北史地学发迹于嘉庆年间，始于寿阳祁韵士，成为晚清显学，主要研究西北、北部边疆地区的历史、地理、风俗、物产、行政建置、部落沿革、水道等。代表学者有祁韵士、徐松、张穆、魏源、沈垚、何秋涛、洪钧、屠寄、王树枏、沈曾植等。

延伸阅读

1. 黄宗羲、全祖望,《宋元学案》,中华书局,2007 年。

《宋元学案》的编撰并非由一人完成，而是由众人合力完成，从黄宗羲草创、全祖望续修，最后由王梓材、冯云濠校勘，花费了一个多世纪的时间，到道光年间才得以刊印。《宋元学案》收录了宋元学者的相关资料及著述，并且为案主及附录其后的门人、同学、学侣、子弟等立传，为后人研究此时的学术思想提供了重要的一手资料，也是我们了解宋元学术思想的最重要的著作。

2. 黄宗羲，《明儒学案》，中华书局，2008 年。

黄宗羲的《明儒学案》是中国最早的一部学术思想史著作，也是第一部以学案体来记述一代学术风貌和学派特点的学术史著作，对后世影响颇大，继之而起的有《清学案小识》《清儒学案》等。黄宗羲在充分收集资料的基础上，在书中对明代各家学术观点详细阐述，并为之"分源别派，使其宗旨历然"，以王阳明心学为中心，系统总结了明代学术思想发展演化的历史和各个学派的学术宗旨、思想主张，是清代以来研究明代学术的必备读物。

3. 梁启超，《梁启超论清学史二种》，复旦大学出版社，1985 年。

《梁启超论清学史二种》包括《清代学术概论》和《中国近三百年学术史》，是梁启超研究清代学术最重要的著作，对清代的主要学术派别汉学以及重要学者、著作都有论述和评价。读这两部著作可对清代学术的发展及概况有大致了解。梁启超少时曾入广东著名书院学海堂读书，该堂为汉学家阮元所建，在学术上倾向汉学，受此影响，梁氏这两部著作对汉学家及其著作多有所致意。

4. 钱穆，《中国近三百年学术史》，商务印书馆，1997 年。

梁启超的《中国近三百年学术史》发表后，钱穆对他的写法感到不满。1931 年钱穆受聘北大历史系，遂重开"中国近三百年学术史"的选修课，此年，恰逢"九一八事变"。钱穆在《中国近三百年学术史·自序》中讲："斯编初讲，正值'九一八事变'骤起。五载以来，身处故都，不啻边塞，大难目击，别有会心。"如果说梁启超的《中国近三百年学术史》偏向"道问学"，钱穆的同名作则注重"尊德性"，可以说是从理学角度论述清代学者学术思想的专著。

5. 冯友兰，《中国哲学史》，华东师范大学出版社，2000年。

《中国哲学史》是冯友兰早年哲学著作，又是其代表作和成名作，1931年由神州国光社初版，修改后上下册一起在1934年由商务印书馆出版。该书将中国哲学史分为子学时代和经学时代两部分去论述，其基本结构为后来学者所接受，书中的很多观点也成为学界定论，是了解中国哲学史、思想史的必读著作。《中国哲学史》出版后影响很大，陈寅恪先生对其也有很高的评价："今欲求一中国古代哲学史，能矫傅会之恶习，而具了解之同情者，则冯君此作庶几近之。"

思考题

1. 简论宋代山西学者的学术思想。
2. 你怎样看待薛瑄及河东学派对明代程朱理学的贡献？
3. 简要概括清代山西学者的学术特点。

第十一讲

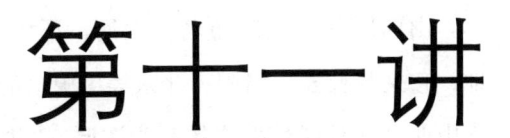

神道设教：
山西宗教信仰

导　读：

　　山西是华夏古文明的发祥地之一，传说中的尧、舜、禹都曾在这片土地上生活，与英雄传说、神话传说相互联系而形成绵延久远的英雄崇拜、神灵崇拜，汉代以后中国土生土长的道教兴起，佛教传入，在山西形成了制度性的宗教信仰体系，加之比较松散的民间信仰，构成了勤劳淳朴的山西人的灵魂世界和精神世界。山西沃土诞生的英雄人物、道家人物、佛家人物，也成为宗教信仰的对象，甚至如关公信仰，已经发展为全球华人信仰，成为维系民族精神、血脉亲情的心灵纽带，吕洞宾信仰曾风靡全国，对全真教的发展产生了重要影响，尧、舜、禹、汤信仰，则传荡着华夏民族上古之回音。

中国古代宗教以天神崇拜和祖先崇拜为核心，以社稷以及日月山川等自然崇拜为羽翼，以其他鬼神崇拜为补充，形成了相对固定的郊社、宗庙及其他祭祀信仰制度，成为维系古代社会秩序和宗法家族体制的根本力量。

山西因其境内广布名山大河，环境清幽，历来是世外仙侪仰慕修行之地，它又与长安、洛阳、北京等历史上的政治中心毗邻，具地利之便。汉以来山西地区神灵信仰之风甚为浓厚，"井邑聚落之间皆有神祠，岁时致享其神，非伏羲、神农、尧、舜、禹、汤，则山川之望也"。历史上浓厚的神仙信仰之风也为宗教在山西境内的发展奠定了信仰基础。

一、山西民间信仰

民间信仰是在长期的历史发展过程中，民众中自发产生的一套神灵崇拜观念、行为习惯和相应的仪式制度。它是人们心中"万物有灵"观念的集中反映。

民间信仰中自然神信仰是重要的一类，如宇宙天地、日月星辰、山川湖海、风雨雷电，还有一系列职能神为人们所信仰，如福禄寿三星、财神、门神、龙王、送子娘娘神、谷神、水神、灶君、牛王、马王、药王等。而万荣后土庙、霍州娲皇庙、平顺九天圣母庙、蒲县东岳庙等也供奉相应的神灵，这些神灵充分表现着中国人造神的随意性。所供神灵大部分是神话人物、历史人物或传说人物。

山西供祀的祖先神、英雄神、民俗神大多是山西特有的，而且时代跨度很大，神灵数量众多，分布非常广泛。如规制宏大的尧庙，奉唐尧。运城舜帝庙村舜帝庙，奉舜帝。河津禹门口、芮城大禹渡建有禹王庙，供奉大禹。万荣县稷王庙祭祀禹的大臣后稷，在晋南，奉后稷为神农祖师。浮山县南王村有禹汤庙，祀夏禹、成汤，并有伯益、伊尹配享。沁水县端氏村、阳城下交建有规模宏敞的汤王庙。晋祠为纪念周成王胞弟叔虞而建，其内主祠圣母殿为叔虞母后姜邑，成为山西著名的神祀。介休县绵山介子祠，祭祀晋文公的忠士介子推。太原市上兰村窦大夫祠，祭祀开渠济民的晋国窦大夫。清徐县马峪村狐突庙（又称糊涂庙），祭祀晋献文公大夫狐突。盂县藏山据传为赵氏孤儿藏匿地，奉祀赵武、程婴、韩厥、公孙杵臼。忻州市逯家庄亦有公孙杵臼祠。代县北山建赵杲观，祭祀代王丞相赵杲。定襄县七岩山祭祀赵襄子的姐姐，代王妻磨笄夫人，宋封"惠应圣母"，俗呼"七岩娘娘"。定襄县李庄北山称漆郎山，建祠祭祀晋国义士豫让。解州关帝庙供奉武圣关帝。唐宋以来，太原市南郊有祭祀后汉开国皇帝的刘知远祠。浮山县建有唐太宗庙、李清庙。朔州市有尉迟公庙。文水有武则天庙。太原市狄村有狄仁杰祠。代县鹿蹄洞有杨家祠堂，供杨业、佘太君和他们的八个儿子及杨宗保、穆桂英等塑像。忻州市韩岩村有元遗山祠。宁武县有周遇吉祠，祭祀明末在此抗击李自成起义军被杀的山西总兵周遇吉。清代名人傅山亦有傅公祠。陵川南神头二仙庙、小会岭二仙庙，供奉二仙；壶关三嵕庙、高平市三王村三嵕庙，供奉三嵕神；长子县和陵川县的崔府君庙，供奉崔府君等，也都属于山西特有的民间信仰。

下面以山西始祖神信仰和英雄神信仰为例，重点介绍娲皇信仰和关公信仰。

（一）娲皇信仰

在母系氏族阶段，妇女在社会生活中处于主导地位。因其具备生育子女、繁衍后代之能力，被首先尊奉为氏族祖先和崇拜对象。崇拜女性祖先的主要表现形式之一就是崇拜女始祖。世界上许多民族的氏族起源神话中都有女始祖的观念，主要表现为某女性与某神物，如动物、植物等相互感知或交合，进而孕育子孙后代，繁衍出整个族群或人类，这样的例子在中国古代文献中多有载录，如女登遇神龙而感生炎帝，附宝见电光感生黄帝，庆都遇龙感生尧，简狄吞玄鸟卵而生契，等等。中国远古各部族几乎都有类似的神话传说，傈僳族的"腊扒"（意为"虎人"），传说其族女始祖登山砍柴遇一由猛虎变的男青年，与之交合而繁衍出该民族。在普米族流传的神话中，该族起源于女始祖与牦牛山神的交合。

女娲被认为是中华民族最早的共同始祖之一，是中华民族远古历史记忆的反映。《说文解字》说："娲，古之神圣女，化万物者也。"关于她的传说有很多，这些传说都集中反映了在母系氏族社会中，妇女在氏族生存繁衍中发挥着决定性作用，尤其是女性首领，她们生前受到爱戴，死后被认为会化作神灵护佑整个氏族，并为其成员祛病禳灾，最终成为氏族保护神。《楚辞·天问》曰："女娲有体，孰制匠之？"屈原提出"谁创造了女娲"的疑问，也是将女娲看作人类始祖的表征。《山海经·大荒西经》曰："有神十人，名曰女娲之肠，化为神，处栗广之野，横道而处。"认为女娲具有造化万物、繁衍人类之神奇能力。《淮南子·览冥训》中记载了女娲补天的神话："往古之时，四极废，九州裂；天不兼覆，地不周载；火爁焱而不灭，水浩洋而不息；猛兽食颛民，鸷鸟攫老弱。于是女娲炼五色石以补苍天，断鳌足以立四极，杀黑龙以济冀州，积芦灰以止淫水。苍天补，四极正，淫水涸，冀州平，狡虫死，颛民生，背方州，抱圆天……当此之时，禽兽蝮蛇，无不匿其爪牙，藏其蛰毒，无有攫噬之心。"女娲被赋予了再造宇宙、开天立极之功。《路史·后纪二》又认为，女娲为高禖之神。"少佐太昊，祷于神祇，而为女妇，正姓氏、职昏因、通行媒，以重万民之判，是曰神媒。……以其载媒，是以后世有国是祀为皋禖之神，因典祠焉。"宋代时，女娲不仅被认为是开天立极的创世神，也管理世间的婚姻，甚至生育儿女、传宗接代之事。《世本·作篇》亦载"女娲作笙簧"，女娲被认为是音乐的创制者。

可见，汉代以后，有关女娲的各种传说逐渐增多，且内容丰富，其所谓的神奇能力愈益扩展。女娲被赋予造人、补天、置媒、制簧、治水的丰功，甚至具备止雨、除妖、消灾、延命等的能力。女娲由生育繁衍的始母、造物主到救世英雄，再到一切造福于民、有功于民的娲皇，其地位也不断提升，不仅被国家祭祀，民间祭祀更为兴盛。

在山西，尤其是晋南留存着众多的"女娲遗迹"，包括女娲的传说故事、祠庙遗迹、信仰习俗。这里地处黄河中下游，古代气候温和、物产丰富，是原始人类天然的生存居住环境。这些遗迹所在的地区与以后传说时代的尧、舜、禹等英雄人物所生活区域基本吻合，说明山西晋南一带，确实是中华民族古代文明的重要发祥地。

山西娲皇信仰中，霍州大张镇贾村娲皇信仰便是一例。宋代以后，山西赵城侯村娲皇陵被作为帝王陵寝享受国家祭祀。宋开宝六年（973）《重修娲皇行宫碑记》曰："大哉娲皇之圣母乎！圣生本邑之河东，原籍侯村而故里。……我村东域，古有行宫。"《大宋新修女娲庙碑铭并序》亦曰："乃诏诸囗郡县，境内有先代帝王陵寝之处，俾建祠庙，使四时祭享，庶百姓祈福焉。乃于平阳故都，得女娲之原庙。"宋代统治者亦认可女娲的皇陵位于赵城。元大德年重修，历代改元俱遣官祭祀。围绕赵城娲皇陵，在周边村落修建了众多的祭祀女娲的庙宇，如洪洞堤村乡上张端村娲皇庙、辛村乡辛南村娲皇庙、刘家垣镇西义村娲皇庙、霍州大张镇贾村娲皇庙等。

图 11-1　霍州娲皇庙娲皇壁画

在赵城一带广泛流传着女娲补天、斩黑龙的传说。相传很久之前，贾村南边住着一户刘姓人家，老太太有四子，大松、大柏、大杨、大柳，大杨、大柳生性活泼，常招惹是非。一日兄弟俩见一奇松，折枝，树猛长，破天，天塌地陷，顿生火海，大杨、大柳背母急逃，误入"五龙壑"，踩痛黑龙，堰塘崩溃，洪水滔天。危急之时众人采五色石，女娲举石补天，杀死恶龙。后人感其功德，立庙供奉。因刘老太太舍己救人，后人将其面容塑为女娲脸像，其人神合一造型为全国独有。当地每年三月初十办庙会，周围十里八村民众齐聚，叩首焚香，虔诚之至，祈求女娲庇佑，据说百事百应，求财得财，求寿得寿，求婚得婚，求子得子。

通过贾村女娲的传说故事，我们不难看出女娲信仰在当地流传过程中表现出的一些特点：第一，形象的人格化。上古传说一般认为，女娲为人头蛇身，一日七十化。作为先民的"创世神"，其形象最初颇为模糊，但因其被认为有功于民而具有了神圣性、至上性、神秘性，其形象也被不断放大。女娲在民间的影响也不断扩大，在普通民众心中，其人格化成分不断增加。她的人格化形象在各地都有表现，比如在河北涉县表现为美丽可爱的玉女形象，而在霍州则表现为慈眉善目的妇人形象，这些都是女娲信仰在不同地域流传的不同表现形式。也正因如此，女娲的形象变得更加亲切，更加贴近普通百姓的生活。第二，具有丰富的社会功能。民间信仰在其流传过程中，之所以信徒众多，是因为民间神灵被赋予众多的精神性、功利性、实用性、灵验性诉求，因而民间信仰是"人们根据功利的需求，强行给他们崇拜的神灵增加职司"。在早期的神话传说中，女娲的职能主要表现为补天、造人，这些都是富有原始创世色彩的功能，表现了女娲作为人类始祖的这一神格，但在历史的流传过程中，她又被赋予了多种神力，体现了民众诉求的多样化和实用化。女娲可以整顿宇宙秩序，赋予万物生命，并保护生命。创世之初，天地无一物，女娲孤寂，抟土造人，于是人类繁衍生息。作为始祖，她被看作人类的母亲，可以看作是先民对远古母系氏族的一种追忆，表现了妇女在生产力落后、人力匮乏的社会中具有重要地位。由于女娲成为生育神，人们便把求子的愿望寄托在她身上。贾村每到三月初十，村里的婆婆、媳妇争先恐后地前去娲皇庙请愿，祈求女娲娘娘赐子，待到生子之后，又到庙中还愿,并祈求女娲娘娘保佑其孩子一生平安、身体健康。从中亦可见,民间神灵功能演化的逻辑理路。

在中国,关于女娲补天的传说妇孺皆知,"炼五色石以补苍天,断鳌足以立四极,杀黑龙以济冀州,积芦灰以止淫水"。女娲被认为有"开天立极"之功,后世则"神功难忘"。在贾村,人们认为女娲创造了人类,除了恶龙,治理了水患,功业伟大。同时也将她看作是庇佑一方的守护神,并赋予其更多的职能,而"心诚求之"。女娲已经不再是远古时代的单一的创世神,而是融入到人们日常生活之中,渗透到社会生活的方方面面,成为当地民众不可或缺的精神支柱。

山西赵城一带娲皇信仰浓厚、庙宇林立、故事繁多,而且其信仰历史久远,从宋代以后还得到了最高统治者的认可,当地民众也以"娲皇故里"引以为荣,世代崇奉。首先,这与当地的自然环境以及历史传承有关。《淮南子·览冥篇》载:"杀黑龙以济冀州。"《尔雅·释地》曰:"两河间曰冀州。"《尚书·禹贡》又有:"冀州既载壶口。"《尚书·禹贡》所说的上古时期的"冀州"之域,正是指包括太行山、太岳山以及吕梁山在内的山西省中、南部的大部分地区。女娲氏"炼石补天"的"传说故事",极可能最早出现在山西的黄土高原。可见,女娲崇拜和信仰在山西赵城一带的流行有其客观的历史原因。

其次,源于大量女性群体的存在。在中国传统的宗法制社会中,妇女的地位低下。在整个社会结构中,受到各种封建礼教的束缚、压制,使妇女的世俗生活中充满了压抑、禁锢、无助乃至恐惧,被动、服从的角色往往是其一生地位、经历的写照。女娲作为女性中的伟大代表,更因其被认为是掌管婚姻、掌管生育,而与女性的生活息息相关,尤其受到女性的崇拜。妇女们可以更自然、更随意、更无掩饰地向女娲倾诉心声,使女性被压抑的情感可以通过另一种途径抒发、宣泄,心理上也能得到一定程度的慰藉。譬如,年轻的女子希冀媒神女娲能赐予其如意郎君;婚后祈盼生殖始母女娲能赐送其儿女,生育时能平安顺利,儿女能茁壮成长、健康成才,等等。因此,妇女就成为女娲信仰的最为虔诚的信众。

最后，源于女娲神被赋予的特殊功能。女娲被认为可以整顿宇宙秩序，赋予万物生命并保护生命。因此，和其他女神信仰类似，送子仍然是女娲作为女神的主要"职责"，这是女神崇拜的特点，同时也是信奉"多子多福"的中国民间传统宗族社会的热切期盼所致。在百善孝为先的中国社会，"不孝有三，无后为大"。《孟子·离娄上》曰："不孝有三，无后为大，舜不告而娶，为无后也，君子以为犹告也。"在这样的环境下，每个家庭都希望人丁兴旺、多子多福，因而，这种需求与女娲赋予万物生命的功能便结合起来，推动着女娲信仰在当地不同时期的传播和绵延。

（二）关公信仰

若生前有功于民，则死后为神，这是中国造神的准则。关公信仰起源于魏晋，产生于隋唐，发展于宋元，鼎盛于明清，延续到现代，播散至全球。在人神信仰中，关公信仰从隋唐以来，上至君王，下及黎庶，大江南北，远及海外，信仰之盛，可为众神之翘楚。清代刘献廷《广阳杂记》说："佛菩萨中之观音，神仙中之纯阳，鬼神中之关壮谬（即关羽），皆神圣中之最有时运者，莫知其所以然而然矣。举天下之人，下逮妇人孺子，莫不归心向往，而香火为之占尽。""纯阳"即吕洞宾，山西芮城人；"关壮谬"即关羽，山西解州人。清代最流行的三大神灵，两大来自山西，可见山西这片土地孕育了丰厚的人文情怀。

关公是现代中国民间信仰中信仰人数最多的英雄神，也是中国最具代表性的民间信仰之一，关公信仰在中国传统信俗儒、释、道三大教派中都备受尊崇，儒家尊其为"武圣"，道家推其为"真君"，佛教崇其为"伽蓝菩萨"，影响遍及海外华人圈。

乡土情深的山西人对关公崇信有加，关帝庙遍及山西城镇乡村，更有全国规模最为宏大的解州关帝庙。

1. 关公生平

关公即东汉末年著名武将关羽，字云长，本字长生，河东解人（山西解州人），约生于汉桓帝延熹三年（160），早年因在家乡打抱不平而远走涿郡，结识了刘备和张飞。初平元年（190），随刘备投奔公孙瓒。刘备领平原相，关公为别部司马。兴平元年（194），刘备救援陶谦以抗曹操，陶谦病故后，刘备领徐州牧，关公协助刘备镇守徐州，后被袁术、吕布夹攻，退出徐州，跟随曹操回到许昌。曹操任命车胄为徐州刺史。后袁术北上投奔袁绍，曹操命刘备于徐州拦截，刘备命关公袭杀车胄，夺回徐州，关公驻守下邳。建安五年（200），曹操东征刘备，刘备投奔袁绍，关公被困下邳，被迫投降了曹操，拜偏将军。关公在白马于万军丛中取颜良首级，被封为寿亭侯，但关公不受，挂印封金，修书辞曹，回到了刘备身边。建安六年（201），曹操于汝南击败刘备，刘备投奔荆州刘表，关公驻扎新野七年。建安十三年（208），曹操征刘表，关公率领水军阻击曹军，之后和刘备共赴夏口驻扎。十一月，孙、刘联军在赤壁大败曹军，关公也参与了赤壁之战，并被派遣断绝曹操北退之路。刘备乘势夺取了荆州大部分地区，关公被封为襄阳太守、荡寇将军。建安十四年（209），关公奉命屯兵江陵。建安十六年（211），刘备应益州牧刘璋之邀入蜀抵挡曹操，关公同诸葛亮等驻守荆州。建安十八年（213），诸葛亮入蜀协助刘备，关公独守荆州。建安二十年（215），孙权向刘备讨要荆州，关公领军与鲁肃对峙，之后刘备、孙权湘水划界，平分了荆州，同时关公驻守江陵并统领荆州三郡。建安二十四年（219）七月，刘备自立为汉中王，封关公为前将军、假节钺。八月，关公发动了襄樊之役，夺取襄阳，兵临樊城之下。曹操为拒关公，派遣于禁、庞德率领七军支援樊城的曹仁，关公水淹七军，斩庞德，擒于禁，威震华夏。十月，孙权联合曹操，派遣吕蒙趁关公进攻樊城时偷袭了荆州，曹操也派遣大将徐晃领兵攻打关公，关公背腹受敌，导致战败而退守麦城，之后关公在临沮章乡遭遇孙权伏兵，被潘璋部将马忠所擒，最终和长子关平在临沮遇害。关公被杀之后，孙权怕刘备报复，遂嫁祸于曹操，将关公首级送往了洛阳，曹操将计就计以诸侯之礼将关公厚葬于洛阳，而孙权也以诸侯之礼将关公的身躯安葬于当阳，刘备为表彰关公的功劳则在成都为关公建立衣冠冢，用以招魂祭祀，因此民间常称关公"头枕洛阳,身卧当阳,魂归故里"。

2. 关公信仰的形成与发展

《三国志》五虎大将合传中关羽被列为首传,陈寿评价曰:"善待卒伍而骄于士大夫","关羽、张飞皆称万人之敌,为世虎臣。羽报效曹公,飞义释严颜,并有国士之风。"关羽作为勇武忠义之士的英雄形象在流传的过程中逐渐突出。魏晋南北朝时期,关羽的勇武忠义精神被广泛传颂。《魏书·杨大眼传》曰:"当世推其骁果,皆以为关、张弗之过也。"

据考证,民间祭拜关羽则起源于关羽故里河东解梁县,即今山西解州。关公早年在家乡行侠仗义,除暴安良,深得民心,当关羽被害的噩耗传来时,乡民为了感谢关公以前的义举,自发为关公供奉香案并悼其亡灵。历史上有据可查的关公神话传说则开始于南北朝,南朝陈国皇帝陈伯宗托言"关羽显灵成神",于光大年间(567～568)在关公被害之地当阳县东三十里的玉泉寺西北为关公立庙,并在玉泉山为关公建家,这也是有史记载的第一座关公庙。到了隋朝,随着关公显灵以及庇护百姓的神话传说越来越多,其影响也越来越大,各地所建的关公庙也随之变多。隋文帝开皇九年(589),在关公的家乡解州为关公修建了一座现今最大的关帝庙,即解州关帝庙。唐朝初年,朝廷敬奉周朝开国功臣姜子牙,并于开元年间在全国各州建立太公庙。唐肃宗上元元年(760),加封姜子牙为"武成王",享受国家祭祀,六十四位历史名将从祀,关公在列。

关公信仰的形成还有一个重要的因素,即佛教的推崇,其中以"玉泉山显圣"的传说传播最广,讲的是关公于玉泉山显灵,索要自己的人头的故事。据说,僧人普静用禅理点化关羽的亡魂,并成功使其皈依佛门。在佛教的推崇下,关公信仰的传播更为广泛。在隋唐时期,关公信仰逐渐开始影响人们的日常生活,如唐代时就有家中悬挂关公像的习俗。在民间信仰和佛教的双重推动下,关公的宗教形象初步形成,之后逐渐由传统的猛将形象演变成了具有强大影响力和神秘神威力的神灵,但此时的关公信仰主要流行于民间。

宋元时期关公信仰得到官方的广泛重视，佛教和道家也进一步加深了对关公信仰的利用和倡导，关公信仰在民间的影响也逐渐提高。北宋大中祥符七年（1014），宋真宗为解决解州盐池减产而请张天师作法，据说张天师手画符咒，请来天神关公降服由蚩尤变的毒龙，修复了解州盐池。之后，真宗下令全国大量修建关公庙，并对解州关公庙进行了大规模的重建，让道士进驻关公庙主持庙宇祭祀活动。元祐七年（1092），解州知州张杲之组织再次大规模重修关公庙。北宋徽宗赐号关羽"崇宁真君"，被列为道教神仙，又赐"义勇武安王"等封号。元文宗赐号"显灵义勇武安英济王"，立庙祠祀。

关公信仰的传播也受到宋元说唱文学的推动，如《三国志平话》的创作和流传使得三国历史故事在市民阶层中广泛流传，关公信仰也由此得到广泛传播，其故事轮廓逐渐明晰，主要有奔涿州、桃园结义、征黄巾、讨董卓、战吕布、袭车胄、降曹操、护二嫂、斩颜良、诛文丑、曹公赐袍、千里走单骑、斩蔡阳、古城聚义、单刀会、斩庞德、水淹七军、走麦城等情节。其中，大部分史事已被不同程度地加工改造。例如单刀会情节，据史书记载，本应是鲁肃深入蜀军驻地诘难关羽，但在平话中，关羽被塑造成一举挫败鲁肃阴谋的孤胆英雄，表现出他的义勇之气。此外，关公神职化形象愈益浓厚。如元刊本《诸葛亮博望烧屯》预言"这将军（关羽）生前为将相，死后做神祇"。《刘关张桃园三结义》描述关羽外貌："那个人生的异相，三绺美髯，过其胸腹。……看了他身凛凛，貌堂堂，恰似个活神道一般。"《洞玄升仙》和《锁白猿》中关羽由人间征战的将军变成"四大天将"之一，保护天界太平。元人郝经《汉义勇武安王庙碑》言："其英灵遍天下，故在所庙祀，福善祸恶，神威赫然，人咸畏而敬之，而燕赵荆楚为尤笃，郡国州县、乡邑间井皆有庙。"关公庙的修建已经逐渐得到了社会各个阶层的认可和赞同，随着关公庙数量的增多，信众日增，香火旺盛。

元末明初《三国志通俗演义》的诞生，使关公形象更加富有传奇色彩，民间流传达至极盛。它是中国第一部长篇章回体历史演义小说，以历史为依据，加之宋元以来三国传说、戏曲和平话故事，经过罗贯中的加工润饰而成。明成化十四年（1478）刊印《花关索传》中关公被神化为神魔之父，颇具神奇色彩。"关公当时忙披挂，浑身结束佐将军。槽头牵过赤兔马，过钢刀似板门。且说关公怎打扮，连环铠甲战袍红。头下乌囊撒五路，金兽宝刀青迹踏，绣鞍马跨赤须龙。似此将军凡世少，只疑神下九天宫。征袍战骥荆无色，刀和朱缨一样红。匹马单刀，连喝三声，只见一声响亮，到了萧墙。"

明朝统治者对关公信仰也非常推崇，明神宗封关公为"协天护国忠义大帝"，又封其为"三界伏魔大帝神威远镇天尊关圣帝君"。清代，由于统治者对关羽的青睐以及民间关羽信仰的充分发展，祠庙遍于神州。清朝史学家赵翼《陔余丛考》说："今且南极岭表，北极寒垣，凡儿童妇女，无有不震其威灵者，香火之盛将与天地同不朽。"

图 11-2 晋祠关帝庙关公形象

明清时期，关公庙遍及华夏，关公崇拜形式丰富多样，普通民众因各种故事传说则把关公当作消灾祛病、抗旱降雨、送子降福的保护神；商人因关公重信讲义将关公奉为财神；军人因关公的英勇善战将之尊为战神；文人雅士因关公喜读《春秋》将关公奉为文衡帝君，即考试神；衙役因为关公的公正无私而将关公奉为司法神；许多地方将关公奉为当地抵御灾难的守卫神；很多民间结社，如帮会和行会则把关公尊为结拜关系的监督者和见证者，以及结社利益的保护神；还有许多行业将关公奉为本行的始祖或庇护神。总而言之，明清时期的关公已变成了全民的"守护神"，成为众多俗神中的典范，真正意义上做到了"三教尽皈依，九州隆享祀"。

3. 关公信仰的现代意义

现当代关公信仰遍布世界各地，无论是城市还是农村，对关公的崇拜几乎成为一种普遍现象。在日本和东南亚许多国家以及欧美的华人区域，几乎各大公司、各家商号、店铺均敬奉关公的神像。信徒们认为，关公不但忠义感人，而且还能降魔辟邪、招财进宝。更有甚者，中国港台地区的地下帮会都以关公为供奉对象，宣读帮规、举行重要仪式都要在"关老爷"的见证下进行。据不完全统计，仅中国台湾地区就有关公庙宇千余座。在美国、日本、新加坡、泰国、越南、缅甸、澳大利亚等30多个国家和地区也有4万多座关公庙宇，可见关公信仰影响之大。这也显示出关公文化精神财富不仅是中国独有的，它也是属于全人类、属于全世界的。

忠、孝、诚、信、礼、义、廉、耻是中华民族的传统美德，更是中国传统文化的核心。关公信仰的神化从一开始就是因为他的"忠义"，这符合民众的心理，他是维护正义和维系宗族的精神纽带。经过千百年的历史积淀，关公已由原来单纯的历史人物升华为整个中华民族的道德楷模。他的理想人格就是对国忠诚、处世仁爱、待人义气、勇武正直，他的人格品质完美地诠释了中华民族的传统美德。千百年来，民众对关公的崇拜正是对他道德品质的崇拜，这种崇拜不仅在历史时期需要，在当今也具有重要意义。

此外，推崇关公信仰还有利于凝聚传统文化的力量，为实现中华民族伟大复兴提供精神动力。关公信仰作为一种特殊的文化符号，是中华传统文化的具体体现，具有强大的凝聚力和向心力，可以起到凝聚全球华人心向中华的积极作用，成为联系全球华人的感情桥梁和纽带。我们应该积极引导和利用这种凝聚力，为实现中华民族伟大复兴贡献一份力量。

二、宗教信仰

（一）山西道教

道教是中国土生土长的宗教，沿袭先秦方仙道、黄老道的某些宗教观念和修持方法，逐渐形成以"道"为最高信仰，相信人通过某种修炼，可以成为长生不死的活神仙的宗教。东汉时期，张陵创立五斗米道、张角创立太平道，主要在民间流传，推崇《道德经》和《太平经》。

道教在山西何时兴起，已无准确时间可考。《清凉山志》记载，在东汉永平年间，五台山境内已有道士，道教称五台山为紫府山，曾建有紫府庙。汉魏两晋时期，农民起义多利用道教，封建统治阶级对这种原始道教采取了镇压与改造相结合的两手政策。北魏太武帝时，寇谦之在平城（今山西大同）对道教进行了改革，道教成为北魏国教。山西是北魏的中心地域，兴建有宫观庙宇，如北岳恒山已经出现道教宫观，道教在山西获得一定的发展。

寇谦之（365～448），字辅真，上谷昌平（今属北京市）人。寇谦之在崇信道教的魏太武帝和宰相崔浩的共同支持下，自称奉太上老君的意旨，"清整道教，除去三张（张陵、张衡、张鲁）伪法、租米钱税及男女合气之术"，制定乐章诵诫新法。制止利用天师道犯上作乱，反对道官祭酒乱取民财，禁绝房中黄赤淫秽之术，并改革道官祭酒父死子嗣的陈规旧制，实行"简贤授明"的办法，整顿组织，加强科律。经过寇谦之改革后的天师道，删除了违背封建礼制的成分，增添了儒家伦理纲常的内容，从而使它由一个民间宗教演变成符合封建统治阶级需要的宗教。

隋唐时期，山西道教获得重要发展，所谓的道教灵瑞频现，获得李唐最高统治者青睐，新建众多道观，高道名士活动于山西南北。

李唐王朝为神化统治，尊老子李耳为先祖，尊道教为国教。据说在灭隋战争中老子频频显灵，如《大唐创业起居注》记载，李渊于大业十三年（617）行至霍山脚下，阴雨连绵，遇宋老生重兵阻击，危急之时，有一白衣老父自称霍山神受太上老君差使，拜谒军门，告知欲暗自助战，雨停时即可获胜，唐军尊其所示，斩宋老生，攻下霍邑。

唐武德三年（620），浮山乡民吉善向朝廷报告祥瑞，言太上老君降临浮山羊角山，并预言"子孙享国千年"，于是朝廷下诏，建立老君庙庆唐观，改羊角山为龙角山，浮山县为神山县。李唐统治者大肆褒奖道教，于各地赐建宫观。太原龙山昊天观、芮城吕公祠、洪洞孙真人庙、恒山庄泉观、灵丘白音观、应县冲虚观、翼城庆雷观、洪洞水神庙等一大批宫观相继建成。

唐代山西境内活动的高道首推张果和吕洞宾。

张果自称姑射山人，晋州平阳郡临汾县西八里有姑射山，一名壶口山。因此，张果极可能是山西临汾人。《旧唐书》载，张果早年隐于中条山，"善息气，能累日不食，数御美酒"，往来晋汾间，时人传其有长年秘术，自云年数百岁，尝著《阴符经》。武则天闻其名，遣使召见，张果佯死不赴，后往来恒州山中。开元二十一年（733），玄宗令通事舍人裴晤往迎，张果绝气如死，良久渐苏。玄宗又遣中书舍人徐峤赍玺书以邀，迎入禁中。据说唐玄宗问以神仙方药之事，并以善算人寿之术士和璞、善视鬼之术士夜光二人测试张果，并给张果饮以毒堇，张果只是微醉，牙齿焦黑。张果当众敲去坏牙，傅以奇药，牙齿重生而洁白。唐玄宗更加相信他有神术，想以玉真公主嫁给张果，张果拒不奉诏，恳辞还山，赐号通玄先生，于恒山赐建栖霞观，后不知所终。

山西一些地方志中多载述张果在本地的传说故事，如《山西志辑要》卷七载，蒲州府永济中条山有张果老跨白驴之处，张果洞、石驴迹宛然。《永济县志》亦载，郡东五老峰有张果洞，尝骑自驴，休如叠之如纸，置巾箱，以水噀之，复成驴。《祁县志》载，尝游寓县东南温风岭，住石窟中，后人名其窟为张果老窑，石壁上有石撅，长二尺余，俗呼"拴驴撅"。石面有驴蹄印四，深数寸。《交城县志》载，张果乃县东关小南巷人，尝乘白驴至阿苏山，以铁墨指石为穴，并驴而入。由此可见，其传说很广，但多是风闻故事。

吕洞宾生于唐贞元年间，河中府永乐镇（今山西芮城）人，早年屡举不第，遇钟离权以黄粱梦点化。钟离权以财、色、生、死等事十试吕洞宾，吕洞宾都不为外物所动，泰然处之，超然物外。钟离权授吕洞宾以内丹妙诀，开创了钟吕丹金派，被宋元以后的内丹派尊为祖师。吕洞宾神仙故事于宋元以后广为流传。如吕洞宾三过岳阳楼，唯有城南老树精识其为神仙；吕洞宾过沈东老家，饮酒题诗；吕洞宾度化何仙姑等。还有大量的故事是宣扬吕洞宾惩恶扬善、施舍穷困、救治疾病、解除灾害、教化人伦的事迹。民谚"狗咬吕洞宾，不识好心人"，生动地反映了他在人们心目中的美好形象，也反映了民众渴望摆脱苦难、得到救护、社会实现公平正义、安全富足的强烈愿望。

宋金元时期，新道派全真道、正一道和真大道在山西都有传布，以全真道最盛，并崇奉吕洞宾为始祖之一，晋南是全真道的中心地区。丘处机弟子秦志安主持平阳元都观、潘德冲主持芮城永乐宫兴建，同时其弟子尹志平、张真一等也曾在平阳等地传法。最为著名的是宋德方与潘德冲。宋德方道号披云真人，为元太祖十五年（1220）随丘处机西游大雪山晋见成吉思汗的十八侍行弟子之一。元太宗九年（1237），遵其师遗志与嘱托，来到平阳玄都观，主持刊刻《玄都宝藏》，乃马真后五年（1246），刊印完成。《玄都宝藏》袭三洞四辅体例，比《大金玄都宝藏》（6455卷），增1400多卷。但由于佛道之争，以及蒙元统治者的崇佛抑道政策，宋德方刊《玄都宝藏》在40年后即惨遭厄运。宪宗八年（1258），僧道辩论《化胡经》真伪。元宪宗颁旨焚毁道经45部经文印版，两年后又烧一批。元世祖至元十八年（1281），佛道二家再次辩论，元廷诏令焚毁除《道德经》以外的其余《道藏》经文印版，《玄都宝藏》刊版遂遭焚毁。

宋德方还在太原龙山主持重建了昊天观，并雕凿了中国唯一的道教石窟——龙山石窟。潘德冲曾奉全真教主李志常之命修复扩建永乐宫。元定宗三年（1248），永乐宫落成竣工，改称纯阳万寿宫，主要纪念吕洞宾。道教全真道派尊吕洞宾为北宗五祖（王玄甫、钟离权、吕洞宾、刘海蟾、王重阳）之一，奉为纯阳祖师，世称吕祖。他是八仙中影响最大、民间神话传说故事最多的仙人。唐代时就将他的故居改建为吕公祠，金朝末年改祠为观。元代重建扩建后，改称大纯阳万寿宫，因地处永乐镇，故又称为永乐宫，与大都天长观（明以后称白云观）、终南山重阳宫齐名，成为元代以后全真教三大祖庭之一。龙山石窟与永乐宫保存至今，是中国道教文化的杰出代表。

图 11-3　永乐宫重阳殿王重阳故事壁画

明清时期，作为关帝、吕洞宾信仰的起源和中心地区，关帝庙和吕祖祠遍布山西城乡各地。与此同时，道教信仰呈现出三教合流、道派归并的趋势。清朝道教人物中，山西籍道士王常月在全国影响甚大。他曾任北京白云观第七代住持，得到过清世祖三次赐紫衣的荣誉。他曾在白云观设戒坛培养道士，修改和制定清规戒律，致力于教团改革，现仍实行的三堂大戒便因此而来，但他的这些努力未能取得充分结果。到清末时，由于帝国主义侵华战争及伴之而来的西洋各种宗教势力日趋强盛，本已羸弱不堪的山西道教便更趋衰落。

山西道教隋唐金元时期已经衰落，但其保留了大量的道教遗迹和非物质文化遗产，如全国现存最早的道教建筑芮城唐代广仁王庙；有以建筑、壁画闻名世界的芮城永乐宫；有全国唯一的道教石窟太原龙山石窟；有以北岳恒山、介休绵山、吕梁北武当山为代表的道教洞天名山；有以太原纯阳宫、汾阳太符观、柳林玉虚宫、绛县东华山道观群、珏山真武观为代表的名观；有依托介休后土庙、万荣后土祠、稷山稷王庙、平顺县夏禹神祠、阳城县下交汤帝庙等原国家祭祀"圣王"的地方特有道教宫观遗存；还有作为道教艺术高度结晶的晋北恒山道乐、晋南绛县东华山道乐等，这些道教文化遗产仍然在现代文明建设中发挥着重要作用。

（二）山西佛教

汉哀帝时，博士弟子秦景庐受大月氏王使伊存口授《浮屠经》始，佛教传入中国。佛教最初仅被当作黄老之术的一种，在皇室及贵族上层中流传。直至东汉明帝时，才开始在民间进一步传开，随着西域来华僧人的增多，译经事业逐渐兴起，大小乘佛教的发展遍及中国。汉献帝末年，中原离乱，随避难江东人数的增多，佛教便自洛阳而武昌，而建业，向南流布。三国魏文帝时（220～256），允许中国人剃度出家为僧，并可讲经说法，还组织了西域高僧大量译经，弘传戒律。

西晋建立后，佛教及其般若学在魏晋玄学的基础上，得到了迅速发展。北至幽并，南至南海，西抵陇右、西域，西南至梁益，东南至闽海，佛寺呈现出星散四方、重心分明的特征。山西受王朝崇佛之风的影响，佛教开始兴盛。西晋末年至北魏统一北方期间，经历了五胡十六国时期。这时山西经历了前赵、后赵、前燕、前秦和后燕五个国家的统治，其中羯人建立的后赵、氐人建立的前秦，崇奉佛教，大力扶植佛教，另一方面，由于政权林立，战争频仍，民众身心俱疲，佛教充分发挥其慰藉人心之作用，获得了飞速发展。这些综合因素使山西佛教进入了一个迅猛发展的时期。佛教高僧众多，神僧佛图澄、义学僧道安都曾活动于山西恒山、太行山一带，或依神异骇众化俗，或宣讲诸经。

雁门楼烦人慧远，师承道安，大弘净土法门，声名远播。

慧远，雁门郡楼烦县（今山西宁武附近）人。从小资质聪颖、勤思敏学，13岁时随舅父令狐氏游学许昌、洛阳等地。精通儒学，旁通老庄。21岁时，偕同母弟慧持前往太行山聆听道安法师讲《般若经》悟彻真谛，舍俗出家，随道安法师修行。后居庐山东林寺，率众行道，凿池种莲，与彭城刘遗民、豫章雷次宗等名士僧俗一百多人，创立莲社，修净土法门，祈求往生西方极乐世界。慧远住山三十年，影不出山，迹不入俗，平时经行，迎送客友均以虎溪为界。即使是当朝帝王晋安帝相邀，也称病不出。东晋义熙十二年（416），圆寂于东林寺，时年83岁。

平阳武阳人法显不畏艰险，西行求法，留下了僧人西行第一部最详尽的求法记。

法显，俗姓龚，平阳武阳（今山西临汾）人。3岁被送至江陵辛寺为沙弥。其后受具足戒正式出家。法显为人志行明敏，行仪整肃。因"律藏残缺，于是遂以弘始二年岁在己亥，与慧景、道整、慧应、慧嵬等同契至天竺寻求戒律"。发迹长安，经陇县"夏坐"，至张掖，与智严、慧简、僧绍、宝云、僧景等相遇，相约同行。至敦煌后，停留月余，然后进入有恶鬼热风的沙河。后到达鄯善、乌夷国，"涉行艰难，所经之苦人理莫比"。在于阗停留达三个月，参观当地行像仪式，其后继续西行，向子合国，入葱岭，于麀国安居。过印度河，到达北印度乌苌国，开始他为时六年多的周游印度、循礼佛迹的旅程。东晋元兴二年（403），法显到达中印度摩揭陀国，并在此参观佛迹，学梵语，写律经，得《摩诃僧祇律》一部。法显再沿恒河南下，到达多摩梨帝国，在此写经画像。东晋义熙六年（410）到达狮子国，在此逗留两年，求得律部《弥沙塞律》藏本及其他经书。东晋义熙七年（411），法显坐商人大船东归，途遇大风，大船损毁，法显只得把随身行李抛弃，仅保存所得经像，漂流海上，几经艰辛，共历八十余日才到达山东青州，东晋义熙十年（414）七月至建康，在中国翻译佛经，并完成纪行稿，北魏泰常八年（423），卒于荆州，享年80多岁。

北魏诸帝大规模开凿石窟，笃信佛法，如云冈石窟、天龙山石窟、开河寺石窟、羊头山石窟、石马寺石窟等，雕刻造像碑、摩崖造像，如王寨千佛造像碑、建宁千佛造像碑、王黄罗等人造像碑等；民间持续修建宏大寺庙，雕饰精美造像及摩崖石刻，举办大型佛事活动。两晋门阀氏族盛行的时期，山西的太原王氏、河东裴氏及平遥孙氏都与佛教有着紧密的联系。佛教的社会影响日益扩大，彰显了山西佛教的发展实力。

隋唐时期，佛教逐渐完成了中国化历程，文殊菩萨应化道场被僧俗界公认为在山西五台山，吸引无数国内外僧俗信徒顶礼膜拜。五台山文殊信仰从民间层面逐渐上升到国家层面，从局部区域扩展到全国乃至世界，实现了五台山文殊信仰国家化和世界化，使中国佛教更具吸引力，并促使中国成为世界第二大佛教中心。

随着佛教的隆盛，各地大建寺院，佛教艺术（壁画、塑像等）也得以大规模地发展。五台县南禅寺大殿、五台县佛光寺东大殿、平顺县天台庵主殿、芮城县广仁王庙是中国仅存的四处唐代寺观建筑。佛光寺东大殿内的佛殿壁和明间佛座背面尚存晚唐壁画。这些无价之艺术瑰宝，足以证明唐代佛教的兴盛。

宋辽金元时期，统治者为加强在中原，尤其是在黄河以北的统治，积极支持佛教。这一政策带动了山西佛教的发展，不仅僧人与寺院数量增多，而且五台山传入了藏传佛教。山西北部是北宋、辽接壤和长期争夺的地带，雁北大同一带归辽管辖，忻州地区为北宋占据。南宋以后，这一带均属金朝疆域。山西境内现存宋辽金寺观殿堂接近百座，其建筑、壁画、碑刻都极具艺术价值和文化价值。如高平市开化寺及北宋壁画、芮城县寿圣寺塔及北宋壁画、灵丘县觉山寺舍利塔及辽代壁画、应县佛宫寺释迦塔及其辽金壁画、朔州市崇福寺北魏曹天度千佛塔及金代壁画和繁峙县岩山寺及金代壁画等。

金元时期，山西南部平阳一带以"平水刻"为代表的印刷业非常发达。金代潞州民女崔法珍继承其师父宽公法师遗志，断臂求法，在平阳、泽潞一带化缘，从金熙宗皇统九年（1149）前后，于天宁寺组成"开雕大藏经版会"，到金世宗大定十三年（1173）"大藏经"雕印完工，历时约30年方成。"大藏经"刻成后，崔法珍于大定十八年（1178）将印本送到燕京，受到金世宗的赞赏，在圣安寺设坛为崔授比丘尼戒。三年后，崔又将经版送到中都印刷流通。大定二十三年（1183），崔法珍被赐紫衣，并受封为"弘教大师"。

明清时期，除五台山藏传佛教发展兴盛外，山西主要流行禅宗，但此时的禅宗，更加注重与佛教其他宗派及儒家的融合，以适应统治者的需要。同时，佛教进一步走向民间，表现为观音信仰流行，三教同堂者比比皆是，以"社"为单位的组织在佛教活动中发挥着重要的作用，儒士也问道究佛。但随着社会的发展，尤其鸦片战争以后，中国一步一步沦为半殖民地半封建社会，基督教等大量传入，使得佛教自嘉庆、道光以后开始衰落。

总之，山西地区佛教的整体特点表现为：其一，起始早，在北魏时期已经具有非常大的规模，佛教圣地形成也比较早，规模宏大，影响深远，震古烁今。其二，名山林立，依山建寺，以山寺为主，依山西境内雄伟耸峙、清幽静谧的大山建立佛教寺庙或者寺庙群、石窟群，特别是五台山佛教圣地、云冈石窟佛教群。其三，寺庙分布非常广泛，遍及山西各地，城郭乡镇、山野村社，大分散而小聚集。其四，高僧辈出，开宗立派，引领时代风气，代有人出，如昙始、昙曜、法显、慧远、昙鸾、妙峰等，昙始勇猛耿直，颇具豪侠风骨，敢于抗颜直争，舍身护教；法显为法忘躯，不畏艰险，赴印求法，九死一生，为中国律宗发展做出重要贡献；慧远、昙鸾注释经典，阐发经义，开创净土宗派，成为中国佛教史上最具生命力和影响力的宗派。其五，统治者与民众互为促进，统治者大力支持，民众信仰虔诚，热情高涨，持续营建，屡废屡兴，传承连续，绵延成序，如蒲县东岳庙、洪洞广胜寺、晋城青莲寺都是自建立起就一直持续发展，绵延不断。其六，沟通内外，融通各方，山西西连秦陇，南通河洛，北达燕赵，东向海岱，始终处于中国各朝代政治中心圈辐射范围之内，亦处于佛教发展中心圈，对外联系频繁紧密，紧随时代步伐，不断发展变化，推陈出新。另外，山西历史上少数民族林立，佛教发展为民族融合做出重要贡献，尤其辽金元时，佛教发达，表现特殊，五台山青黄并存，独具特色，汉藏佛教融合发展，为汉藏满蒙民族交融发展做出重要贡献。其七，佛教遗存精品林立，惊世骇俗，五台山之南禅寺、佛光寺，洪洞广胜寺之《赵城金藏》堪称稀世遗珍，彰显山西佛教圣物珍稀独有之唯一价值，辽金元佛教遗珍也保存最多，佛教壁画文物亦执全国之牛耳。

图 11-4　隰县小西天佛教彩塑

知识链接

1. 宗教——中国宗教学家吕大吉认为，宗教是关于超人间、超自然力量的一种社会意识，以及因此而对之表示信仰和崇拜的行为，是综合这种意识和行为并使之规范化、体制化的社会文化体系。宗教包括四大要素，其中两大内在要素是宗教观念和宗教情感、体验，两大外在要素是宗教组织和制度。

2. 万物有灵论——又名"泛灵论"，发源并盛行于17世纪，主张一切物体都具有生命、感觉和思维能力，生命是物质的属性，生命不能离开物质而单独存在。一棵树和一块石头都跟人类一样，具有同样的价值与权利。文艺复兴时代，唯物主义者曾用泛灵论批判天主教神学的非物质的灵魂和灵魂不死的迷信观点，起过进步作用。1872年英国著名人类学家泰勒在《原始文化》一书中阐述了灵魂观的产生和发展，创立了宗教起源于"万物有灵论"的学说。泰勒认为，灵魂观念是一切宗教观念中最重要、最基本的观念之一，是整个宗教信仰的发端和赖以存在的基础。"灵魂"观大约产生于原始社会旧石器时代的中期或晚期，原始人对"生死""做梦"等生理现象不能做科学的解释，进而认为由灵魂支配。原始人运用类比方法，把灵魂对象化，并推及其他一切事物，认为动物、植物、山、水、石等无生物，雷、雨、电等自然现象也和自己一样，是有意志、有灵魂的，于是就产生了"万物有灵"观念，进而产生对太阳、风、雨、雷、电等自然物的崇拜，并导致了对超现世的彼岸世界（天堂、地狱等）的崇拜和信仰的产生。

3.《道德经》——司马迁《史记·老子韩非列传》载，老子"居周久之，见周之衰，乃遂去。至关，关（令）尹喜曰：子将隐矣，强为我著书，于是老子言道德五千言而去，莫知始终"。分上下篇，共八十一章。主要论述修身、治国、用兵、养生之道，而多以政治为旨归，实际上是"内圣外王"之学，文意深奥，包罗宏富。东汉时期，张道陵创立道教，崇奉《道德经》为根本经典，后老子逐渐被神化为太上老君。《道德经》的通行本是王弼《老子道德经注》、河上公《老子章句》，另有郭店竹简本，马王堆帛书本等版本存世，它对中国的政治、哲学、宗教等产生了深远的影响，体现了中国人的一种世界观和人生观。

4.《心经》——《般若波罗蜜多心经》，也称为《摩诃般若波罗蜜多心经》，简称《般若心经》或《心经》，全经只有1卷，260字，属于600卷《大品般若经》中的一节，是般若经系列中一部言简意赅、提纲挈领的经典，由浅入深地精辟概括了《大品般若经》的义理精要。较为有名的是后秦鸠摩罗什译《摩诃般若波罗蜜大明咒经》和唐朝玄奘译《般若波罗蜜多心经》，以唐代玄奘译本为最流行。可以说《金刚经》是600卷《大品般若经》的提要，《心经》则是《金刚经》提要之提要，《金刚经》的核心思想是："一切有为法，如梦幻泡影。如露亦如电，应作如是观。"《心经》的核心思想是"五蕴皆空"，都是阐述"缘起性空"思想，认为一切事物都是因缘和合而成，空不是没有，而是指众缘和合的条件，劝导世人不可执着于本是因缘和合之虚相。

参考资料

1. 吕大吉，《宗教学通论新编》，中国社会科学出版社，1998年。

2. 卿希泰主编，《中国道教史》，四川人民出版社，1996年。

3. 牟钟鉴，《中国宗教与文化》，巴蜀书社，1989年。

4. 〔英〕弗雷泽著，汪培基译，《金枝》，上海文艺出版社，1997年。

5. 方立天，《中国佛教与传统文化》，上海人民出版社，1988年。

6. 陈兵、邓子美，《二十世纪中国佛教》，民族出版社，2001年。

7. 马西沙、韩秉方，《中国民间宗教史》，中国社会科学出版社，2004年。

8. 赵改萍，《山西佛教史》（五台山卷），中国社会科学出版社，2014年。

第十二讲

出将入相：
山西古戏台、戏曲与民众日常生活

导　读：

　　山西被誉为"中国戏曲的摇篮"。早在汉代，山西就出现了戏曲的萌芽，宋、金、元时期，山西已是全国戏曲艺术的中心。北宋年间，当汴京（今河南开封）的演出场所还被称作"瓦舍勾栏"的时候，山西已有固定的砖木建筑且被称作"舞亭""乐楼"的正式戏台了。目前，山西现存金、元、明、清古戏台三千余座，数量居全国古戏台之首。山西地方戏曲以蒲剧、晋剧、北路梆子和上党梆子为主，到清朝中叶，山西民间赛戏之风日盛，地方戏日趋繁荣，哺育了无数的戏曲艺术大师。迎神赛社是一种古老的民俗及民间宗教文化活动，旧时把神像抬出庙来游行，并举行祭会，用仪仗鼓乐和杂戏迎神出庙，周游街巷，以求消灾赐福。山西被誉为中国戏台最为珍贵的"活化石"。数量众多的古戏台意味着在传统社会中，山西戏曲高度发展、种类繁多、历史悠久，深深融入人们的日常生活之中。

山西地方剧种多达 52 个，五彩缤纷的地方小戏和朴实古拙的古剧遗音，生机盎然、姿色动人。现今保存的传统剧目仍多达 4000 余本，真可谓百花齐放、灿若繁星。三晋的古戏台多位于神庙内，一般是正对大殿，中间为百姓观看的空地，起着娱神和娱民的双重作用，和村落祭祀仪式相辅相成。戏剧起源于祭祀礼仪是世界戏剧史的一个共同规律，那些具有浓郁宗教味道的歌舞和戏剧便在祭祀仪式中一代又一代地传承下来，直至今天，山西仍是全国迎神赛社和傩仪表演的重要区域。

学术之外，我们更关注的是民众的日常生活。唱戏、看戏以及由演剧引发的迎神赛社、庙会，在普通中国人的日常生活中究竟扮演了什么样的角色？换言之，通过各种形式的演剧，以及戏曲在传统中国中的作用与地位，在文人学士撰写的文献之外，普通中国人，包括乡绅、农民、妇女，他们的日常生活、节日观念、娱乐方式，各自呈现出什么样的面貌？历史从来鲜活，关键是如何面对。

一、三五步走遍天下，七八人百万雄兵——山右古戏台概说

戏台是戏曲艺术的表演场所和重要载体，同时也是中国建筑遗产中的珍贵实物。目前学术界认可的中国戏曲真正成熟的标志是宋代末年杂剧的出现。但是在远古时期就出现了早期戏曲的萌芽，因当时社会生产力水平比较低下，人们对许多现象无法理解，故而对自然、神灵等充满敬畏之情，载歌载舞以娱神灵，以期获得他们对人类自身的庇佑。这种原始祭祀表演我们只能把通过考古发现的墓室画像、岩画及面具等作为佐证，当时用于临时表演的露台如今早已灰飞烟灭。先秦至唐代古代戏曲的萌芽时期，山西出现了平阳、泽州等商品较发达的城市，带动了歌舞与戏曲艺术的发展，晋南出土的汉代彩陶百戏楼模型，其中载歌载舞的表演正在进行，生动地反映了此时晋地歌舞升平的盛况。两宋时期，历经千年的各种表演艺术包括杂耍、说唱与

舞蹈等经过发展融合后，形成了中国古代戏曲的雏形，即宋杂剧和金院本。这个时候，真正意义上的戏台才日趋形成。所谓古戏台，是指民国以前修建的戏台建筑，是中国独有的剧场建筑样式。严格意义上的戏台，专指以戏曲表演为主要功能的有顶盖建筑，一般不包括早期的土台、露台等露天表演场所。历史上关于戏台的名称有舞亭、舞厅、舞楼、乐厅、乐楼、戏台、礼乐楼、乐舞楼、歌舞楼、山门戏台、山门舞楼等。以上古戏台的各种名称在山西已发现的碑刻中都有记载。经过拉网式的地面考古，目前发现的宋代舞楼碑刻有六通，都在山西境内，具体见下表。

碑 名	时 间	地 点	舞楼字眼
《河中府万泉县新建后土圣母庙记》	宋天禧四年（1020）	运城市万荣县万泉乡桥上村后土庙	修舞亭都维那头李廷训
《威胜军新建蜀荡寇将□□□□关侯庙记》	宋元丰三年（1080）	长治市沁县城关关帝庙	正殿三间，舞楼一座
《潞州潞城县三池东圣母仙乡之碑》	宋建中靖国元年（1101）	长治市平顺县九天圣母庙	"再修北殿，创起舞楼""修舞楼老人""创起舞楼、行廊共五十间""修舞楼维那一十五人"
《大宋故汤王之庙碑》	宋大观三年（1109）	长治市长子县南鲍村汤王庙	"盖闻祠堂古建，舞楼新修""诸神舞宇甚完""舞宇工毕""祠堂舞宇兮千年不朽"
《新建献楼碑》	宋政和元年（1111）	晋城市高平市河西镇河西村三嵕庙	新修扑檐、献楼、殿阶谨记
《修灵湫庙载记》	宋宣和元年（1119）	长治市长子县石哲镇房头村灵湫庙	中则置楼，设舞者三楹

虽然我们已经有六通宋代戏台的碑刻，但因为宋代并没有戏台实物存留，只能从文字中推测出北宋时期山西戏曲的发展状况。中国现存时代最早、纪年确切的神庙戏台当属金元戏台，经过数十年的考古发现，共计有十三座，两座仅存遗址，其余保存完整，全在山西境内。其中考证确凿的最早戏台为高平市王报村二郎庙建于金大定二十三年（1183）的戏台，亭式结构，在其须弥座基束腰石的铭文上有确切纪年"金大定二十三年"，距今

有830多年的历史。该戏台被发现之前，从未有人拿出纪年确切的实物，以证明金代戏台至今仍有存在。该戏台的发现，可以弥补中国剧场史研究的缺憾，也是山西人民带给世界艺术长廊的一颗璀璨的明珠。

图 12-1　高平王报村戏台

　　除了这座金代戏台之外，其余十二座元代戏台分别为：临汾市魏村牛王庙元至元二十年（1283）乐厅；运城市芮城县永乐宫元至元三十一年（1294）龙虎殿，系宫门兼戏台；运城市永济市董村二郎庙元至治二年（1322）戏台；临汾市翼城县武池村乔泽庙元泰定元年（1324）舞楼；临汾市洪洞县景村牛王庙元至正二年（1342）戏台遗址；晋城市沁水县海龙池天齐庙元至正四年（1344）戏台遗址；临汾市东羊村东岳庙元至正五年（1345）戏台；吕梁市石楼县张家河村殿山寺圣母庙元代戏台；临汾市王曲村东岳庙元代戏台；临汾市翼城县曹公村四圣宫元至正年间（1341～1368）舞楼；晋城市泽州县冶底村岱庙元代舞楼；晋城市高平市下台村炎帝中庙元代戏台。除一座属于晋西外，其余全在晋南和晋东南。

据不完全统计，山西清代之前的古戏台约有3000座，数量遥遥领先于其他区域。宋、金、元、明、清各时期的戏台及舞楼碑刻在山西均有实物遗存，完整的时代序列为研究戏曲发展史和戏台建筑演变脉络提供了重要线索。而其他省份虽留存有不同时代的古戏台，但真正能够像山西这样有着完整时代序列的还没有。除此以外，山西境内古戏台类型丰富多彩，除了一般意义上的神庙戏台以外，还有会馆戏台。明清时期商人远及全国各地，为了团结同乡同业商人，壮大势力，他们在自己所到之处建立会馆，内部供奉着自己的行业神，按照祭祀娱人的惯例，建戏台、戏楼，在神诞日或传统节庆日延请有名的戏班进行演出，这些戏台一般规模宏大、装饰豪华，极具地方建筑风格，较为著名的有晋城城区怀覃会馆戏台。另外，祠堂内设立戏台在山西也比较普遍，家族祠堂内的戏台一般也是坐南朝北，位于祖祠对面，比如祁县乔家大院戏台。大部分遗留的祠堂戏台均为明清时期的典型建筑风格。到了清末民初，三晋大地几乎达到"村村有庙，庙庙有台"的程度，有不少大型村落甚至有数个戏台，比如仅高平良户村一村就有六座戏台，可以想见数百年前，民俗节日时节，数座戏台同时活跃起来，山村上空一片锣鼓回荡，丝竹声声不绝于耳，整个村落被笼罩在欢快的海洋中。

二、千秋雅调遥相接，一春讼戏宵可听——山右戏曲发展

戏曲作为中国传统文化艺术的代表，屹立于世界戏剧之林。数百年来，戏曲在人民大众中扎根，已形成了经年累月且日益更新的行业模式与生存状态。山西为中国戏曲的摇篮之一，三晋戏曲艺术历史悠久、种类繁多，在中国戏曲舞台上具有重要地位，特别是晋南地区，历史上戏剧活动非常盛行，是中国最早的戏曲发源地之一，享有"中国戏曲摇篮"的美誉。

现有文物显示，山西戏曲历史可以追溯到汉代的百戏，1969年在运城县

（今运城市）侯村发掘出一座汉墓，内有陶塑百戏楼模型一件，在三层楼台里，男女歌舞伎各一人，正在做舞蹈表演，这是中国发现最早的一座百戏模型。由此可知，远在汉代，晋南地区的百戏活动已经非常流行。从汉代到宋代的一千年间，经过隋唐、五代等各个历史时期的孕育和演变，山西戏曲日趋成熟。北宋时期，山西戏曲艺术活动已经非常普及了。北宋泽州（今晋城市）人孔三传（约1068～1085）是诸宫调的发明者，堪称中国古代的音乐大师。他在实践中将唐、宋以来的大曲、词调、绕令以及当时北方民间流行的乐曲和上党曲调搜集起来，按其声律高低，归纳成不同的宫调，演唱起来变化无穷。其创造的宫调对当时的大曲演唱形式是一个突破性发展，不仅在当时北方的学艺界有很高的声誉，而且在京都汴梁及宫廷演出也极负盛名，他对元代杂剧的兴起和中国曲艺及戏剧的繁荣，有着不可磨灭的历史功绩。宋人王灼在《碧鸡漫志》中云："泽州有孔三传者，首创诸宫调古传，士大夫皆能诵之。"在诸宫调的影响下，戏曲的种子从此在这里瓜瓞绵绵、源远流长。

金元时期的山西平阳地区，即今天临汾市和运城市，不仅是诸宫调、元杂剧的重要发源地，也是元杂剧作家辈出的地方。元人钟嗣成《录鬼簿》卷上所列举的作家五十五人，其中注明平阳籍的就有六人：石君宝、狄君厚、孔文卿、赵公辅、于伯渊、郑光祖。此外，白朴（河曲人）、李潜夫（新绛人）、乔吉（太原人）、李寿卿（太原人）、刘唐卿（太原人）等，也是杰出的山西籍剧作家。著名元曲"四大家"（关汉卿、白朴、马致远、郑光祖）中，就有"两大家"（白朴、郑广祖）是山西人，其中郑光祖是平阳襄陵（今襄汾）人。据《录鬼簿》记载，关汉卿为大都人，但据《元史类编》记载，他也是山西晋南人（祖籍解州）。平阳地区戏剧人才如此之多，更加证明此地元杂剧活动之盛。正如王国维所说，元曲作家"北人之中，大都之外，以平阳为最多……则元初除大都外，此为文化最盛之地，宜杂剧家之多也"。

剧作家层出不穷，也代表着民间演剧的繁荣昌盛。中国现存最早的元代戏剧壁画是山西省洪洞县广胜寺镇明应王殿的杂剧壁画,它位于广胜寺下寺水神殿内南壁东次间墙面,绘于元泰定元年(1324)。该文物及主体建筑一直保存完好,最早由著名的建筑学家梁思成、林徽因夫妻发现,是国家首批国宝单位。壁画上有"大行散乐忠都秀在此作场"的字眼,画内前排五个演员明显在表现某个故事场面,官员居中,他人皆侧立,着虎纹袍者正以手比画着说着什么,叉手者则为另一剧中人物。两侧持扇、仪刀者为官员的随从。另外,后排右一女子亦执一扇,似乎是仕女。忠都秀,为女艺人的乐名。忠都,中都也,唐开元八年(720)曾以蒲州为中都。元时习俗,常以地名冠于秀字,称呼那些在某一地区出类拔萃的女演员,忠都秀即是蒲州一

图 12-2 广胜寺下寺水神庙壁画

带的著名女演员。从壁画形象来看，居中者虽披袍秉笏，但眉目清秀、面容姣好、手指纤细，很明显画师是运用了摹绘女性时的惯用笔法。因而此官员系由女演员扮演，与忠都秀艺名相合。

后排五人为乐队，着元人常服，左三人为男性，戴笠帽，穿右衽裙衫，其中一人面部化装。其中第五人身高 165 厘米。右二人为女性，身高分别为 145 厘米、149 厘米。包髻，外服短半袖，内服左衽襦。所执乐器为大鼓、笛、杖鼓、拍板。壁画所绘舞台是以方砖铺地面，与现存元代舞台遗址的实况相符。

绘于明应王殿南壁东侧的元杂剧图，展现了一个散乐班正在登台谢幕的场景。画中 11 人，从头戴冠饰、脸谱鬓须、服装道具，可看出生、旦、净、末、丑角色皆备，行当齐全。因此被专家誉为广胜寺之一绝，这也是中国目前唯一面积最大、保存最好的古代戏剧壁画，尤为珍贵。1998 年，该画与捶丸图同时被编入《中国历史》教科书，它是研究中国戏剧发展史和舞台艺术的稀有图片资料。

金元时期是山西戏曲发展的辉煌时期。此时，演戏和看戏日益成为人们日常最主要的娱乐方式，这不仅从戏台多建在寺庙中可得到说明，而且从近年来许多金墓出土的大量戏剧砖雕中得到证实。如，山西稷山马村金代段氏墓群中，1 号、2 号、3 号、4 号、5 号、8 号墓和稷山化峪 2 号、3 号金墓的南壁上，均建有一个砖雕的戏曲舞台。舞台前部有四至五个形态各异、表情丰富的戏曲人物。角色有副末、副净、末泥、装旦、装孤。其中，副末、副净居于中间突出的地位，反映了早期杂剧表演中参军戏的遗迹。舞台的后部有五至六人的乐队，乐器有大圆鼓、拍板、腰鼓、笛等。这样的金元墓葬在山西发现了多处，不一一赘列。根据古人"事死如事生"的观念，这样的娱乐方式应该在当时世人的实际生活中也是非常流行的。

到了明清两季，随着元杂剧的衰落，昆山腔、青阳腔等声腔剧种在山西开始流播，以梆子和乱弹为主的山西地方戏曲蓬勃兴起。大约在明代中期，在蒲州一带产生了蒲州梆子，广泛流行于晋南与陕西南部一带。明代嘉靖年

图 12-3　山西稷山马村金代段氏墓群乐伎

间平阳吉县龙王庙"重修乐楼碑记"的石碑上就有"正月吉日蒲州义和班子次献演"的记载，说明当地在明代中后期蒲州梆子的活动异常频繁。清代初年，蒲州梆子日趋成熟，康熙四十五年（1706），著名戏剧家孔尚任从山东老家专程来到平阳府（今临汾市与运城市）参与撰修《平阳府志》，以极大的兴趣观赏了当地的秧歌、竹马、昆曲、乱弹（梆子）等民间文艺，写下了著名的《平阳竹枝词》，其中有"青旗尚未出郊东，百戏呈来一样同"，描述当地戏曲的多样性；"暖阁前头十二钗，看春踏脱几人鞋。平阳不是寻常郡，歌舞从来上帝阶"道出了当时人们看戏的繁盛场面；"乱弹曾博翠华看，不到歌筵信亦难。最爱葵娃行小步，氍毹一片是邯郸"，蒲州梆子流行的盛况让这位著名的戏曲家也震撼不已。

山西戏曲艺术不仅历史悠久，而且剧种繁多，居全国首位，可谓"多剧种之乡"。根据1980年的调查，全省有大小剧种52个。其中历史最古老者是流布于晋南临猗、万荣、运城一带的"锣鼓杂戏"，流布于晋北五台、应县、山阴、宁武、朔州、岢岚、五寨一带的"赛戏"以及流布于晋东南长子、平顺等地的"对子戏"。这三个剧种究竟最早形成于何时，目前尚无可靠资料进行证明。它们的共同特点是：伴奏乐器只有大鼓、大锣等打击乐，而无弦乐；音乐体制为吟诵体、朗诵调；演员父子相袭，无职业班社；表演程式简单，运用了民间拳术；演出前皆举行酬神祭祖或驱灾免祸的固定仪式。对子戏中有两个以滑稽调笑为特点的演员，以一问一答的形式进行表演，似为一种与唐代参军戏一脉相承的艺术形式。锣鼓杂戏中有一个时而为剧种人，时而又为"解说员"的"打报者"，类似于宋杂戏中的"竹竿子"。上述特点表明，这种剧种还保持着早期中国戏曲艺术的某些原始特质。

山西的梆子声腔剧种，除蒲州梆子外，还有中路梆子、北路梆子、上党梆子，俗称"四大梆子"。中路梆子、北路梆子是明末清初受蒲州梆子直接影响而形成的。

这三大梆子属同一派系，早期在北京等地演出时，人们统称"山西梆子"或"山陕梆子"。山西四大梆子的形成，是山西戏曲史上的一次重大变革。这四种板腔体声腔剧种，深深扎根于三晋广大群众之中，受到当地群众的喜爱，具有雄厚的群众基础。四大梆子的存在，对其他戏曲剧种的形成与发展有着很大影响。流布于山西各地的十六种秧歌（分别是晋东南地区的襄武秧歌、壶关秧歌、泽州秧歌、沁源秧歌、清场秧歌、混场秧歌；晋中的祁太秧歌、太原秧歌、介休秧歌、祁县武秧歌；晋北的繁峙秧歌、朔县秧歌、广灵秧歌、五台登台秧歌；晋南的翼城秧歌；吕梁的汾孝秧歌）以及道情、落子、二人台、碗碗腔等一大批小剧种，在发展过程中都不同程度地从四大梆子的音乐、剧目、表演等方面吸收了大量艺术营养。这些小剧种在梆子戏形成之前，即以社火、说唱等形式在民间流行，梆子戏出现后，受梆子戏的影响，才逐渐形成为剧种。这批以四大梆子为代表的丰富多彩的戏曲剧种，是山西人民以及历代的戏曲艺术家们用自己的智慧和才能创造出来的，这是山西戏曲艺术的瑰宝，也是整个中华民族文化遗产的重要组成部分。对于这批宝贵的艺术财富，我们不仅应当珍惜、爱护，认真地进行研究，而且更应当不断继承、改革，推陈出新，使其随着时代的发展绽放新的光彩。

三、新年春雨晴，处处赛神声——山右民间迎神赛社

迎神赛社是农耕社会的产物，它是一种村社迎神祭神表演活动，其最早源头应为远古时期的社祭及相关的社火，经过数千年的流变，与相关的宗教祭祀逐渐融合，最终形成内容丰富、形式多样、表演多姿多彩的迎神赛社活动。

山西是中国传统社会中迎神赛社表演极为普遍的区域，仪式的形成之始至今太过久远已不可考。1985 年，在山西长治市潞城县南社村发现了明万历二年（1574）的古抄本《迎神赛社礼节传簿四十曲宫调》；1989 年，又在长治市长子县东大关村发现清嘉庆二十三年（1818）的古抄本《唐乐星图》。这两部手抄本记录了中国自唐宋以后，有关上党地区赛社的民俗音乐礼仪程式和规范，以及近百个演出的剧（曲）目，是罕见的音乐、戏剧文献资料。它们清晰地展示了三晋迎神赛社文化厚重的历史积淀。从其表演形式看，有唐宋大曲、舞曲及宋金元杂剧、院本，还有祭神时必不可少的队戏，这些形式的演出都被宗教仪式这一框架所框定，使得迎神赛社的演出形式复杂多样。同时，这些多样的演出形式还处于不断更新换代的过程中，据明代抄本中记载，当时的剧目演出多为队戏、院本、杂剧，到了清中叶以后，随着地方戏的兴起，杂剧与队戏逐渐失去其统治地位，赛社活动中又有了地方戏剧目，民国期间，梆子、落子成为赛社演出的重要形式。这种情况说明，迎神赛社这一形式随时代的发展不断吸收新的艺术形式来丰富、完善自身的表演，使自己在历经漫长岁月后，依然保持着旺盛的生命力。

传统的民间迎神赛社根据规模和主办方的不同，基本可以分为三类：一是"官赛"，由地方官府筹资而办参与祀神，在县城神庙开赛，规模最大。二是"乡赛"，由某一神庙周围村庄联合举办，每次以一村为主，其他各村辅助，由于是各村轮流主办，也称"转赛"。三是"村赛"，由一村独办，于本村神庙报赛，全村村民参加，规模较小，但活动最为频繁。赛社活动一般分为下请、迎神、享赛、送神四个部分，时间持续 6～8 天。

根据演出的不同场地可分为两类：一类是有些仪式表演的流动性场地，另一类则是固定舞台表演的场地。仪式表演时，往往把整个村社都作为自己演出的场地，其行动路线遍及一个村子甚至几个村子，在这广阔的空间里，演员边走边演，或边跑边演，观众则边走边跑边看边参与，很多时候观众与演员已经融为一体。山西晋北迎神赛戏仪式表演的《追赶金毛猴》就是典型的流动演出。这项活动全村人都参加，首先在露台前的广场上，装扮整齐的金毛猴拜别君王、娘娘，得令后开始过街，在锣鼓和唢呐声中全村人追赶金毛猴向街内跑去，追赶的人希望他要跑遍三街六巷每座院落，因而对他穷追不舍，等到金毛猴跑街串巷，跑遍每一个角落后，众人才放过他。这样一来，整整一个下午的时间整个村子就成了村民和金毛猴演出的空间，一人跑众人追，场面颇为壮观、热闹。上党地区赛社中表演《过五关》时，要搭建五座草台，关羽率部将及甘、糜二夫人一行人，或骑马，或坐车，在鼓乐仪仗导引下走上千里寻兄的路途，队伍每行至一处草台，关羽就上台表演，与敌将象征性地打斗，得胜后再到另一戏台，如此，路上走走停停，直到过完五关、斩杀六员大将为止。赛社演剧时，演员和观众的关系不同于城市商业演出时二者的关系，迎神赛社演出在民众心里不单纯是娱乐享受，更重要的是为敬神而设，神灵满意从而降福众生才是演出宗旨，所以演出亦被看作是敬神仪式的一部分。

上文讲到的临汾市魏村牛王庙戏台就是当地迎神赛社的重要场所，这是一个典型的有固定赛社场所的仪式。牛王庙坐北面南，供奉牛王、马王和药王，又名"三王庙"。庙内现存正殿、献殿、戏台、东耳房等，除戏台外均为明清建筑。戏台始建于元至元二十年（1283），牛王庙的兴建留下了不少传闻逸事。据元时碑文载，与宋真宗驾谒亳州太清宫途中所遇奇异之事有关。而当地村民至今流传的说法更值得玩味。宋金时期，最先建立的牛王庙不在魏村，而在汾河东面的韩村附近。因祭祀时常有河西村民因河水暴涨无法按时到达而被罚款，故在元初某日，河西各村社董事人跪求三王显灵，允许在河西择地建庙。此时，狂风大作，将一卖竹席人的两片席子吹起来，在空中飞荡。后来，一片落在魏村北岗，一片落在景村西南。于是两村同时建庙，并修筑了戏台，而两庙仅相距 500 米。

农历四月初九至十二为牛王庙的庙会，牛王庙祭祀活动主要由民间自发组织"社"来承办，一般一村一社，小村可合并一社，每社均有"社首"负责。元时有 22 社，包括周边 27 个村落，到清末仅剩六七社。庙会之时，要举行一系列迎神、献牲、送神以及演戏活动。据村中老人回忆描述，过会时附近六村加上本村共七村的"威风锣鼓"全部到来，还有百人花鼓队、百人腰鼓队、百人老年秧歌队、百人高跷队以及舞狮队、舞龙队、大头和尚竹马队等。当代又增加了指挥车辆、百人摩托车队、百面红旗队、百人交际舞队、百人中年迪斯科队等。至于参加庙会的各色人等，更是不计其数。有洪洞、蒲县、大宁、乡宁等本地香客，也有河南、陕西等外地客商。这足以使人想到《牛王庙元时碑记》中所描绘的"至于清和诞辰，敬诚设供演戏，车马骈集。香篆霭其氤氲，杯盘竞其交错，途歌里咏，佝偻提携，往来而不绝者，至日致祭于此也"的赛会场景。戏台石柱还有"汗牛夜运"的神话。石柱在交底村凿成，运输困难。某养牛户夜半似梦非梦，听到呼唤，让各养牛户夜里喂饱自家牛，天亮去拉石柱。天晓时，各家的牛都汗淋淋的，气喘不已。人们到工地一看，原来两根粗大的石柱已被运到庙里。村民们这才明白，原来是牛王显灵，于昨夜率群牛所为。把牛王与戏台的创建联系在一起，既表达了村民对牛王的崇拜心理，也表现出他们对戏台的自豪感。这也许是这座历经 700 多年的古戏台仍然能够完好地保存到现在的一个原因吧。

不独平阳的牛王庙戏台，在山西的其他地方，迎神赛社之风也很盛行，而且经久不衰，方志里的记载比比皆是。如民国时期的《闻喜县志》中就记载：麦秋已过，仓箱既盈，稍大之村皆演戏酬报……村各有所迎之神，大村独为一社，小村联合威慑，又合五六社及十余社不等，分年轮接一神。所接神有后稷，有成汤，有伯益，有泰山，有金龙四大王，又有澹台灭明、五龙、五虎、石娘娘等。……凡轮值之社，及预定之期，锣鼓外必闹会，有花车、有鼓车，皆曳以大牛，有抬阁、有高跷，皆扮故事，争奇斗艳，务引人注目。庙所在村及途经同社之村，必游行一周。庙中则送神之社，预演戏。既至，锣鼓数通后，排其仪仗，其行跷，返至社人公建之行宫，演戏三日以安神。平时日轮一户，祀两餐，早晚铺叠床寝如生人。每村至少有一月盘期，搭精巧之彩棚，陈水陆之供品，演戏三日。邻村及戚友皆捧酒肉浇神，必款以宴……要之，不赛神之村，无几也。赛会期间，万人空巷，可见其繁盛程度。

图 12-4　牛王庙戏台的赛社场面

流传久远的长治市潞城贾村赛社是活着的民间赛社典范，2005年进入首批国家非物质文化遗产保护名录。贾村赛社是宋元以来民间赛社文化的缩影，被称为"华北第一社火"，是研究中国传统赛社文化和乐户制度的"活化石"，贾村赛社主要有二月二的香火会和四月四的古庙会。目前可考证的记载的历史可以追溯到明代，明朝初年，修缮庙宇活动繁盛，普及全国。贾村社首组织全村根据大家的意愿，共同筹资金、粮草，自发把周围的十一村编为八大社，八大社遂定于每年农历二月二、四月四在贾村敬奉碧霞元君，并恭请四邻神仙到碧霞宫，村里搭台唱戏，酬谢神灵，举办迎神赛社活动。贾村赛神活动场面宏大，仪节繁缛冗沓，上百人的队伍各司其职、各尽其能，社火主要有乐户组成的乐队，社民的跑马、彩旗队、招牌队、锣鼓队、舞狮队、高跷队、花鼓队、旱船队、打花棍队、彩车队、秧歌队、二鬼摔跤和腰鼓队。

图 12-5　上党贾村赛社中的乐户表演

山西乡村迎神赛社的主要目的是驱邪祈福。驱邪类似于春秋及汉代的傩戏表演。比如，山西曲沃"扇鼓傩戏"中的《马马子收灾》仪式剧表演，一位属马的青年神家扮成马马子，在布置好的坛场中，各神家把马马子围在中间，马马子脱衣、袒臂、开顶（用剃刀划破印堂），然后用响刀和菜刀合击砖瓦，再刹鸡奠血，站起来后，用左脚跳起踢三次响刀，面向东南西北四面各放三声响鞭，同时猛敲，各神家蜂拥马马子出庙。庙门外的香老桌前早已跪着两位祈福老人。马马子说：娘娘从空中过来，见你庄上明灯蜡烛，锣鼓喧天，为着何来？香老答：我庄上扑土成灾，攘瘟焚香。马马子问：有伤无伤？香老答：有伤。问：有伤留伤？答：留伤解伤。马马子：奠酒三杯，待娘娘与你收灾。马马子饮完三杯酒后，把桌上的灾碗水泼在地上，连放三鞭后即串游全村的大街小巷。这时，家家都早已在自己门前摆好桌子，桌子上斟满三杯酒，放着一个盛水的碗，碗内漂浮着用五色纸剪的纸花（象征灾难），马马子到每户门前，都和在香老桌前的动作一样，照例饮酒、泼水、放鞭，一气要跑遍全村各户，中间不许停歇。晋北赛戏演出中的《追赶金毛猴》和《斩赵万牛》的表演都可算作是古老傩仪的遗存，只不过在民间迎神赛社活动中，他们都增加了很多戏剧因素，成为整个演出活动中有机的一部分。另有一些驱鬼表演仪式，成了专门的仪式戏剧节目，如各地民间演出的《舞判》《钟馗捉小鬼》《关公斩蚩尤》《关公舞大刀》《跳五猖》等剧目，就是从驱傩仪式中产生的仪式戏剧表演，这类剧目的演出脱离不了傩仪驱魔的宗旨。

民间祭祀有神灵驱邪的仪式，也有神灵赐福的仪式，迎神赛社本身是一种宗教活动，人们把所有美好的愿望都寄托其中，或祈求人寿年丰、六畜兴旺，或祈求子孙繁衍、远离灾祸，或祈求家道兴旺、财源广进，整个迎神赛社活动都是为这种驱凶纳吉的宗教目的而服务。

全民参与的迎神赛社活动让人们感受到自由平等的同时，也让人们感受到了尽情娱乐时的酣畅淋漓。早期的社日生活中，村社乡民就聚集一处，饮酒畅谈，并伴以鼓声吹闻，优人作乐，古诗所说"桑柘影斜春社散，家家扶得醉人归""树下赛田鼓，坛边饲肉鸦。春醒酒共饮，野老暮喧哗"，就是一幅田园赛社野老共熏的和谐农家图。狂欢和凝聚是迎神赛社的两大社会功能，它们组成迎神赛社的精神内核，热烈狂放的场面、气氛吸引着同一地域或团体的民众们参与其中、陶醉其中，宗教特有的凝聚功能又无形中加剧了这种群体热闹场面，人们集体的情绪高涨又会反过来强化群体的凝聚和认同。"山乡庙会流水板整日不息，村镇戏场梆子腔至晚犹敲"，这样一来，迎神赛社期间出现"万民空巷""轰动村社"的现象也就不足为奇了。

知识链接

1. 迎神赛社——农耕文明的产物,最早可以追溯到商周时期,是人们在春季向神灵祈求丰收而举行的大型祭祀活动,也是一种民间村社的迎神祭神活动,是由古代的"社祭"、社火表演以及后来的宗教祭祀相结合而形成的全民参与的祭祀活动,具有很强的综合性。迎神赛社全过程主要由祭祀仪式和赛社两大部分组成。山西省潞城市贾村的迎神赛社为上党地区赛社遗存的典型,是宋元以来赛社文化的缩影,被专家、学者誉为"华北第一社火",是研究中国赛社文化的"活化石"。

2. 装孤——宋金时期,随着经济的发展、城市规模的扩大,百姓对精神消费产品的需求越来越高,不再满足于一两个角色在台上说学逗唱,而需要既有故事情节,又有歌唱舞蹈的新艺术,于是便发展起一种杂剧艺术。宋杂剧相比后来的元杂剧,演员少而且故事也不完整,结构格局也不严谨,可视为元杂剧的雏形。据《梦粱录》记载,北宋时的杂剧中末泥为长,每一场四到五人。先做寻常熟事一段,名曰"艳段"。次做正杂剧、通名两段。末泥色主张,引戏色吩咐,副净色发乔,副末色打诨。或添一人,名曰装孤。

3. 山陕会馆——明清时期,山西、陕西两省工商业人士在全国各地所建会馆的名称。山西、陕西两省在明清时代形成两大驰名天下的商帮——晋商与秦商。山西与陕西商人为了对抗徽商及其他商人,常利用邻省之好,互相结合,团结了秦晋地域的商人和众多的行业商,以互通商情,维护同乡和同业商人利益,调解商业纠纷。山陕商人结合后,在很多城镇建造山陕会馆,成为山西、陕西两省商贾联乡谊、祀神明的处所。山陕会馆中的戏台集精巧的建筑结构和精湛的雕刻艺术于一身,巧夺天工、精彩绝伦。

4. 乐户——乐户是中国历史上以音乐歌舞专业活动为业的"贱民"。古时犯罪的妇女或犯人的妻女大都被没入官府充当官妓,从事吹弹歌唱,供人娱乐。《魏书·刑罚志》:"诸强盗杀人者,首从皆斩,妻子同籍,配为乐户；其不杀人，及赃不满五匹，魁首斩，从者死，妻子亦为乐户。"他们来源于罪犯的家属，也有部分原为良人。乐户制度从北魏一直延续至清，直至雍正皇帝即位后，才将乐户的贱籍制度废除，但雍正的除豁令仅仅停留在法律层面，没有相应的改业措施，所以相当一部分乐户并没有立即改变原来的"贱业"。

5. 扇鼓傩戏——根据清末抄本《扇鼓神谱》和任庄村老艺人的回忆，是指复原的扇鼓傩礼演出。傩礼具有民俗节日特点，演出于农历正月初七至元宵节期间。山西省曲沃县扇鼓傩戏是迄今为止唯一在黄河流域保存的，以扇鼓为特征的社祭形态傩礼。它包括祀神、驱傩和献艺三个部分。演出的主体由本村十二名训练有素的农民组成，称为"十二神家"。这一演出形式是东汉大傩中"十二神兽"、唐代大傩中"十二执事"的历史演变。演出时，这"十二神家"反穿杂色羊皮袄，头戴清代官员的圆锥顶"凉帽"，手持扇鼓，扇鼓类似古代北方少数民族地区流行的单鼓。

📖 延伸阅读

1. 王国维，《宋元戏曲考》，中国戏剧出版社，1984年。

这是中国最早的一部关于戏曲历史的书籍，也是具有重要价值的学术著作，全书分为十六章，前有王国维《序》，比较全面地论述了宋、金、元戏曲的渊源、流变、体制、作家、作品等有关问题，对宋以前、元以后的情况以及元代的南戏也附做介绍，是较系统研究戏曲发展史的论著。该书材料丰富，态度严谨，对杂剧的断代更是被研究界长期沿用。

2. 廖奔，《中国古代剧场史》，中州古籍出版社，1997年。

戏剧现象是和剧场共生的，尽管不同的戏剧样式对剧场的依存程度不同，但研究戏剧必须同时注意到它的剧场状况。本书在大量田野考察工作的基础上，结合了大量文献资料和文物资料，钩稽出一部中国古代剧场形制的变迁史。条分缕析，考论相兼，材料多广而不显臃肿，征引详尽而未觉烦琐，堪称迄今最为全面而系统地论述中国古代剧场史的专著。

3. 车文明，《20世纪戏曲文物的发现与曲学研究》，文化艺术出版社，2001年。

本书将戏曲文物分为戏台、雕塑、碑刻、戏画、抄本、舞台题记、其他，以时间为序列表介绍。以单种器物为单位，主要内容包括"名称""时间""内容简介""发现地""公布情况""备注"。本书对戏曲文物保存与学术研究等进行了详细的梳理，详述了戏曲文物的类型与分布，并通过研究剧场史探求曲学的研究领域，通过研究演出史探究戏曲史研究的重心。

4. 黄竹三、延保全，《中国戏曲文物通论》，山西教育出版社，2010年。

本书是国内第一部全面、系统研究戏曲文物的学术专著。书中阐述了戏曲文物的定义、类型和研究意义，概括了戏曲文物研究的分期和各阶段的成就、特点，详述了戏曲孕育期演艺文物、形成期演剧文物、成熟期戏曲文物的性质、种类、数量、形态、价值，在此基础上揭示了戏曲发展不同时期演出场所、角色行当、服饰、化装、道具、乐器等表演形态的演变，并将其放置于历史发展和文化层面上来认识。该书对不同时期戏曲的演出状况论说周详，见解多有卓异之处，如戏曲产生的多元性、戏曲形成时期的泛戏剧形态、戏曲表演的多样性等，部分戏曲文物是作者在田野考察中的首次发现，具有很高的资料价值。

5. 车文明主编，《中国戏曲文物志》，三晋出版社，2016年。

本书是在对全国戏曲文物进行广泛田野调查的基础上编纂整理而成的。全书引用大量统计数据，对戏曲文物做了全方位的记录，是国内第一部有关戏曲文物的专业志书。具体分为戏台卷、舞台题记卷、戏画抄刻本卷、戏曲碑刻卷、戏曲服饰道具卷、戏曲雕塑卷，涉及1100余幅实物图片资料、300余万字，以及30个省（自治区、直辖市）的戏曲文物，具有很高的资料价值与学术价值。

6. 曹飞，《敬畏与喧闹：神庙剧场及其演剧研究》，中国戏剧出版社，2011年。

全书分上下两篇，上篇从史学的角度梳理神庙剧场的流变，按照神庙剧场自身发展变化的规律，将神庙剧场分为前剧场时期、形成期、发展期、完善期四个阶段，分别探讨了神庙剧场在发展演变过程中的形制变化、变化成因、相互关系、民众观念等问题。按照剧场自身演进的历程进行分期，有助于准确描述其演进的历程，避免了朝代分期法可能造成的分割或肢解研究对象的缺陷。下篇讨论与神庙演剧有关的问题，主要包括演出班社与艺人，戏曲行业神崇拜，神庙献艺的社会学特征等。作者力求对神庙演剧进行理性的归纳与总结，探讨神庙演剧在中国戏曲演出史方面的独特性，最终在论述的基础上得出结论：神庙剧场及其演剧是中国古代戏剧存在的主流形态。

7. 刘文峰，《山陕商人与梆子戏考论》，文化艺术出版社，2011年。

该书把梆子腔的历史和山陕商人联系起来，并系统地研究了梆子为何产生于山陕之间，又如何在山陕两省发达起来，梆子腔为什么在乾嘉以来短短几十年间就流行于北方以至于逐渐传到全国，又为什么自清末民初以来在京津等大城市衰落等问题。专著还通过对剧目的研究，得出梆子戏反映商人生活的剧目很多的结论，又从史实研究中抓搜出梆子反映了商人的美学观点，以及商人亲自动手从艺术上改造梆子的事实。

思考题

1. 简述山西最早戏台的历史及其分布规律。
2. 简述迎神赛社的组织及其表演形式。
3. 传统民俗活动如何保护传承？
4. 如何利用戏曲文物在旅游演艺项目中体现地方感？
5. 利用年节参加一次民俗活动，写一篇参观心得体会。

第十三讲

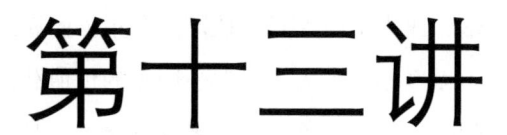

庭院深深：
古村落中的沧桑山西

导　读：

　　山西自古就是华夏民族与北方各民族文化交融的区域，也是中原农耕文化与北方游牧文化对撞的前沿，历史文化积淀厚重，那些分布在太行山、吕梁山、汾河谷地的古村落便是我们揭开历史面纱、探寻文化踪迹的"活化石"。山西现存古村落 3500 余个，保存完好的有 500 多个，有 500 多个即将消失，其余破坏程度各不相同。"地下文物看陕西，地上文物看山西"，但是除了个别得到开发的大院外，其他的村落与大院似乎并不引人注目，曾经车水马龙、日日喧闹的古村落，如今更多的时候都是静悄悄的。传统村落蕴含着中华文明基因，留存了曾经的历史，如生活方式、人情礼数和古建筑，是中国人的乡愁和农耕生活的追忆，只待你去探访。

山西人的身份识别，除了醋和煤，另一个区别于其他地方的特征就是古村落。山西独特的地理环境，在中原文化和游牧文化的交流与碰撞之中，造就了丰富多彩的文化，那些或隐匿在道路尽头，或挺立于千年古道旁的古村落，成为山西人身份认同感和集体归属感的载体，从某种意义上讲，古村落可以看作是个人、族群、国家的价值载体，是连接人们过去、今天和未来的纽带。每个村落的建造者和继承者，都将其所处时代的文化、伦理、道德深深地印刻在村落的布局与建筑中。

我们选取山西具有代表性的几座村落，梳理在流水般的岁月里，村落里留下的点点滴滴，以期能够窥探山西古村落曾经的过往。

一、以义制利、儒商世家——常家庄园

常家庄园始建于明朝末年，常氏始祖常仲林于明弘治初年，由太谷惠安迁居榆次车辋村，以替人牧羊为生。当常氏繁衍到第五、第六代时，正值晋中商人崛起时期，至清康熙、乾隆年间，常家世祖常进全开始经商，第八世常威引领常氏的商业帝国走向兴盛。

图 13-1　常家庄园

（一）常家二条街

清康熙二十年（1681），常威到张家口经营绸布生意，不断积累财富，逐渐从行商转向坐商，开设"常布铺"。常威的长子常万圮、次子常万旺、三子常万达相继随同前往，次子常万旺不善经商，留居张家口菜园村务农，长子常万圮、三子常万达继承父业。

乾隆时期，常万圮、常万达两兄弟将常家的产业做大，常家跻身于巨商大贾的行列。发达后的常家兄弟开始在老家大兴土木，先在车辋村南建成"世德堂"，常万圮居住在"世德堂"，世称"南常"；常万达在村北重新购地，建起了"世荣堂"，世称"北常"。常万圮、常万达两兄弟在车辋村的修房造院，可以视为常家庄园建设的初级阶段。从清康熙年间到光绪末年，经过二百余年的修筑，常氏在车辋村修建的深宅大院，鳞次栉比的建筑相互连接，形成南北、东西两条大街，占地一百余亩。当时有谚曰："乔家一个院，常家二条街。"常氏宅院的建设规模在当时为三晋民居建筑之首，一时无两。

图 13-2　常家庄园街道

（二）仕商并举

常万达将常家的商业扩展至恰克图不久，清政府开始限制俄商赴京贸易，将中俄贸易统归恰克图一处。常万达审时度势，把握这一商机，开辟"万里茶路"，在茶叶贸易中形成了产、运、销"一条龙"的经营模式。当年的中俄贸易中，常氏占有40%的份额，其获利丰厚。常氏经商的远见、策略和诚信，受到了俄商及俄政府的高度重视。不久，他们便将生意做到了莫斯科、圣彼得堡、明斯克、新西伯利亚等俄国境内的大城市，而且在欧洲其他国家也设立了常氏的茶庄分号。

治国之道在于用人，兴家之本在于育人。在常万达和他的子孙们开拓贸易的征途上，充满了各种风险。常家订立了"仁、义、礼、智、信"等一系列浸透着儒家道德的商业行规，并将其作为企业自身的"法律"加以贯彻。在雄厚的财力和树人为本的思想指导下，常氏族人重视人才培养，将儒家文化与经商需要相结合，培育亦学亦商的文化人，宜仕则仕，宜商则商，这样的育才方式为常家的商业活动提供了源源不断的人才支持，同时也强化了常氏商业集团的凝聚力。

图 13-3　常氏宗祠

在家庭教育方面，常家恪守儒家节俭诚信为本的持家、修身、兴业之道，处事待人坚持"以和为贵""乐善好施""急公好义"，尊崇入学教育，强化商业道德和做人原则，当常氏传至十世时，已有"世兼儒贾为业"之称，从八世到十六世，常家考取进士、举人、秀才等多达146人。常氏兴盛的二百多年中，秉持"学而优则商"的理念，商学互补，商学互通，商学互长，常氏子弟中进入仕途的人很多，却并不醉心于官场功名，而且随着商业的发展，家族研修学业的气氛日益浓厚，造就了一大批学者、名流，所以才能享有"清代儒商第一世家"的美誉。

（三）"八可"庄园

常家庄园被人称为"八可庄园"，意为可燕居、可耕读、可修身、可遐思、可观赏、可游览、可悦心、可咏叹。常家庄园规模宏大、建筑精美，处处体现着传统文化的古朴厚重；小桥荷塘、亭台楼阁，又颇具江南园林的秀美。

静园，始建于清乾隆、嘉庆年间，完成于光绪初年，占地120余亩，是常氏家人休闲、游乐、陶冶情操的场所。常氏族人不断拓展商业空间，往来于大漠与江南之间，也将南北建筑风格融汇于静园，达到一园一境界、一景一画图的效果。静园的命名，取自《道德经》"归根曰静，静曰复命，复命曰常，知常曰明"，体现了园主追求超然世外的心态。

杏林，十亩园区，广栽杏树，表达对孔子儒学的推崇以及对品德高尚者的崇敬。杏园两侧小院分别为"松师"和"梅友"，寓含园主崇尚松柏的挺拔、梅花的高洁；东西两侧各二十八间的长廊，廊壁上镶嵌了56方清代名家名联；园中四角的四个小亭上，分别镶有"披风""枕霞""景星""庆云"的匾额，反映出主人寄情山水、向往淡泊宁静生活的心境。

常家庄园的砖雕、木雕、石雕以及建筑彩绘也别具一格，房脊的吻兽和雕花护脊，造型优美、刀法细腻，堪称精品；百寿图、吉祥图以及佛道故事的照壁，加上花卉鸟兽，特色鲜明、寓意深远；硬山墙上端的墀头，或花，或鸟、或兽、或字，鲜有雷同；贵和堂的楼层护栏上，全部由砖雕砌成，图案由福、寿、喜、禄、祯、祥团花和八卦炉、悬壶、文房四宝等组成，栏柱、栏板浑然一体，宛若天成。

二、皇家有故宫、民宅看乔家——乔家大院

乔家大院位于山西省祁县乔家堡村，始建于1756年。整个院落呈双"喜"字形，分为6个大院，内套20个小院，313间房屋，建筑面积4175平方米。三面临街，四周是高达10余米的全封闭青砖墙。乔家大院因电影《大红灯笼高高挂》被外界所熟知，更因为电视剧《乔家大院》而驰名中外。作为中国北方民居的典型代表，乔家大院也是最早被列为国家级重点文物保护单位的晋商大院。

图13-4 乔家大院一景

（一）兄弟同心

乔贵发是乔家第一代创业者，因出身贫苦、地位低下，乾隆初年，他下

决心"走西口"，先到萨拉齐厅做磨豆腐的生意，刚开始生意火爆，但随着竞争对手越来越多，生意越来越难做。后来，乔贵发遇到了一位秦姓青年，他是山西榆次人，做种菜卖菜的买卖，两人一见如故，结为异姓兄弟，开始在萨拉齐厅合成当铺做伙计。二人稍有积蓄，便转到西脑包开草料铺，兼销食品、蔬菜、豆腐生意。恰逢此时，萨拉齐厅出现了一种新的生意形式——买树梢。买树梢是一种比较原始的期货交易，在春夏之际约定收购价格，秋季按价收粮。在二人的苦心经营下，生意日渐兴隆。乾隆二十年（1755）时，二人通过一次黄豆买卖，获取了巨额利润。之后，乔秦二人把店迁到商业繁华地段——东前街，开设客货栈广盛公，乔秦二人当上了财东。不久，两人又一次积累了大量资金，同时也将商铺字号改为复盛公，取复兴基业的新起点之意。

乔秦二人在艰苦创业中形成的深厚友谊是晋商中的典范，许多山西人在"走西口"的生活中，靠着互帮互助，才逐渐有了日后的成就。乔秦二人合力"走西口"，敢打敢拼、不屈不挠的创业精神，我们也可以从"先有复盛公，后有包头城"的谚语中体会一二。

（二）锐意进取

乔贵发有三个儿子，长子全德、次子全义、三子全美，乔致庸便是乔全美的二儿子。乔致庸出生于嘉庆二十三年（1818），在乔家第三代中位列第五，是乔贵发最小的一个孙子，因其兄长和父亲相继离世，他不得不离开书堂，开始经商。

乔致庸先后在内蒙古呼和浩特开设粮店、面店、毛皮店、百货店等商铺，后又把生意扩展到长江流域的重要商埠。乔致庸眼界开阔、善于思考，除了经营粮、茶、百货、当铺四大行业外，又布局实施票号业务，在祁县首创大德通和大德恒两家票号，经过苦心经营，乔家经营的票号成为当时全国屈指可数的大票号。

学徒制是晋商培养商业人才的一种独特制度。乔家的学徒，一般16岁开始进入商铺，前五年跟着掌柜打下手，学习基本商业知识，熟悉业务流程，熟识各路商家、股东，还要学习外语。经过五到六年的训练之后，学徒就可以跟着商队前往外蒙古进行商贸交易，这一过程中，老掌柜们便开始挑选中意的学徒，重点培养继承人。乔家的商号遍布全国各地，在商号开大会的时候，掌柜们会带上自己最中意的学徒，相互进行交流，间接促进了学徒业务水平的提高。晋商就是靠着这样的人才培养体系，适应着瞬息万变的市场。

在商业经营方面，乔家坚持雇用外姓人做大掌柜，本家人只能做东家，收股银分红，不参与管理，这就能够最大限度地任人唯贤，能够吸引优秀的人才，保障生意的运营周转；在员工管理方面，推行伙计顶身股，即员工持股，伙计每年过年还要做一身新衣服，外带股银分红。当时的人们都认为能在乔家干活是非常光彩的一件事。

乔家非常注重对后代的培养，部分家族成员位居高官，乔全义的三个儿子都高中进士。传统农耕社会，商人社会地位低，在拥有大量财富之后，为了追求相应的社会地位和安全保障，考取功名或捐官成为乔家以及众多晋商发迹后的首要选择，在官商两大体系的相互扶持下，形成了庞大的社会财富体系。

（三）大院遗真

乔家大院大门坐西向东，为拱形门洞，上有高大的顶楼，顶楼正中悬挂着慈禧太后赠予的匾额，上书"福种琅嬛"四个大字。黑漆大门扇上装有一对椒图兽衔大铜环，大门上有一副对联："子孙贤，族将大；兄弟睦，家之肥。"字里行间透露着主人的希望和追求。

乔家大院的木雕大多集中在门楼和门窗上，主要表达乡土风俗、富贵平安等寓意。如雕刻白菜寓意乔家为人清白坦荡，另外，"白菜"谐音"百财"，是经商之人的心愿。二院二进门上的木雕为花博古和财神喜神。花博古是杂画的一种，北宋徽宗命人编绘宣和殿所藏古物，定为"博古图"，后人将图画在器物上，形成的工艺品，泛称"博古"，博古图加上花卉、果品作为点缀的画叫"花博古"。乔家大院的几十座门饰木雕无一处雷同,把传统门堂装饰的多变性与艺术性发挥到极致。

图 13-5 悬挂"福种琅嬛"匾额的大门

犀牛望月镜藏于乔家的三号院,高两米,重一吨,采用东南亚的铁梨木雕刻而成,是国家一级文物,同时也是大院的镇宅之宝。犀牛望月镜是一面直径一米左右的镜子,镜架镜框为铁梨木所制,雕刻有祥云犀牛,祥云缭绕在圆镜下方如彩云烘月,祥云下方的犀牛回顾上瞥,似在痴望明月。

慈禧太后在八国联军侵华时西逃,乔家捐赠 30 万两白银以解其燃眉之急,慈禧太后赏赐了两盏九龙宫灯,全国至今未发现第三盏。九龙宫灯上下同轴,共分三层,上层为葫芦形挂钮,其下有四条龙,龙首高昂,龙身盘曲。中层为八棱八面形灯身,其中四面为玻璃风景画,四面为水银玻璃。下层有五条龙,其中四条龙首向上,龙身呈"卍"字形,并能转动、伸屈;另有一条龙首向下,能四面转动,龙身盘于主轴。在下层的四条龙头上均有灯台、蜡签。九龙宫灯造型独特、动静结合,是一件既豪华又实用的木雕精品。

图 13-6　九龙宫灯

三、星象古堡、军民两用——张壁古堡

张壁古堡位于介休绵山北麓龙凤镇的张壁村，是一座融军事、居住、生产、星象、宗教活动为一体的"袖珍城堡"。张壁古堡整个村子遵循中国古代星象和堪舆理念建造，地面布局与天上的二十八星宿相对应，因此，张壁古堡被称为"中国星象第一村"。

（一）历史成谜，众说纷纭

介休土地肥沃，水源丰富，南有绵山，北有汾河，东南往上党，西南通晋南，是华北通往西北的要冲之一，因其特殊的地理位置及地势，介休自古就是兵家必争之地，也遗留下许多带有军事防御设施的村落，这类村落一般称为"坞壁"，坞壁有军事防御功能，坞壁外是农耕用地，耕战结合，张壁古堡就是其中之一。

图 13-7 张壁古堡南门内景

张壁古堡在历史上没有明确的记载，1994 年古堡地道的发现，引起了中外媒体和专家们的关注。关于古堡的建造时间和原因，有专家考证其最初形成于北朝十六国时期，也有学者认为，古堡为隋末刘武周为防备李世民筑造，并构建了可屯兵万人的地道，目前学界尚无定论。

2012 年 12 月在太原举办的"张壁古堡的历史考察学术研究会"上，中国魏晋南北朝史学会会长、澳门大学李凭教授指出，张壁古堡大致经历了四个发展阶段：十六国后赵时期的始建阶段、北魏时期的行政化阶段、东魏北齐时期的军镇化阶段、隋唐及以后时期的修葺阶段。张壁古堡是魏晋南北朝坞壁的浓缩和结晶，也是集政治、经济、军事、文化、自然山川为一体的宗族共同体。张壁古堡的可汗庙及其大殿之前的碑刻，充分体现了古代汉族与少数民族的融合。

明清时期，介休涌现出许多晋商大贾，足迹遍布海内外，他们经商致富后，回乡大兴土木，修建宅院、庙宇以及各种公共建筑。张礼维是其中最为典型的代表，他推动了张壁村祠庙的修建，位于贾家巷的张家故宅最为奢华壮观，院门、院墙及假山、花盆，无不显示出张家当年的富有。

（二）天上奎星，人间张壁

张壁古堡，是目前国内仅存、世所罕见的古代星象学的民间绝版。《人民日报》曾报道张壁古堡的星象文化为"天上奎星、人间张壁"，整个古堡按照堪舆学布局，将张壁古堡的航拍图片与二十八星宿图对比，古堡堡墙轮廓与二十八宿中白虎七宿之奎宿的轮廓酷似。奎宿由十六颗星构成，属木为狼，为西方第一宿，有天之府库的意思，故奎宿多吉。村中已发现的30余处建筑物与星座一一对应，11口水井与心宿、毕宿相符，堡内外13株槐树分别对应南斗六星和北斗七星。张、壁二字也取自于二十八星宿，朱雀和玄武中分别包含有这两个字，南边有井鬼柳星张翼轸，张在第五位，古堡正好是南北向的，北边有斗牛女虚危室壁，故取村名为张壁。

张壁人世代生活在偏僻的乡村，通过祭星祈求神灵护佑。祭星的起源已不可考，当地人依方言将"祭星"改为"祭西"。祭西在每年的农历正月二十八，祭拜的神灵是二十八宿，祈求太平福寿以及五谷丰登。祭西前，村里要搭建柏叶装饰的牌楼，各处点上旺火。祭西时村里的男女老少都要参加，仪式庄重而神秘。祭西也是群体性的娱乐活动，村里要唱戏酬神，也有秧歌、背棍、旱船、

图 13-8　娱乐活动——抬阁

抬阁等群体性表演活动，还有邻村自愿加入的各种社火表演。祭西活动结束后，外出经商、打工的人才会择日外出上路，留在村里的人们才会考虑新一年的劳作。

（三）藏风纳气，层层护卫

张壁古堡规划严谨，古堡内的作坊、社稷坛、店铺、学堂、壁垒等设施，可对照为工、农、商、学、军；古堡外的沼泽、葫芦经、魁星楼、龙神庙、藏风桥等建筑，可对应"五行"中的水、木、火、土、金。古堡整体规划和设计构想充分体现了阴阳五行学说，营建手法别具一格，蕴含着深厚的道学易论和民俗文化。

古代风水理论认为，"山起西北，水聚东南"，讲究背山面水，坐北朝南，前有屏障，后有依托，左右有山护卫。张壁古堡地势南高北低，"东南依山，西北沟水"，其整体坐南朝北，选址与中国北方传统的村落选址正好相反，先天风水不足。因此，在村落的建筑布局方面，村落的设计者做了许多巧妙的安排，用来弥补不足，使张壁古堡成为北方村落建筑布局方面的特例。

张壁人认为古堡的"财气"来自正南面的绵山，因此在南门外小溪上架石桥，引财气由南门入堡。为留住财气，在南堡门外建了关帝庙，又在南堡门门楼上建了西方圣境殿，北门中段建了兴隆寺，举香恭请财气。堡内正中的龙街，直冲北门门洞，不符合"藏风纳气"的要求，乾隆八年（1743）在北门外修建二郎庙，作为聚气的屏障。后根据风水先生建议："倘此庙能再高数仞，则藏风敛气而兴发是村者，当更不知其何如盛也。"村民们又纷纷施财改造二郎庙，乾隆十一年（1746）《本村重建二郎庙碑记》记载："日改砌砖窑五眼，窑上新盖正殿三间，祀以二郎尊神。"五眼砖窑将三间正殿抬高两米，二郎庙正脊高度恰与南门地面持平。为了让财气流出北门后即转而向东，再折返回村内，在北堡门外栽了七星槐树，增修了遮挡"邪气"的大照壁，可谓用心良苦。众多的寺庙殿堂，营造了张壁人心理上的财富防御体系。

图 13-9　张壁古堡北门门洞

张壁古堡有南北两座堡门，北堡门里筑有瓮城，两道堡门不在一条中线上。这两道门，位于"先天"太极"子午"线（龙街）的两端，北堡门与下涝池为邻，南门属阴阳五行中的"火"。龙街为S形走向，由南门直视，看不到北门。北堡门是古堡内阴阳五行之"水"，为补风水之需，将堡门改为曲尺状。古堡的南北纵深小，曲折的主道与南北堡门的设计，从风水的角度来讲能够最大限度地聚气；另一方面能够最大限度地缓解古堡城被破后快速贯穿的压力，有利于逐步防御和撤退。整个村子包围在黄土筑成的堡墙中，堡墙高约5～7米，长约1300多米，堡墙用当年修筑地道时挖出的黄土顺崖势逐层夯实而成，十分坚固。坚实的堡墙和高大的堡门共同组成了张壁外围防卫体系。

张壁古堡的防御设施——地道，古堡内建有长约万米、上下三层的古地道，建筑学家将地道与古堡合称为"地下地上双城子"。整条地道呈S形走向，结构复杂，四通八达，犹如一座迷宫。地道最高层距地面仅 1 米，中层距地面 8～10 米，底层距地面 17～20 米。地道呈网状结构，各层高约 2 米，宽约 1.5 米，弯曲迷离，基本上可以直立行走。堡外北面和南面的沟崖间有洞口，既可作为进出口，又可用作哨卡。道内留存有通风孔，有水井与地面相通。地道洞壁上每隔一段有一小坑，可用于放置油灯。高层有喂养牲畜的土洞；中层洞壁下方每隔一段有一可容二三人栖身的土洞，也是地道的哨位；底层有进深 11.5 米，高 7.5 米，宽 5.5 米的深洞，是地道的粮仓。地道完备的生产生活设施与防御设施，可以满足村民避难的需求，也能满足军事战斗的需要，如此庞大而复杂精妙的地下工程，绝非一般民力所能及。按古代兵法"明堡暗道"修筑的军事建筑和完善的地道系统构建了张壁内部防卫体系。

图 13-10 张壁古堡地道局部示意图

张壁古堡的建设规划，涉及中国古代天文、地理、生态、建筑等多方面的知识，体现了"天人合一"的思想，展示了古代建筑设计的超凡智慧。

四、考古遗址、底蕴十足——丁村民居

丁村是一个具有悠久历史的古村落,位于山西省临汾市襄汾县城南 4 千米的汾河东岸。丁村始建于明末清初,村内有明清民宅院落 40 多座,房舍 498 间,大部分保留了明清时期的原有布局,具有浓厚的地方特色。丁村遗址的名气远远大过丁村民居,在丁村遗址中发现的人类早期化石,填补了中国旧石器时代中期人类化石和文化的空白,是中国旧石器时代文化的代表。

(一)考古挖出的村落

1953 年,因修建临汾机场,在丁村附近的汾河边挖土取沙时,发现了大量的石器和动物化石。1954 年,中国社科院和山西省考古所的工作人员共同组成发掘队,在丁村长约 11 千米、宽约 5 千米的范围内,进行了大规模的考古发掘(此次发掘在中国的考古历史上空前绝后,其后再没有如此大规模的考古发掘),考古发掘出三枚牙齿化石(应同属一个十二三岁的少年),并发现了两千多件石器以及与丁村人同时生存的 28 种哺乳动物、5 种鱼类和 30 种软体动物化石。1955 年,科学界将在丁村发现的人类化石命名为"丁村人",出土文化则被称为"丁村文化"。

1961 年 3 月 4 日,丁村遗址与北京周口店猿人遗址一同被公布为第一批全国重点文物保护单位。丁村就是著名的丁村人遗址的发掘地,丁村人遗址的发现,不仅填补了中国四五十万年至一万二千余年的古人类发掘的空白,同时也证明了他们就是现代黄种人的祖先,并进一步证明了中国汾河流域历来就是人类繁衍的场所。

20 世纪 50 年代的考古工作,给予了人们无限的自豪感。从另外一个角度来看,若不是修机场引发的考古活动,这座矗立在汾河边高地上的村庄,可能不会这么早被世人发现,因此,从一定意义上讲,丁村是一个被考古挖出来的村落。

（二）农官商一体

丁村自明初建村到万历年为止，基本以务农为主，丁氏家族一直过着耕读传家的小日子。丁家人从明万历年开始经商，丁翰卿于这个时期开始修建丁村现存最早的三号院。同一时期，丁村的二号院和四号院也开始修建，二号院由丁翰卿儿子丁诏创立，四号院也是由丁翰卿创建，最早作为书院使用，是丁翰卿几个儿子上课的地方。从明嘉靖、万历年开始，丁村新建院落达九座之多，同时在本村和外村扩充了不少土地。仅丁翰卿一家，在明末清初的几十年内，就购买并占有土地约800亩。

丁翰卿的儿子丁谐购置土地并拿出大量余资，在古城镇置办市房，开杂货及车马大店，这是丁村人从商之始。随着清代山西商人的崛起，经商的观念悄悄进入了丁村，加之人口增多，土地收入难以支撑庞大的家族，于是清康熙、乾隆年间，丁村商人经营的杂货、皮毛和粮油等生意，逐渐扩展到邻近的河南、陕西，甚至甘肃和宁夏，规模较以前已相当可观。此时，在房屋营建方面，也掀起了第二次高潮，一组组高墙耸立的四合院建筑群拔地而起。

丁村南院的主人是在清乾隆后期才开始经商的，道光、咸丰时经商规模达到顶峰。丁村民居的第三次营建从雍正七年（1729）持续到乾隆五十六年（1791），共新建了12座院落，奠定了今日的村落形制，民国后，村落之外再无扩建。丁村商人利用经商所获得的财富，捐官买官，形成农、官、商一体化的格局。南院的四合院建筑群，正是这一时期农、官、商一体化的体现。

（三）时光院落

丁村以村中心明代建筑观音堂为首，以丁字小街为经纬，有北院、中院、南院、西院四大组，各院落建筑布局各不相同。丁村地处汾河河谷，丘陵纵贯、交通不便，较为闭塞，因此兵灾匪祸很少，即使在抗战时期，也没有一座院落被烧毁。

为了将家业传承下去，不因子女多而致家业分崩离析，丁村人设计了一套独特的财产继承和房屋占有的分配方式，即"调角分房法"。具体方法为：兄弟二人栖居，将六间房产分割，通过族长和家主协商，按调角分房法处理，兄者西北间半，东南间半；弟者东北间半，西南间半。这样六间房分配二人居住，谁想日后拆毁，都要受到牵制，所以只能占用，不能拆除。独特的地理位置、精巧的制度设计，让这些建于明代万历年间至清宣统年间的老院子，历经几百年依旧房舍整齐、座座相连，蔚为壮观。

丁村的建筑时代风格明显，雕刻造型各异，尤以木雕为甚。在斗拱、雀替、博风板、门楣、窗棂、影壁、匾额等部位，通过阳雕、阴雕等方式，运用单幅雕、组雕、连环雕的形式，用人物、鸟兽、花草、静物等要素凸显出主人的志向与追求。丁村民宅木雕寓教于乐最典型的有两个院子，即八号院和一号院。

八号院由丁正禧于明嘉靖六年（1527）重建，正院南墙影壁上，雕刻了一幅明代宫廷画师吕纪的《风竹惊鹤图》。正厅栏板正中刻有一组《贪吞太阳图》，意在告诫子孙后代要互谅互让，不要贪心。门廊内侧栏板上，刻有一组韩非子寓言《鹬蚌相争》的故事，告诫子孙们要团结，不要窝里斗。这一进一出两幅告诫，巧妙地运用了建筑木雕的特色和感染力，起到潜移默化的教育作用。

一号院建于清乾隆五十四年（1789），在院落的前门廊栏板上，雕刻跑竹马、放风筝、狮子舞、大头和尚戏柳翠以及杂耍等多组民间百戏社火。中厅的栏板上，雕刻四座不同形式的戏台和四出反映忠孝节义的戏文：其一为《宁武关》，反映明末李自成农民军攻打宁武关，明守将周遇吉全家为明王朝殉职尽忠的故事；其二为《岳母刺字》；其三已残，或为《三娘教子》；其四为《周仁献嫂》，主要表现了周仁为义而献妻救嫂，终遭误会而受毒打的故事。此院用戏剧舞台的形式表达忠孝节义的理念，被誉为丁村建筑木雕艺术之冠。

图 13-11　丁村戏曲木雕门额（局部）

丁村二十二号院的二门，建于清咸丰三年（1853），是丁村最豪华的门，也是中国现今结构最为复杂、设计最为精美的门。此门是典型的清代门面，门楼的台阶左右有上下马石，上了台阶，门两侧分立着两块雕刻精美的长方体石柱，石柱上蹲坐着两只形神兼备、威风凛凛的石狮子。大门前有贴墙而建的木檐柱。柱左右两侧有小八字影壁，影壁上有砖刻对联："门第清高先世德，衣冠简朴古风存。"檐柱之上架十分华丽的雕花枋子、斗棋，还曾挂"敦厚"的大匾。门钉广布，外加团"寿"字博古图，极具美感，又具备防御功能。

丁村的老院子见证了曾经的辉煌与精彩，如今的丁村人也在努力续写新的篇章。这座村子里曾经的富商大户、木雕故事、楼台水井、祠堂小巷，能够告诉今人很多很多，只因为听不见、看不见，或者不想看、不想听，这里的村落静悄悄，偶有一声叹息！

五、皇城黄城、官家民家——皇城相府

皇城相府位于山西省晋城市阳城县北留镇，是清代康熙皇帝经筵讲师、

《康熙字典》总阅官、文渊阁大学士兼吏部尚书陈廷敬的故里。皇城相府由内城、外城、紫芸阡等部分组成，内城为陈廷敬伯父陈昌言在明崇祯六年（1633）为避战乱而建，外城完工于清康熙四十二年（1703）。皇城相府是一处罕见的明清两代城堡式官宦住宅建筑群，被专家誉为"中国北方第一文化巨族之宅"。

图 13-12　皇城相府内城

（一）皇城相府

皇城相府曾经叫"黄城村""皇城村"，不同的名字代表着不同的发展阶段。1998 年以后，皇城相府被喊了出来，这个名字的由来与张家胜先生有密切的关联，甚至可以说是他造就了皇城相府。20 世纪 90 年代末，这个偏僻的小村庄通过挖煤积累了一定的财富，"胆大""肚大"的张家胜先生决定发展旅游业。他顶着压力投资 280 万，参与了《康熙王朝》的拍摄，借助影视点燃皇城旅游的第一把火。他事必躬亲、注重实效，以"皇城速度"推进皇城旅游文化的研究与产业的发展。他尊重知识、尊重人才，引进了专业人才，学术研究与旅游开发并重，既尊重学术，又不为其所限，力排众议，提出影响皇城村未来几十年发展的四个字：皇城相府。

皇城相府景区 2002 年被评为"山西省十佳文明景区""山西省文明和谐风景区"，此后连续多年获此表彰；2007 年，皇城相府成为 AAAAA 级旅游景区；2008 年皇城相府被中央文明委、住房和城乡建设部、国家旅游局授予"第二届创建全国文明风景旅游区工作先进单位"。2012 年 4 月，皇城相府获得全国文明单位评选冠军。成立于 2003 年的皇城相府集团，主营煤炭、旅游、高新技术（制药、新能源、蜂蜜酒）三大板块，2017 年实现收入 19 亿元。二十多年来，皇城相府这个名字已经深入人心，成为一个景区、一个村落，甚至是一个品牌的代名词。

（二）十全之人

陈廷敬（1638～1712），字子端，号说岩，晚号午亭，自幼聪颖过人、才华横溢，5 岁入私塾，9 岁能赋诗，19 岁中举人，20 岁中进士，一生 28 次升迁，在朝为官 50 余年。陈廷敬是个颇有成就的学者兼诗人。平生勤于写作，几无搁笔，文学造诣颇高，其诗赋的成就也为康熙皇帝所赞赏，被评价为"房姚比雅韵，李杜并诗豪"，所作各体诗"清雅醇厚，非积字累句之学所能窥者"。

陈廷敬一生勤于编著书籍，其中个人的诗、文集主要有：《午亭文编》《说岩诗集》等；主持编撰《世祖章皇帝实录》《政

图 13-13　陈廷敬像

治典训》《康熙字典》等。《康熙字典》是中国历史上第一部由皇帝亲自作序并且下令编撰的,以皇帝年号命名的官方字典,共收录汉字四万七千零三十五个,为汉字的研究提供了重要参考。刘然《国朝诗乘》选陈廷敬诗二十九首,评曰:"台阁之诗,工为应酬,虽藻粉铺张而其中无有,亦坐其人胸中无识。……先生诸篇于沉博绝丽之余,寓感讽规切之意,长句片语,莫不称是。天人之相与,主臣之交孚,淋漓恺切,唯所欲言。要其忠孝蟠郁,蓄极而流,不可遏抑如此。诗乃为有为而作也!"

山西省陈廷敬研究会副会长、研究员马甫平说:"陈廷敬生于明末、长于清初,山西当时是受程朱理学影响很大的地区,这必然影响到他。当时,理学经过几百年的发展,在理论上趋于完善,很多理学家开始强调躬行理学思想,陈廷敬就是如此。理学强调的个人道德,具体到官场之中就是自身为官要清廉,对待贪官要敢于斗争。"乾隆时期的文学家沈德潜评其曰:"五语表其奏疏光明,贤于孔光削草之媚。六语表其持躬洁白,同于寇莱公行己之清。'有官居鼎鼐,无地起楼台',魏野呈莱公语也。"

清朝建立初期,身为汉人的陈廷敬,在满汉貌合神离、索明两党相争的朝堂之上,始终采取中立态度,两不相帮、不偏不倚。他知道,两派相争必然两败俱伤,时刻以大局为重,不畏权势,拥护康熙亲政;对于修建皇帝寝宫摊派,分文银两不肯出,但对裁撤三番,却愿竭尽全力筹措军饷。陈廷敬的言辞与态度,让康熙帝甚是欣慰,赏赐他黄马褂和双眼花翎,并明令后世无诏不得撤销。陈廷敬为政清廉,《清史稿》给他以"清勤"的评价。

(三)古堡拾遗

皇城相府的内外城分别修建于明、清两个朝代,所以其建筑风格因为修建时代的不同而有着不同的风格。

御书楼,因楼上珍藏有康熙皇帝的御笔而得名。康熙皇帝一生赐给陈廷敬的字、匾额以及楹联很多:康熙十六年(1677)三月,赐陈廷敬御笔楷书"清慎勤"三个大字;康熙三十九年(1700)正月,赐陈廷敬"点翰堂"

匾额；次年又赐"清立堂"匾额，这些匾额至今仍悬挂于皇城相府中。康熙五十年（1711），康熙帝为陈廷敬题写了"午亭山村"四个大字和"春归乔木浓荫茂，秋到黄花晚节香"的楹联，陈家专门在中道庄城门前建御书楼，将御书"午亭山村"和楹联镌刻其中。

　　青石牌坊，正上方镌刻"冢宰总宪"四个大字，其下方有四格文字，最下方一格最为显赫，刻有"戊戌科赐进士，正一品光禄大夫，经筵讲官，吏、户、刑、工四部尚书，都察院掌院事左都御史陈廷敬"，罗列了陈廷敬所任官职。两边偏门上分别刻有"一门衍泽"和"五世承恩"四个大字。左边最后一格刻有"丁丑科会魁赐二甲第八名进士，翰林院庶吉士陈壮履"，这是陈廷敬的小儿子陈壮履担任的官职。陈壮履不但高中会魁，而且中进士时只有17岁，人称"神童"。因此陈家有"父翰林，子翰林，父子翰林；兄翰林，弟翰林，兄弟翰林"的美誉，名扬三晋，朝野共知。

图 13-14　青石牌坊

大学士第是相府的正门，走进大门，"麒麟献瑞"照壁映入眼帘，照壁中间雕刻着麒麟吐玉，寓意吉祥如意，子孙后代繁荣昌盛。四周的龟背纹，寓意延年益寿。两侧各垂直排列有六幅内容完全不同的砖雕，十二幅砖雕，雕工精细、内容丰富，通过谐音、象征、借代等手法各代表一个汉字，共同组成了一副楹联，有文人墨客破译为"鹊报进士及第，麟鸣冢相辉光"，横额为"喜临门"。二门两侧是八字砖雕影壁，分别刻有鹿鹤桐松花鸟图案，寓意六合同春、禄在眼前、福寿双全、松鹤延年。后院的正房，据说是当年康熙皇帝下榻的寝宫。中间墙上挂有康熙皇帝的画像，是康熙驾临后御赐给陈廷敬的。

图 13-15　大学士第

小姐院，是陈廷敬三个女儿及孙女陈静渊生活的地方。正房，也称"绣楼"，是小姐们的起居室。正房屏风上方雕刻有古代四大才女：西汉卓文君、东汉蔡文姬、唐代上官婉儿、宋代李清照，表达了陈氏家族望女成凤的美好愿望。右侧的二十四孝图是为了让陈家女子自小耳濡目染，接受孝文化的熏陶。东厢房是她们读书的地方，西厢房为用膳之所，南面为小姐们的会客厅，西花园是休闲娱乐、吟风赏月的场所。南厅中是陈廷敬孙女陈静渊的三首诗作，都是于悟因楼上所写，她自幼才华横溢、天资出众，受到良好的文学熏陶，是当时一位著名的女诗人。因为无法逃脱封建礼教的束缚，陈静渊只能在这悟因楼上烧香诵经，悟却前因，终日以泪洗面，以一首首充满愁恨幽怨的诗篇控诉着无情的封建纲常礼教。

百尺河山楼，建于明末清初，当时社会动荡，为抵御流寇侵扰，由陈家昌言、昌期、昌齐三兄弟合力建造，名取"河山为固"之意。当地有民谣形容河山楼的高耸："皇城有座河山楼，半截插在云里头，堵着风儿过不去，绊着月亮不能走。"百尺河山楼既可瞭望敌情，又可防御贼寇入侵，高23米，共7层，内部呈"倒八字"结构，是皇城相府中最高的建筑。为了防止敌人攀爬，百尺河山楼三层以下没有窗户，三层以上窗户狭窄，看起来不美观，但结实安全。因为百尺河山楼，陈氏家族抵抗住了流寇的数次袭击，使得陈家可以安然无恙、不断繁衍，这座建筑也流传至今。

图 13-16　百尺河山楼

南书院，是陈氏族人读书识字的地方。书院中的九进士碑，是陈氏先贤倚重文教、做事勤勉、劝勉后人的体现。日知书屋中的"日知"二字反映出相府主人希望后辈都可以日有所学、日有所进。明清时期，陈家日益昌盛，科甲鼎盛，人才辈出，仅著作流传至今的诗人达36位，出现过41位贡生、19位举人，并有9人中进士、6人入翰林，享有"德积一门九进士，恩荣三世六翰林"的美誉。

皇城相府的价值不仅在于其精巧的建筑，还在于它丰富的历史文化内涵。皇城相府向世人展现了一个积善成德、洁身自好的诗礼世家，也为人们展示了沁河流域古堡建筑的独特魅力，对于研究明清时期的政治、经济、文化、民俗、哲学等，具有重要的价值。

六、血缘聚落、隐而不避——西文兴村

柳氏民居位于山西省晋城市沁水县土沃乡西文兴村，是唐代大诗人柳宗元族人的聚居之地。柳氏民居创建于明嘉靖二十九年（1550），清代屡有修葺。村落坐北朝南，南北长84米，东西宽48米，房屋114间，以村中东西走向的街道为界，分南北两组院落，原有13座院落，现仅剩4座。村落的建筑除石牌坊为明代建筑外，其余皆为清代所建。柳氏族人在经历了漫长的迁移后，终于在此地安顿下来，虽然依旧在隐蔽的乡村，但不用再四处漂泊了。

（一）"二王八司马"

唐永贞元年（805），王叔文升为翰林学士，柳宗元也被提为礼部员外郎。以王叔文为首，柳宗元、王伾、刘禹锡等人实行了一系列政治、经济、军事革新政策，如罢宫市、释宫女、免进贡、裁贪官、削宦官兵权等，沉重打击了宦官、藩镇等反动势力，得到了群众的拥护。不久，反动势力之首太子李纯（唐宪宗）即位，罢黜王叔文、柳宗元、王伾等，维持了146天的永

贞革新失败了。柳宗元被贬为永州司马，其他革新派代表也被贬为边州司马，史称"二王八司马"事件。

图 13-17　柳氏民居正门

在"二王八司马"事件中，王伾病死，王叔文全家被杀，作为变革主要成员的柳宗元先被贬为永州司马，后迁柳州刺史。残酷的政治斗争使柳宗元不仅仕途无望，而且性命堪忧，为避免"灭绝九族"的大祸，其族人纷纷外迁。在《河东柳氏族谱序》中记载："皇恩食邑中条道中，五谷为生，耒读为本，忠恕廉洁，忧国忧民，弃府始徙，盛名勿扬……成名勿宣门庭。"由此可以看出，柳氏族人远离长安、远离祖居之地，散布于中条山中，以耕读传家，隐姓埋名，隐于山野之中，曾经显赫的河东柳氏就这样融入了寻常百姓。唐元和十四年（819），柳宗元去世，儿女尚幼，家无积蓄，在同乡好友裴行立的帮助下，才将其灵柩运回长安，入土为安。在此后的六百多年间，河东柳氏隐于乡野。

（二）依山傍水，耕读传家

柳氏民居距离沁水县城 25 千米，村落四周地势险要。据村内明代石碑记载:"环吾乡皆山也,出自太行地,北有鹿台蟠回,高出诸峰。南应历山驰奔云矗,倚空向出者,千峰碧苍翠。东曲陇鳞鳞,下临大涧,西山隆沃壮,似行而复顾,或曰伏虎山,或曰凤凰岭。"《魁星阁新建记》记载:"西文兴村,沁南胜地也,由鹿台发源,迤丽十数里而山势蟠结,九冈西绕,三台东护,东南尖山远拱,正当文明之方,堪舆家争称之,以为文人代兴者实由于此。吾柳氏族世居之,最蕃且盛,岂非钟斯然哉。'"西文兴村严格按照传统的风水理念、进行选址,依山就势修建相应的建筑,在不同的时期,因不同的需求,强化相应的功能,逐渐演变成今天的样子。

西文兴村是由柳氏家族经营发展而成的血缘型农村聚落。柳宗元去世后六百年间,柳氏族人中的一支在翼城县、沁水县等地疏散暂避,直到明永乐四年(1406),柳琛携妻杨氏定居西文兴村,恪守族训,耕读传家,开枝散叶,逐渐壮大。西文兴村由此发端,到第六代柳遇春时达到了巅峰,柳遇春为嘉靖丙午科举人,其在村中购置田地,修建房屋,奠定了西文兴村最初的建筑格局。明朝末年,由于沁水流域的村庄交通便利、经济发达,这一带便成为农民军与官军激烈争夺的战场,西文兴村在一场大火中被付之一炬,房屋几乎荡然无存,由此西文兴村由盛转衰,保存至今的石碑中记录了此次浩劫。

清代西文兴村开始重建,由第十二代柳春芳主持修建,西文兴村现在的总体布局便是当时的遗存。《沁水县志》记载:"嘉庆九年(1804),大旱,岁歉。西文兴柳春芳,募粮数百石赈济七村饥民。"柳春芳的善举,使周围七村居民都感其恩德,皆匾之。西文兴村的发展演变是晋东南家族聚落的典型代表。

(三)设计精巧,宛若天开

西文兴村面积不大,但却在小小的村口建造了祠堂、文庙、圣庙、关帝庙、文昌阁、魁星阁、真武阁七座供祭祀用的建筑。祠堂祭祀柳氏祖先,院墙四周镶嵌的石碑记录着柳氏的家规家训;文庙祭祀孔子;圣庙里供奉着历代圣王的牌位；关帝庙在村口最前方，供奉着关圣帝君；文昌阁供奉的是文昌帝君，掌管人间功名和禄位之事；魁星阁供奉着魁星；真武阁供奉着玄武大帝，主要职责是除水火之灾，驱邪卫正。在有限的空间里，既供奉着先祖，又请来各路神明护佑，这代表了柳氏家族上上下下的祈望，从中也透露出些许的无奈。

西文兴村整体为典型明清城堡建筑，分为府外三门与府内三门。外三门指的是南、北、西三个村门；内三门指的是八字门、一房山、环山居三个村内部的府门。富甲一方的柳氏家族在村外筑有城墙，可以防范流寇的袭扰。

柳氏民居共有六栋保存完整的院落，分别是中宪第、堂构攸昭、司马第、河东世泽、磐石常安、行邀天宠。柳氏民居整体上采用了中国传统的均衡对称法则，于统一中求变化，变化中又求统一。在意境创造、艺术造诣以及文化蕴含上都达到了很高的水准。村落建筑集南北风韵于一身，窗棂、耍头典雅大方，雀替、栏杆玲珑精巧、题材多样，并通过谐音、成对、顾

图 13-18 河东世泽大门　　　　　　图 13-19 行邀天宠大门

盼、呼应、回旋等表现手法，用传统吉祥图案来喻事、抒情，如行邀天宠门楼，以云纹、蝙蝠来表天降洪福；以莲花、桂枝来表连生贵子；以一根绳子串三个铜钱来表连中三元；以五蝙蝠展翅围绕一个寿字来表五福朝寿；以万字纹、菊花、莲花来表万年连举；以慈姑、祥云来表慈祥之意；还有四艺（琴、棋、书、画）、暗八仙（八仙所持之宝物）等表达吉祥、教化之意的雕刻与构件。

西文兴村民居结构严谨，坤门乾主、巽门坎主、艮门兑主，符合传统的风水堪舆理论。院落的配套设施齐备，各府第的后院，上有铁丝网覆盖，上系警铃；下有地道，家家相连、院院相通，号称"天罗地网"。河东世泽宅院的大门，共有十二道门栓，其中六道软栓、六道硬栓，分为明暗栓和暗暗栓，不熟悉大门构造的外人，面对如此复杂的结构根本无从下手。村落内各种戒备、防护设施比比皆是，在合乎世俗的规范与平衡生产、生活、安全防盗方面，村落的设计者可谓用心良苦。

柳氏族人为躲避灭族风险而深藏山谷之中，独特的文化心理与生活理念深深地烙印在古老的建筑之上，虽由人作，但宛若天开的院落，在历尽沧桑后依然静静地向人们讲述着曾经的过往。

知识链接

1. 藏风纳气——余藏风聚气同。郭璞《葬书》中有云："葬者，乘生气也，气乘风则散，界水则止，古人聚之使不散，行之使有止，故谓之风水，风水之法，得水为上，藏风次之。"风水之术也即相地之术，核心即人们对居住或者埋葬环境进行的选择和宇宙变化规律的处理，以达到趋吉避凶的目的。藏风聚气，得水为上，风与气恒定，聚散不能冲，聚散要缓。藏风纳气并不是不透风、不透气的死地，不能望文生义。

2. 冢宰总宪——"冢宰"是宰相的别称，"总宪"为都察院左都御史的别称。

3. 暗八仙——暗八仙为道教八仙手持的八件法器的图案，八件法器即鱼鼓、宝剑、花篮、笊篱、葫芦、扇子、阴阳板、横笛。因只采用神仙所执器物，不直接出现仙人，故称"暗八仙"。暗八仙属于传统寓意纹样，寓意祝颂长寿之意。暗八仙又可称为"道家八宝"，区别于佛家的"佛家八宝"，两者大同小异，代表了佛道两家各自的不同境界。在长期的民间流传及民间艺人的演绎中，现在的暗八仙主要有如下功能与特点：鱼鼓能占卜人生，宝剑可镇邪驱魔，笛子使万物滋生，荷花能修身养性，葫芦可救济众生，扇子能起死回生，玉板可净化环境，花篮能广通神明。

4. 连中三元——"连中三元"一词来源于中国古代的科举考试制度。古代的科举考试，正常情况下，每三年举办一次，产生一名状元，从隋代到清朝的1300多年科举史里，共产生文状元596名，武状元182名。在乡试、会试、殿试中均为第一名，即为"连中三元"，具体又分为"文三元""武三元"。连中三元是古代读书人毕生之凤愿，历史上连中三元者，更是凤毛麟角，依据不同，版本不一，普遍认为共有十八位"文三元"（唐代三名，宋代六名，辽代一名，金朝一名，元代一名，明朝三名，清朝三名），四位"武三元"（明朝三名，清朝一名）。

延伸阅读

1. 郑孝时,《明清晋商老宅院》,山西经济出版社,2006年。

该书图文并茂,既有知识性,又有欣赏性。照片,生动地反映了雄踞中国十大商帮之首的晋帮当年辉煌的岁月;文字,简略地记录了当年称雄亚欧经济市场达500年之久的晋帮家族大宅院里发生的故事。

2. 武增祥,《张壁史话》,三晋出版社,2016年。

全书共分三十章,是最新关于张壁古堡研究的系统著作。作者材料运用广泛,对张壁村及周边的考古发现、碑刻墓志、行胜、典故、民谣、楹联、里坊逸事、晋商事宜、屯寨由来、遗迹等进行了富有创意的整理和展现;对来自社会各界专家、学者对张壁古堡的论证、评价进行了精细的辑录,这些认识、评价涉及诸如历史、地理、民族、建筑、文学、艺术等不同领域。该书对于张壁的由来、发展、文化传承及由传承形成的风情、民俗等进行了纵向的、完整的叙述和论证。

3. 王良、潘保安,《柳氏民居与柳宗元》,中国文联出版社,2004年。

全书分为"柳氏民居考""柳宗元、柳氏家族考""柳宗元研究""附录"四部分。该书是2004年"柳宗元文化研讨会"相关发言和论文的汇编整理,较为全面地探讨了柳宗元与柳氏民居、柳氏民居的建筑风水、柳氏民居的风俗学特征、柳氏后裔的变迁等方面的研究成果。

4. 马海燕,《突围中的农民:山西皇城启示录》,北岳文艺出版社,2005年。

全书分为"银瓶乍裂""百转千回""沧桑相府""直挂云帆""风生水起""把酒桑麻""东方渐曙"七部分。主要围绕皇城相府的旅游开发、影视剧(《康熙王朝》)拍摄、皇城相府景区的打造、陈廷敬文化的研究、皇城相府集团的发展等方面,探讨了皇城村如何在张家胜及其团队的带领下,探索乡村经济、旅游文化开发、旅游营销、多元化企业发展等方面的问题。

5. 刘建生等，《明清晋商与徽商之比较研究》，山西经济出版社，2012 年。

该书对明清时期两大商帮集团——晋商与徽商进行了全面的比较研究，在对盐业、茶业、粮布业、典当业等各个行业进行比较的基础上，归纳了两大商帮的共同特征、差异及其兴衰过程，进而对两大商帮的制度模式、经营管理机制等内容进行了全面、系统的比较研究。

6. 任茂棠，《陈廷敬大传》，山西人民出版社，2012 年。

该书作为人物传记，是一部研究清初学术思想的著作。书中通过清初学术史实特征言陈廷敬思想，通过陈廷敬思想中的重要论断展现清初学术的具体风采，揭示了以陈廷敬为代表的清朝重臣名儒学术厚重之内涵。

7. 黄鉴晖，《中国钱庄史》，山西经济出版社，2005 年。

作者依据多年的研究，写成《中国钱庄史》这本书，以期读者对钱庄有比较明确的了解，并希望与史学界诸专家和爱好者共同讨论钱庄的产生、演变及其发展的过程，从中找到历史的规律，总结出可以借鉴的经验。

思考题

1. 为什么晋商能够崛起并能够延续几百年？
2. 传统风水观念如何影响村落选址与院落、房屋设计？
3. 传统村落保护与旅游开发如何协调？
4. 如何应用地方感理念进行乡村复兴物质文化与非物质文化的保护与传承？
5. 撰写一篇有关古村落或乡村单体建筑的调查报告。

后　记

　　本书之作，颇为偶然。2017年年底，山西师范大学组建团队，申报山西省协同育人中心。申报成功后，中心负责人卫建国校长召集同人，意图有所作为。何以协同尚在其次，当务之急则在于如何育人、以何育人。高校本是育人单位，鼓励学生成人成才，责无旁贷，但一时代有一时代之问题，在一个全面网络化、信息化的时代，知识获得并非困难之事，判断力与自信心的确立与养护，倒是教书育人的重大命题。基于这样的认识，形成初步提纲，邀请同道之士，清茶一杯，坐而论道，反复磋商，最终明确写作框架，确定各人分工。

　　三晋文明是中华文明的重要组成部分，既有中国优秀传统文化普遍具有的共性，也有自己的独特性，如笃诚务实、践履力行，并与华夏文明共同生长。如何抓住特色所在，体现三晋文明的精气神，是本书思考的重点。关于山西历史文化的书并不少见，但目力所见，大多以时间为纵线，面面俱到，唯恐遗漏，卷帙浩繁，文明特质却隐没不见。为此，本书立意打破传统体例的限制，将全书分为政治文明、经济文明、思想文化、社会生活四大板块十三个专题，穿插论述，多点并行，着眼于山西有他省无，或者说山西最显著最生动、他省较普通较平淡这样的角度，删繁就简，突出重点。

　　在写法上，本书力图突破一般学术著作的常规路数，在保证学术性、严谨性的同时，务求生动活泼，不做高头讲章。正文之外，每一专题之下，皆有导读，提纲挈领。并依据所写内容，精选相关图片，图文并茂，相得益彰。专题之下，另外设有四个辅助内容：知识链接、延伸阅读、参考资料、思考题。知识链接侧重解释正文中的人物、地名、制度等；延伸阅读则就相关内容推荐参考书目，介绍重要的学术观点与成果；参考资料主要是为读者指出该部分内容的来源或出处，供其参考；思考题主要是引发读者进一步思考与探究。

本书成稿于2018年6月，经过半年打磨修改，最终成形。治学如治生，柴米油盐固然是生活必需品，真实无欺，不可须臾脱离，但一生总在其中辗转征战，终究难免俗物之讥。真实之上，而有弘道之善，艺术之美，道不远人，反求诸己，这大概就是孔子所说的"古之学者为己，今之学者为人"了。诚如段义孚先生对地方感的解释，人类对家园与故乡的不懈追求，既是个人美好回忆的呈现，也是社会层面上的身份建构与地方认同的形成。家园与故乡，不仅是真实存在的地理空间，更是实现精神归属的心灵祈求。于泛滥中超拔，当扰攘时宁静，无干禄之想，去名利之思，学以修身，如此而已。

负责本书撰写的团队除了山西师范大学历史学院的同事之外，也有戏曲学院、美术学院的同人，他们都学有专攻，在自己的研究领域各擅胜场。在确定写作主题之后，搜集资料，精心撰写，一丝不苟，令人感佩。如果说本书对三晋文明的研究尚有微末之功，那么功劳也应当归于他们。其中尤其应当感谢的是卫建国校长，他不仅在讨论阶段多次提供宝贵意见，而且于百忙之中亲自参与撰写，并积极组织出版经费，才使本书有机会得以面世。

在本书审定出版过程中，尤为感谢商务印书馆的李智初兄和责任编辑薛亚娟女士。智初兄在涵芬楼浸润多年，自有学养，而能始终以情怀做事，不苟且，重力行，倾盖如故，令人长想。亚娟女士做事细心，编校认真，于讹脱衍倒之处多有改正，保证了本书的出版质量。在此谨致以最真诚的谢意。

本书由张焕君教授负责总体策划，并对全书统稿。具体内容撰写，作者分工如下：

第一讲　制礼作乐：陶寺文化与最初中国的礼乐传统，雷鹄宇博士

第二讲　九合诸侯：晋国霸业风云，谢耀亭副教授

第三讲　簪缨世家：中古河东大族的家学门风，刘丽副教授

第四讲　清水明镜：山西廉政文化与历代廉吏，夏文华副教授

第五讲　寻根祭祖：大槐树下话桑梓，仝建平教授

第六讲　山右丰饶：古代山西著名的物产和经济行业，鲁靖康副教授

第七讲　通济天下：明清山西的商帮与票号，鲁靖康副教授

第八讲　晋学之源：从子夏到荀卿，卫建国教授、谢耀亭副教授

第九讲　三教会通：王通与河汾道统，霍斌副教授

第十讲　自得天机：从涑水之学到域外史地，王惠荣教授

第十一讲　神道设教：山西宗教信仰，侯慧明教授、施迪怀老师

第十二讲　出将入相：山西古戏台、戏曲与民众日常生活，姚春敏教授

第十三讲　庭院深深：古村落中的沧桑山西，卫红博士

张焕君书于平阳

2019 年 4 月